풀어서 배우는 한자성어 Ⅱ

莞如·苔石 엮음

정진출판사

책을 마련하면서…

평소에 학생들에게 한문(漢文)을 지도해 오면서 '어떻게 하면 복잡하고 많은 한자(漢字)나 한자어(漢字語)들을 좀 더 쉽게, 그리고 효과적인 방법으로 학습할 수 있을까는 늘 나의 고민거리였다. 따라서 이 책은 이러한 고민을 다소 덜어보고자 하는 마음에서 출발하게 되었다. 이 책에서는 학습자로 하여금 보다 더 효과적이고 쉬운 방법으로 한자(漢字)에 접근할 수 있도록 한자(漢字)의 생성원리, 혹은 만들어진 배경, 혹은 연상하기 쉽도록 연상법을 동원하여 자세하게 설명을 하였다. 또한 고사성어(故事成語)의 유래를 쉽게 설명하여 학습자로 하여금 학습의 묘미를 느끼도록 구성하였다.

이 책의 특징을 살펴보면 다음과 같다.

- 단어 선정에 있어서 고교생이 알아야 할 필수 어휘를 중복 혹은 거의 누락 없이 엄선하여 1권·2권에 나누어 고르게 실었다.
- 한자성어(漢字成語)를 써 가는 도중에 고사성어(故事成語)의 유래를 설명하는 쉼터를 마련하여 학습의 지루함을 덜도록 하였다.
- 각 페이지에 등장하는 한자어(漢字語) 중 이해를 돕기 위하여 페이지마다 한자(漢字)가 만들어진 법칙 또는 규칙, 유래 등을 설명하여 한자(漢字)를 학습하는 데 도움을 주도록 하였다.(여기에 제시된 한자에 대한 설명은 학술적으로 증거가 된 자료도 있지만, 그보다는 학습에 유용하기 쉽게 연상되도록 저자가 재구성한 것임을 밝혀 둔다.)
- 단어에 따라서는 동의어, 반대어, 유사어를 실어 발전 학습에 도움을 주도록 편재하였다.
- 책이 가지는 단점인 기동성이 둔한 문제를 해결하기 위하여 부록으로 휴대용 한자성어 카드를 추가하여 언제 어디서나 한자(漢字)와 한자어(漢字語)를 학습하는 데 도움을 주고자 하였다.
- 더욱이 한자어(漢字語)의 효율적인 활용을 위해 일상 생활에서 사용되는 한자어를 익히는 데서 출발하여 학문의 영역으로까지 확장함으로써 점증적인 학습 효과를 높이도록 하였다.

이러한 편저자의 뜻을 헤아려 이 자료를 잘 활용한다면 학습자에게 크나큰 도움이 될 것이라고 확신하는 바이다.

…편저자

한자(漢字)를 바르게 쓰는 요령

한자(漢字)를 쓸 때에 긋는 선을 획이라고 말한다. 한자(漢字)는 본래 주로 붓을 이용하여 썼기에 획이라는 것은 일반적으로 붓을 한 번 대었다가 뗄 때까지를 한 획이라고 한다. 그러므로 한자(漢字)를 쓰는 순서는 붓으로 쓰기에 알맞은 순서로 되어 있다.

우습게도 필기구가 발달한 오늘날에도 이 순서를 중요하게 여기고 심지어 교사를 선발하는 임용시험에도 이 순서가 출제되었다니 우스운 일이다. 필자의 생각으로는 이런 일은 기성세대가 가지는 쓸데없는 아집 때문이라는 생각이 든다. 예를 들면 9자를 쓸 때 동그라미를 역으로 먼저 그려 쓰느냐?(⑨) 아니면 바르게 해서 쓰느냐?(⑨)인데 이는 편리함 때문에 권장할 사항일지언정 어느 것 하나를 선택하여 정답으로 삼는다는 것은 우스운 일이라는 생각이 들기 때문이다.

순서를 묻는 문제를 출제하는 우스운 분들도 계시지만 내가 여기에 순서를 안내하는 까닭은 시험을 준비하기 위한 것이 아니라 다음과 같은 몇 가지 이점 때문이다.

첫째, 순서를 이해하므로 한자(漢字)를 이해하는 데 다소 도움이 될 거라는 점과,

둘째, 옥편에서 글자를 찾을 때에 부수와 획수를 잘 헤아려야 하는데, 이 순서를 익혀두면 옥편을 찾을 때에 획수를 잘 헤아릴 수 있겠다는 생각에 일반적으로 지키고 있는 순서를 소개하고자 한다.

1. 위에서부터 아래로 써 내려 간다.
   - 三(삼): 一 二 三
   - 言(언): 一 二 三 言
   - 五(오): 一 丅 五 五

2. 왼쪽에서 오른쪽으로 써 나간다.
   - 川(천): 丿 丿丨 川
   - 仙(선): 亻 亻丨 仙
   - 記(기): 言 記

3. 가로획과 세로획이 교차될 때에는 가로획을 먼저 쓰고, 세로획을 나중에 쓴다.
   - 十(십): 一 十
   - 土(토): 一 十 土
   - 木(목): 一 十 木

   ※ 예외) 가로를 뒤에 쓰는 경우 - 王: 一 丅

4. 가운데를 중심으로 좌우의 모양이 대칭을 이룬 글자는 가운데를 먼저 쓴다.
   - 小(소): 亅 小 小
   - 水(수): 亅 기 水

   ※ 예외) 점을 먼저 찍어 쓰는 경우 - 火: 丶 丿 火

5. 왼쪽 삐침(丿)을 먼저 쓰는 경우
   - 乃(내): 丿 乃
   - 九(구): 丿 九

6. 왼쪽 삐침(丿)을 나중에 쓰는 경우
   - 力(력) : 丁 力
   - 方(방) : 亠 方 方

7. 삐침과 파임이 만날 때는 삐침을 먼저 쓴다.
   - 人(인) : 丿 人
   - 大(대) : 一 ナ 大

8. 글자 안에 다른 획수를 포함하고 있을 경우에는 바깥을 먼저 쓴다.
   - 國(국) : 冂 冂 同 同 國 國 國
   - 問(문) : 丨 冂 冂 門 門 門 問

9. 글자 전체를 상하 좌우에서 꿰뚫는 획은 맨 나중에 쓴다.
   - 女(여) : 人 女 女
   - 中(중) : 丨 冂 口 中
   ※ 예외) 가로획을 먼저 쓰는 경우 - 世 : 一 十 卅 廿 世

10. 오른쪽 위의 점은 맨 나중에 찍는다.
    - 犬(견) : 一 ナ 大 犬
    - 戈(과) : 一 弋 戈 戈

11. 走, 是 받침은 먼저 쓴다.
    - 起(기) : 走 起
    - 題(제) : 是 題

12. 廴, 辶 받침은 맨 나중에 쓴다.
    - 建(건) : ㄱ ㅋ 建
    - 道(도) : 丷 首 首 道

13. 규정을 벗어난 글자
    - 火 : 丶 ⺌ 火 火
    - 左 : 一 ナ 左
    - 右 : 丿 ナ 右
    - 有 : 丿 ナ 冇 有
    - 臣 : 一 丆 丏 臣
    - 存 : 一 ナ 才 存 存
    - 主 : 丶 十 丰 主
    - 生 : 丿 ㅗ 牛 生 生
    - 里 : 冂 曰 甲 里 里
    - 王 : 一 丁 干 王
    - 世 : 一 卅 廿 世

본문 학습을 시작하기 전에…

※위에 제시한 漢字(한자)를 쓰는 순서에 따라 써 보자.

	쓰는 순서	一 二 三 言						
言	말씀 언	言			言			
	쓰는 순서	一 丁 五 五						
五	다섯 오	五			五			
	쓰는 순서	丿 川 川						
川	내 천	川			川			
	쓰는 순서	亻 仙 仙						
仙	신선 선	仙			仙			
	쓰는 순서	一 二 三 言 記						
記	적을 기	記			記			
	쓰는 순서	一 十						
十	열 십	十			十			
	쓰는 순서	一 十 土						
土	흙 토	土			土			
	쓰는 순서	一 十 木						
木	나무 목	木			木			
	쓰는 순서	丿 小 小						
小	작을 소	小			小			

한자	훈음	쓰는 순서
水	물 수	ㅣ 刀 水
乃	이에 내	ノ 乃
九	아홉 구	ノ 九
力	힘 력	フ 力
方	방위 방	亠 方 方
發	필 발	フ ヌ ア 癶 癶 癶 發 發 發 發
鳥	새 조	´ 冂 鬥 户 户 皀 鳥 鳥
國	나라 국	冂 同 同 或 國 國
問	물을 문	ㅣ 冂 冂 冂 門 門 門 問
女	계집 녀	ㄟ 女 女

	쓰는 순서	丨 冂 口 中						
中	가운데 중	中			中			
	쓰는 순서	大 犬						
犬	개 견	犬			犬			
	쓰는 순서	一 弋 戈 戈						
戈	창 과	戈			戈			
	쓰는 순서	土 耂 耂 走 起						
起	일어날 기	起			起			
	쓰는 순서	日 是 昰 是 題						
題	제목 제	題			題			
	쓰는 순서	⺕ 크 肀 建 建						
建	세울 건	建			建			
	쓰는 순서	⺍ 艹 首 首 道						
道	길 도	道			道			
	쓰는 순서	丶 丷 少 火						
火	불 화	火			火			
	쓰는 순서	一 ナ 左						
左	왼 좌	左			左			
	쓰는 순서	ノ ナ 右						
右	오른 우	右			右			

풀어서 배우는 한자성어 8

		쓰는 순서	ノ ナ 冇 有					
有	있을 유	有			有				
		쓰는 순서	一 丆 丞 臣					
臣	신하 신	臣			臣				
		쓰는 순서	一 ナ 扩 存 存					
存	있을 존	存			存				
		쓰는 순서	ヽ 亠 十 宇 主					
主	주인 주	主			主				
		쓰는 순서	ノ ᅳ 生 生 生					
生	날 생	生			生				
		쓰는 순서	冂 日 甲 甲 里					
里	마을 리	里			里				
		쓰는 순서	一 T 王 王					
王	임금 왕	王			王				
		쓰는 순서	一 卄 卋 世					
世	인간 세	世			世				
		쓰는 순서	ヽ ソ 必 必 必					
必	반드시 필	必			必				
		쓰는 순서	ㄴ 口 母 母					
母	어미 모	母			母				

	쓰는 순서	一 丆 F 耳 耳						
耳	귀 이	耳			耳			
	쓰는 순서	一 丆 丆 〒 两 两 亞 亞						
亞	버금 아	亞			亞			
	쓰는 순서	′ 丆 F 尸 白 臼						
臼	절구 구	臼			臼			
	쓰는 순서	丨 F F 臼 臼 臼 與 與						
與	줄 여	與			與			
	쓰는 순서	′ 丨 冂 甪 身 身						
身	몸 신	身			身			
	쓰는 순서	一 丆 亠 亣 亣 亦 斉 斉 齊 齊 齊						
齊	가지런할 제	齊			齊			
	쓰는 순서	乙 丆 飞 飞 飞 飛 飛 飛						
飛	날 비	飛			飛			
	쓰는 순서	一 丨 尹 尹 肀 肀 肃 肅 肅						
肅	엄숙할 숙	肅			肅			
	쓰는 순서	ˋ ˋˋ 丝 丝 幽 斷 斷						
斷	끊을 단	斷			斷			
	쓰는 순서	⺈ 台 甪 龟 龟 龜 龜						
龜	거북 귀	龜			龜			

街	談	巷	說	苛	斂	誅	求	艱	難	辛	苦
行-6획	言-8획	己-6획	言-7획	艸-5획	攴-13획	言-6획	水-2획	艮-11획	隹-11획	제부수	艸-5획
거리 가	말씀 담	거리 항	말씀 설	가혹할 가	거둘 렴	벨 주	구할 구	어려울 간	어려울 난	매울 신	괴로울 고
彳 徉 徍	言 訁 談	一 廿 丷	言 訁 說	卄 艹 苛	亼 佥 斂	言 許 誅	一 寸 求	艹 蓂 艱	艹 蓂 難	亠 亍 立	卄 艹 苦
徍 街	談 談	共 基 巷	訜 說	苛 苛	斂 斂		求 求	艱 艱	難 難	立 辛	苦

■ 학습 도우미

- 街 : 다닐 행(行)과 옥 규(圭)가 결합된 형태로 옛날에 관리들이 옥을 들고 관청에 드나드는 길거리를 뜻하는 글자였다. 따라서 '거리 가'로 쓰인다.
  ※ 다닐 행(行)은 사거리 모양인 ⼗를 본뜬 글자이다.
- 苦 : 풀 초(卄)와 옛 고(古)가 결합된 글자이다. '옛 고'자는 십(十) 년이 넘도록 입에서 입(口)으로 전해진 옛날 것이므로 '옛 고'로 읽는다. 부연하자면 漢字에는 뜻을 간직한 글자가 있고, 소리를 간직한 글자가 있는데, 예를 들면 풀 초(卄)와 나무 목(木) 같은 글자는 다른 漢字와 결합하면 뜻이 된다. 반면 여기의 '苦' 자처럼 다른 漢字를 만나도 소리를 그대로 간직하는 글자가 있다. 이 소리글자는 다른 漢字를 만나도 언제나 소리를 그대로 가지고 있는 특징이 있어서 언제나 그 자가 지니는 본래의 소리로 읽힌다는 말이다. 그러면 뜻은 대체로 주위에 붙은 다른 글자가 나타내 준다. 이 '苦' 자를 살펴보면 뜻은 卄가 나타내어 '쓴 풀' 혹은 그냥 맛이 '쓰다' 혹은 넓은 뜻으로 '괴롭다'라는 의미까지 확대되어 나타내고, 소리는 古자가 소리글자이므로 그대로 '고'로 읽혀 '쓸 고', '괴로울 고'가 된다.

街談巷說(가담항설) : 항간에 떠도는 말.
苛斂誅求(가렴주구) : 세금 등을 가혹하게 거두어 들임.
艱難辛苦(간난신고) : 몹시 힘들고 쓰라린 고생을 겪음, 어려움과 괴로움.

肝	膽	相	照	感	慨	無	量	康	衢	煙	月
月-3획	月-13획	目-4획	火-9획	心-9획	心-11획	火-8획	里-5획	广-8획	行-18획	火-9획	제부수
간 간	쓸개 담	서로 상	비칠 조	느낄 감	슬퍼할 개	없을 무	헤아릴 량	편안할 강	거리 구	연기 연	달 월
刀月肝 肝肝	月肝膽 膽膽膽	十木朾 和相	日昭昭 昭照	一厂咸 咸感	忄忄忾 悙悙慨	ㅗ二无 無無	曰旦量 量	广庐庚 康康	彳衢衢 衢衢衢	火炉烟 煙煙	丿 刀 月 月

■ **학습 도우미**

- 肝 : 간이라는 장기는 우리 몸, 육체에 들어오는 독소나, 세균을 막고, 제거하는 역할을 감당하므로 몸의 방패가 된다. 따라서 장기(臟器)라는 뜻은 고기 육(肉=月)에서, 의미와 음은 방패 간(干)에서 연유하여 '간 간'이 된다.
  ※ 干은 전쟁에 사용하는 방패의 모양을 본떠서 만든 글자이다.
- 照 : 해(日)를 불러 맞아서(召: 부를 소) 비추어(灬) 조명을 삼는 글자이므로 '비칠 조'이다.
- 慨 : '마음 심'(忄)과 '이미 기'(旣)가 결합하여 이룬 자이다. '이미 기'는 다른 한자(漢字)를 만나면 음이 '개'로 소리나는 특징이 있는 글자이다.
  예) 概: 대개 개. 漑: 물댈 개.
- 感 : 개(戌: 개 술)가 입(口: 입 구)으로 감사의 마음을 전한다.(?) 따라서 '느낄 감','감사할 감'이 된다.

肝膽相照(간담상조) : 서로 속마음을 터놓고 가까이 사귀는 친구의 사귐. ☞ 고사성어 p35
感慨無量(감개무량) : 사물에 대한 느낌이 한이 없음.
康衢煙月(강구연월) : 태평한 시대에 큰 거리에서 보는 안온한 풍경. =太平煙月(태평연월)=太平聖代(태평성대)= 堯舜之節(요순지절)= 堯舜時節(요순시절)

蓋	世	之	才	擧	世	皆	濁	擧	案	齊	眉
艹-10획	一-4획	ノ-3획	제부수	手-14획	一-4획	白-4획	水-13획	手-14획	木-6획	제부수	目-4획
덮을 개	인간 세	어조사 지	재주 재	모두,들 거	인간 세	모두 개	흐릴 탁	모두,들 거	책상 안	가지런할 제	눈썹 미
艹 艹 蓋	一 卅 世	丶 亠 之	十 才	臼 臼 擧	一 卅 世	丶 卜 比	氵 澥 濁	臼 臼 擧	宀 安 案	亠 亣 齊	一 コ 尸
蔹 蓋 蓋		之		與 擧		皆 皆	濁 濁	與 擧		齊 齊	眉

■ 학습 도우미

- 蓋 : 풀(艹)과 제거할 거(去)와 그릇 명(皿)이 결합된 글자로 그릇(皿)에 담긴 것을 버리고(去) 풀(艹)로 덮어 둔 글자로 '덮을 개'이다. 속자로는 '盖'를 쓴다.
- 才 : 제 부수 소리글자로 다른 글자와 결합하여도 대부분 '재'로 읽는다.
   예) 材: 재목 재. 財: 재산 재.   예외) 폐(閉): 닫을 폐.
- 擧 : 절구(與: 절구 모양을 본뜬 글자)를 손(手)으로 받쳐들어 올리는 글자이므로 '들 거'이다.
- 案 : 편안할 안(安)과 나무 목(木)이 결합된 글자로 책상 위에서 공부하면 편안하니까 '책상 안'이다.
- 齊 : 곡식 이삭이 패어서 끝이 가지런한 모양을 본뜬 제 부수의 글자이다. 이는 소리글자로 다른 글자와 결합하여도 역시 언제나 '제'로 읽는다. 약자로는 斉를 쓴다.
   예) 濟: 구제할 제, 건질 제
- 眉 : 눈 위에 눈썹이 자란 모습을 그린 글자이다.(◉) 따라서 '눈썹 미'이다.

蓋世之才(개세지재) : 온 세상을 뒤덮을 만큼 뛰어난 재능 또는 그런 인물.
擧世皆濁(거세개탁) : 온 세상이 모두 흐림.
擧案齊眉(거안제미) : 밥상을 눈썹 높이까지 들어올려 남편에게 바친다는 뜻으로 남편을 깍듯이 공경함을 이름.

乾	坤	一	擲	隔	靴	搔	癢	牽	强	附	會
乙-10획	土-5획	제부수	手-15획	阜-10획	革-4획	手-10획	疒-10획	牛-7획	弓-8획	阜-5획	日-9획
하늘 건	땅 곤	하나 일	던질 척	막을 격	신 화	긁을 소	가려울 양	끌 견	굳셀 강	붙을 부	모을 회
十古卓	十土坤	一	扌扩擲	阝阝隔	一廿靴	一扌扠	丶亠广	亠玄牽	弓弓弓	阝阝附	今命會
乾乾	坤坤		擲擲	隔隔	靴靴	搔搔	疒痒癢	牽	弘弦强	附附	會會

■ 학습 도우미

- 坤 : 흙(土)이 쭉 펴져 있으니(申 : 펼 신) 넓은 땅을 말한다. 따라서 '땅 곤'이다.
- 靴 : 가죽 혁(革)과 될 화(化)가 결합된 글자로 가죽으로 만든 신발을 나타낸 글자로 '신 화' 이다.
- 搔 : 손(扌= 손 수)으로 벼룩(蚤: 벼룩 조)이 문 곳을 가려워 긁는다는 글자로 '긁을 소'이다.
- 癢 : 병들 녁(疒)과 기를 양(養)이 결합하여 가려운 병을 나타내는 글자를 만들었다. 따라서 '가려울 양'이다.
- 牽 : 검은(玄: 검을 현) 줄로 만든 우리(冖: 우리)에서 소(牛)를 끌어내는 모양의 글자로 '끌 견'이다.
- 强 : 굳셀 강, 힘쓸 강. 속자는 '強'이다.
- 附 : 언덕(阝: 언덕부=阜)에 가까이 붙여 주니까(付: 줄 부) '붙을 부'이다.

乾坤一擲(건곤일척) : 운명을 걸고 단판걸이로 승부를 겨룸. ☞ 고사성어 p35
隔靴搔癢(격화소양) : 신발을 신은 채로 가려운 곳을 긁는다라는 말로 어떤 일을 함에 있어서 정통을 찌르지 못하고 겉돌기만 함을 비유한 말.
牽强附會(견강부회) : 말을 억지로 끌어 붙여 자기 주장이나 의견에 맞게 함.

見	蚊	拔	劍	犬	猿	之	間	堅	忍	不	拔
제부수	虫-4획	手-5획	刀-13획	제부수	犬-10획	ノ-3획	門-4획	土-8획	心-3획	一-3획	手-5획
볼 견	모기 문	뽑을, 뺄 발	칼 검	개 견	원숭이 원	어조사 지	사이 간	굳을 견	참을 인	아닐 불	뽑을, 뺄 발
冂月目	口虫虻	扌扨拔	스命僉	一ナ大	ノ犭狞	ヽ之	冂門門	一丆丟臣	フカ刃	一ア不	扌扨拔
貝見	虻蚊	抜拔拔	劍劍	犬	狞狞猿		門間	臤堅	忍忍	不	抜拔拔

■ 학습 도우미

- **蚊** : 虫(벌레 충)과 文(글월 문)이 결합된 글자로 모기라는 뜻은 '虫'에서 음은 '文'에서 취하여 '모기 문'이 되었다.
- **拔** : '손 수(手)'와 '개 달아날 발'(犮: 개가 달아날 때의 모양인 쭉 뻗은 개 다리 모습이다.) 이 결합된 글자이다. '犮'은 소리글자로 다른 글자와 결합해도 '발'로 읽는다.(犬+ノ)
  예) 髮: 터럭 발. 跋: 밟을 발.
- **猿** : 개 견(犬)과 '옷 늘어질 원(袁)'이 결합된 글자로 '원'으로 읽는다. '袁(원)'은 소리글자로 다른 글자와 결합해도 그대로 '원'으로 읽는다. 따라서 집승을 나타내는 '개 견(犭)'이 원숭이라는 뜻을 나타내고 원(袁)이 음을 나타낸 글자로 '원숭이 원'이다.
  예) 遠: 멀 원. 園: 동산 원
- **間** : 문(門) 사이로 해(日)가 떠오르는 모습이 보이니 간격이 있는 것이므로 '사이 간'이다.
- **堅** : 신하(臣)를 붙들고(又) 흙(土) 위에 굳게 견고하게 서 있다는 글자 '굳을 견'이다.
- **忍** : 마음(心)에 칼(刀)이 들어와도 참는 것이 인내이다 하여 '참을 인'이다.

見蚊拔劍(견문발검) : 모기를 보고 칼을 뺀다는 뜻으로 대수롭지 않은 일을 보고 크게 대처하는 일을 비유한 말.
犬猿之間(견원지간) : 개와 원숭이 사이란 뜻으로 사이가 좋지 못한 관계를 이르는 말.
堅忍不拔(견인불발) : 굳게 참고 견디어 마음이 흔들리지 아니함.

犬	兎	之	爭	謙	讓	之	德	耕	當	問	奴
제부수	儿-6획	丿-3획	爪-4획	言-10획	言-17획	丿-3획	彳-12획	耒-4획	田-8획	口-8획	女-2획
개 견	토끼 토	어조사 지	다툴 쟁	겸손할 겸	사양할 양	어조사 지	큰 덕	밭갈 경	마땅할 당	물을 문	종 노
一ナ大犬	ᄀᄀ兔兎	、之	厶爭爭	言䛛謙	訁譲譲讓	、之	ク彳德德	三丰耒耒	ヽ丷当當	冂門問問	ㄑ女女奴

■ 학습 도우미

- **兎** : 토끼의 모양을 본뜬 글자이다. 약자는 '兔'이다.
- **爭** : 손톱(爪: 손톱 조)과 몽둥이를 들고(尹: 몽둥이를 든 모습) 서로 다툰다 하여 '다툴 쟁'이다. '쟁'은 다른 글자와 결합하면 '정'으로 읽는다.
  예) 靜: 고요할 정. 淨: 깨끗할 정.
- **耕** : 쟁기(耒: 쟁기 뢰 - 쟁기 모양을 본뜬 글자)를 이용하여, 밭을 가는 형태 중 하나인 우물 정(井)자 형태로 밭을 갈아 가는 모습이어서 '밭갈 경'이 된다.
- **當** : 농경 사회에 있어서 밭(田)을 높이는 것(尙: 높일 상)은 마땅하고 당연한 일이므로 '마땅할 당'이다.
- **問** : 문에 입을 가까이 대고 누구 없습니까? 하고 물으니까 '물을 문'이다.
- **奴** : 여자(女)를 손으로 잡고(又: 손으로 잡는 모습을 본뜬 글자) 있는 모습으로 자유롭지 못한 종을 뜻하여 '종 노'(남자 종)가 된다. 여자 종은 비(婢: 계집종 비)를 쓴다.

犬兎之爭(견토지쟁) : 개와 토끼가 싸우다가 둘이 다 죽어 농부가 주워 갔다는 고사에서 온 말로 두 사람의 싸움에서 제삼자가 이익을 봄을 이름.
謙讓之德(겸양지덕) : 겸손하고 양보하는 미덕.
耕當問奴(경당문노) : 농사일은 마땅히 머슴에게 물어야 한다는 뜻으로 어떤 일은 그 방면의 전문가에게 물어야 한다는 말.

鯨	戰	蝦	死	呱	呱	之	聲	股	肱	之	臣
魚-8획	戈-12획	虫-9획	歹-2획	口-5획	口-5획	ノ-3획	耳-11획	月-4획	月-4획	ノ-3획	제부수
고래 경	싸움 전	새우 하	죽을 사	울 고	울 고	어조사 지	소리 성	다리 고	팔뚝 굉	어조사 지	신하 신
ク스角魚鯨鯨	甲胃胃單戰戰	虫虫蚆蝦	一ブ歹死	口叮呱呱	口叮呱呱	丶亠之	声声殸聲聲	丿丨月肌股	丿丨月肱	丶亠之	一丆丑臣

■ 학습 도우미

- 鯨 : 물고기 어(魚)와 서울 경(京)이 결합된 글자로 '魚'에서 뜻을 취하고, '京'에서 음을 취하여 '고래 경'이 되었다.
  ※ '京'은 소리글자로 다른 글자와 결합하여도 대부분 '경'으로 읽는다.
  예) 景: 경치 경. 環: 옥빛 경. 예외) 凉: 서늘할 량
- 戰 : 약자는 戦 혹은 战으로 쓴다.
- 呱 : 입 구(口)와 오이 과(瓜)가 결합된 글자로 '울 고'이다.
  ※ '오이 과'(瓜)는 다른 글자와 결합하면 '고'나, '호'로 소리난다.
  예) 孤: 외로울 고. 狐: 여우 호.

鯨戰蝦死(경전하사) : 고래 싸움에 새우가 죽는다는 뜻으로, 곧 강자들의 싸움에 약자가 끼어 들어 피해를 입음을 말함.
呱呱之聲(고고지성) : 아이가 세상에 처음 나오면서 우는 소리.
股肱之臣(고굉지신) : 임금이 가장 신임하는 신하.

孤	軍	奮	鬪	鼓	腹	擊	壤	孤	峰	絕	岸
子-5획	車-2획	大-13획	鬥-10획	제부수	月-9획	水-13획	土-17획	子-5획	山-7획	糸-6획	山-5획
외로울 고	군사 군	떨칠 분	싸움 투	두드릴 고	배 복	칠 격	땅,흙 양	외로울 고	봉우리 봉	끊을 절	언덕 안
子孑孤	冖冝冒	六木奞	鬥鬥鬥	吉吉壴	月肀脂	車車轂	壞壞壞	子孑孤	丨山屸	幺糸絆	丨山屵
孤孤孤	冟軍	奮	鬪鬪	鼓鼓	脂腹	轂擊	壤壤壤	孤孤孤	峰	絆絶絕	屵岸

■ 학습 도우미

- 軍 : 위장 천막(冖)을 둘러 씌운 수레(車)를 끌고 전쟁에 나가는 군사의 모습을 그린 글자로 '군사 군' 이다. 다른 글자와 결합하면 '휘'로 소리 난다.
  예) 揮: 휘두를 휘. 輝: 빛날 휘. 예외) 渾: 흐릴 혼.

- 鬪 : 두 사람이 싸우고 있는 모습을 그린 글자(鬥) 곧 두 사람이 콩(豆: 콩 두)만한 주먹과 짧은 팔(寸: 마디 촌)로 싸우고 있는 모습을 표현한 글자이므로 '싸움 투' 이다.

- 腹 : '고기 육'(月=肉)과 '되돌아올 복'(复)이 결합된 글자인데, 月(肉)은 뜻을 나타내어 배를, 복(复)이 소리글자여서 '배 복'이 된다.
  ※ '复'은 소리글자로 다른 글자와 결합해도 대부분 '복'으로 읽는다.
  예) 復: 회복할 복. 複: 겹칠 복. 예외) 履: 신발 리.

- 峰 : '山+夆'이 결합된 글자로 山의 위치를 바꾸어 '峯'으로도 쓴다.
  山이 뜻을 나타내고, 夆(만날 봉)이 소리글자인 까닭에 '산봉우리 봉'이라 읽는다.
  ※ 夆(만날 봉)은 다른 글자와 결합해도 언제나 '봉'으로 읽는 소리글자이다.
  예) 逢: 만날 봉. 蜂: 벌 봉.

孤軍奮鬪(고군분투) : ① 적은 수의 군대로 많은 수의 군대를 대적함.
② 홀로 여럿을 상대로 힘껏 싸움.
鼓腹擊壤(고복격양) : 배를 두드리면서 땅을 친다라는 뜻으로 태평성대한 세월을 일컫는 말.
孤峰絕岸(고봉절안) : 외롭게 높이 솟은 봉우리와 깎아지른 듯한 언덕.

曲	學	阿	世	空	理	空	論	功	虧	一	簣
日-2획	子-13획	阝-5획	一-4획	穴-3획	玉-7획	穴-3획	言-8획	力-3획	虍-11획	제부수	竹-12획
굽을 곡	배울 학	아첨할 아	세상 세	빌 공	다스릴 리	빌 공	논의할 론	공적 공	이지러질 휴	하나 일	삼태기 궤
冂内曲	𦥯學學	阝阝阿	一十卄	宀宀穴	王 理理	宀宀穴	言 訡論	工 功功	广 虍 虗	一	⺮ 笞簣
曲曲	學學	阿阿	卄世	穴空	理理	穴空	詥論論		虗虧虧		簣簣

■ 학습 도우미

- 曲 : 물건(☐)이 쭈글쭈글 주름(〉〉〉)이 진 모습을 표현한 글자여서 '굽을 곡'이다.
- 阿 : 언덕(阝=阜)에 올라가 "아" 하고 소리친다고 하여 '언덕 아' 혹은 '아첨할 아'로 쓰인다.
- 空 : 굴(穴)을 공구(工)로 막아 두었으니 텅 비어 있다는 글자로 '빌 공'이다.
- 功 : 장인(工)이 힘(力)을 들여 쌓은 공적이라는 뜻이어서 '공적 공'이다.
- 論 : 말하기를(言) 사람(人)들이 하나(一)같이 책(冊: 책 책)을 논하는 글자이므로 '논할 논'이다.

曲學阿世(곡학아세) : 그릇된 학문으로 세상에 아부함. ☞ 고사성어 p36
空理空論(공리공론) : 실천이 없는 헛된 이론.
功虧一簣(공휴일궤) : 구인(九仞)이나 되는 높은 산을 쌓는 데 한 삼태기의 흙만 더 쌓으면 다 될 것을 그만둔다는 뜻으로, 거의 성취한 일을 중지하여 적년(積年)의 수고가 아무 보람 없이 됨을 이름.

誇	大	妄	想	管	中	窺	天	怪	怪	罔	測
言-6획	제부수	女-3획	心-9획	竹-8획	ㅣ-3획	穴-11획	大-1획	心-5획	心-5획	冈-3획	水-9획
자랑할 과	큰 대	망령될 망	생각 상	대롱 관	가운데 중	엿볼 규	하늘 천	괴이할 괴	괴이할 괴	없을 망	헤아릴 측
言言誇	一ナ大	亠亡妄	木机相	竺竺管	口口中	宀穴窺	一二天	忄忄怪	忄忄怪	冂冈罔	氵泪測
誇誇		妄妄	想想	管管		窺	天	怪	怪	罔	測測

■ 학습 도우미

- 誇 : 자랑(夸: 자랑할 과)과 말씀(言)이 결합된 형태로 '자랑할 과(夸)'가 소리글자이다. 따라서 '자랑할 과'이다. 자랑할 과(夸)는 소리글자로 다른 글자와 결합해도 언제나 '과'로 읽는 글자이다.
  예) 跨: 걸터앉을 과.
- 妄 : 없을 망(亡)과 계집 녀(女)가 결합된 글자로 사귀던 여자(女)가 없어지면(亡) 허망하다는 글자로 '허망할 망', '망령될 망'이다.
- 管 : 竹과 官(벼슬 관)이 결합된 글자로 '竹'이 뜻을, '官'이 음을 나타내어 '대롱(통) 관'이 된다. 관(官)은 다른 글자와 결합해도 '관'으로 읽는다.
  예) 館: 집 관. 棺: 널 관.
- 怪 : 마음(心)의 손으로(又: 손가락으로 잡은 모습을 본뜬 글자) 흙(土)을 잡다니 괴상한 일이 므로 '괴상할 괴', '괴이할 괴'이다.
- 罔 : 그물(冈: 그물 망) 속에 고기가 없음(亡: 없을 망)을 나타내는 글자이므로 '없을 망'이다.

誇大妄想(과대망상) : 자신의 능력이나 권세 등을 지나치게 과장하여 그것을 사실인 양 믿는 생각.
管中窺天(관중규천) : 대롱으로 하늘을 본다는 뜻으로 소견과 생각하는 범위가 좁음을 이르는 말.
 =坐井觀天(좌정관천)=井底之蛙(정저지와)
怪怪罔測(괴괴망측) : 말할 수 없이 이상야릇함.

皎	皎	月	色	膠	漆	之	交	敎	外	別	傳
白-6획	白-6획	제부수	제부수	肉-11획	水-11획	ノ-3획	亠-4획	攴-7획	夕-2획	刀-5획	人-11획
흴 교	흴 교	달 월	빛 색	아교 교	옻칠할 칠	어조사 지	사귈 교	가르칠 교	바깥 외	다를 별	전할 전
′白皏 皎皎	′白皏 皎皎	ノ 月 月 月	ク 夕 色 色	月 胖 膠 膠 膠	汁 沐 沐 漆 漆 漆	丶 亠 之	亠 六 交	ㄨ 孝 孝 敎 敎	ノ 夕 外	口 另 別 別	亻 但 傳 傳

■ 학습 도우미

- 皎: '흴 교' – 皎皎: ① 매우 흰 모양. ② 빛나고 밝은 모양.
- 敎: '가르칠 교'의 속자로는 '教'를 쓰는데 이것을 보면 '孝'와 '攵'의 결합된 글자임을 알 수 있다. 이는 부모님께 효도(孝)하라고 강력히 권면(攵: 칠 복)하는 것이 곧 가르침임을 알 수 있게 하는 글자로 '가르칠 교'이다.
- 傳: 사람 인(人)과 오로지 전(專)이 결합된 글자로 사람의 손에서 손으로 오로지 전해진다는 글자 '전할 전'이다. 약자는 伝이다.
  ※ 전(專)은 물레를 손으로 오로지 한쪽으로 돌리는 모습의 글자이다. 專은 다른 글자와 결합하면 '전'으로 읽거나 '단'으로 읽는다.
  예) 轉: 구를 전, 옮길 전. 團: 둥글 단.

皎皎月色(교교월색) : 매우 맑고 밝은 달빛.
膠漆之交(교칠지교) : 아주 친밀하여 떨어질 수 없는 교제 -아교풀로 붙이면 떨어지지 않고 옻칠을 하면 벗겨지지 않음과 같이 친밀한 사이를 말함.
敎外別傳(교외별전) : 마음에서 마음으로 뜻을 전해줌. = 拈華微笑 = 心心相印 = 以心傳心 = 不立文字

狗	尾	續	貂	口	蜜	腹	劍	九	死	一	生
犬-5획	尸-4획	糸-15획	豸-4획	제부수	虫-8획	月-9획	刀-13획	乙-1획	歹-2획	제부수	제부수
개 구	꼬리 미	이을 속	담비 초	입 구	꿀 밀	배 복	칼 검	아홉 구	죽을 사	하나 일	날 생

■ 학습 도우미

- **狗**: 개 견(犭=犬)과 글귀 구(句)가 결합하여 이룬 글자로 개 견(犭)에서 뜻을, 句(구)에서 음을 취하여 '개 구'라고 읽는다.
  ※ 구(句)는 소리를 지닌 글자여서 다른 글자와 결합하면 역시 '구'로 읽는다.
  예) 拘: 잡을 구. 苟: 진실로 구.

- **尾**: '尸(주검 시)'는 '짐승 꽁무니'를 뜻하기도 한다. 따라서 尾는 꽁무니에 붙은 털(毛:털 모)을 나타내는 글자이므로 '꼬리 미'이다.

- **腹**: 고기 육(月)과 되돌아올 복(复)이 결합된 글자로 月(=肉)이 뜻으로 배를 나타내고, 복(复)이 소리글자이므로 만들어진 글자가 '배 복'이다.
  ※ 복(复)은 다른 글자와 결합하여도 소리를 간직한 소리글자이다.
  예) 復: 회복할 복. 複: 겹칠 복.   예외) 履: 신발 리.

- **劍**: 僉자는 집안(人)에 하나(一)같이 모인 사람(口口人人)을 나타낸 글자로 '다 첨'이다. 모두가 다(僉) 칼(刂)을 가지고 있다고 생각하여 '칼 검'이라고 읽으면 된다.

狗尾續貂(구미속초) : 훌륭한 일 다음에는 보잘것없는 일이 이어짐을 말함.
口蜜腹劍(구밀복검) : 입에는 꿀을 바르고 배에는 검을 품었다는 뜻으로 겉으로는 친절한 체하나 속으로는 해칠 생각을 함을 비유하여 이르는 말. ☞ 고사성어 p37
九死一生(구사일생) : 죽을 고비를 여러 번 겪고 겨우 살아남.

舊	態	依	然	群	雄	割	據	窮	餘	之	策
臼-12획	心-10획	人-8획	火-8획	羊-7획	隹-4획	刀-10획	手-13획	穴-10획	食-7획	ノ-3획	竹-6획
옛 구	모양 태	기댈 의	그럴 연	무리 군	수컷 웅	나눌 할	의지할 거	궁할 궁	남을 여	어조사 지	꾀 책
艹 𦾔 舊	ㅅ 育 能	亻 伫 依	夕 夕 妖	尹 君 君'	𠂇 亡 𢁓	亠 宇 害	扌 扩 扩	空 窏 窮	人 今 食	丶 ㄱ 之	竹 竺 笁
舊 舊	能 能	依 依	然 然	群	㕸 雄	割	護 據	窏 窮 窮	飢 餘	之	笁 策

■ 학습 도우미

- 舊 : 우거진 풀(艹) 아래 새 한 마리(隹: 새 추)가 절구처럼 움푹한 곳(臼: 절구 구)에서 둥지를 트는 일은 옛날부터 그대로이다는 글자로 '옛 구'이다. 약자로는 旧를 쓴다.
- 依 : 사람은 옷에 의지 하니까 '기댈 의'이다.
- 群 : 음을 나타내는 君(군)과 무리를 나타내는 羊(양)이 결합되어 만들어진 '무리 군'이다.
- 割 : 해로울 해(害)와 칼 도(刂)가 결합된 글자로 해로운 것을 칼로 베어낸 글자이므로 '벨 할'이다.
- 窮 : 躬(몸 궁)이 활처럼 구부정한(弓) 사람의 모습(身)을 뜻하는 글자여서 구부정한 몸 그 자체를 나타낸다. 이 글자는 다른 글자와 결합해도 소리를 그대로 간직한 글자여서 언제나 '궁'으로 읽는 글자이다. 굽은 몸(躬)이 굴(穴) 속에 다 들어갔으니 다 굽힌 것으로 보아 '다할 궁'자라고 보면 된다.

舊態依然(구태의연) : 변함이 없이 옛 모습 그대로임.
群雄割據(군웅할거) : 많은 영웅들이 한 지역씩 차지하여 세력을 떨치면서 맞서는 일.
窮餘之策(궁여지책) : 궁박한 끝에 억지로 짜낸 계책.

捲	土	重	來	規	矩	準	繩	錦	衣	玉	食
手-8획	제부수	里-2획	人-6획	見-4획	矢-5획	水-10획	糸-13획	金-8획	제부수	제부수	제부수
걸을 권	흙 토	무거울 중	올 래	법 규	곱자 구	법도 준	먹줄 승	비단 금	옷 의	옥 옥	먹을 식
扌扩拶 捲捲	一十土	一千旨 审重	一厂厂 卆來	一夫却 担規	一矢知 矩矩	氵汁沽 淮準	糹紃紃 紀繩繩	人牟金釒 釦錦錦	一ナ亠 亠衣衣	一二于 于王玉	人人今 今食食

■ 학습 도우미

- 捲 : 손 수(手)와 책 권(卷)이 만나서 이루어진 글자로 손(扌)으로 두루말이 책(卷)을 둘둘 말아 보관하였으므로 '말 권' 혹은 '걸을 권' 자이다.
  ※ 책 권(卷: 㔾은 무릎을 꿇는 모습으로 책을 보기 위하여 무릎을 꿇고 있는 모습임.)
- 規 : 이는 본래 원을 그리는 도구(컴퍼스)를 말한다. 원을 정확하게 그리는 도구여서 어떤 기준을 말하므로 '법규 규', '바를 규' 자로 사용된다.
- 矩 : 화살(矢: 화살 시)과 같이 뾰족한 것으로 자(巨)에 대고 줄을 긋는다 하여 굽은 자를 나타내는 '굽은자 구' 자이다. 따라서 자는 선을 긋는 데 기준이 되므로, 기준 혹은 법을 의미하여 '법도 구' 라고도 쓰는 글자이다.
- 繩 : '노 승', '새끼줄 승', '먹줄 승'. 곧 먹줄은 목수들이 직선을 긋는 데 기준으로 사용하게 되므로 '기준', '법도' 라는 뜻으로도 쓰인다.

다음 쪽에 계속

捲土重來(권토중래) : ① 한 번 패하였다가 힘을 돌이켜 다시 쳐들어옴.
　　　　　　　　　　② 어떤 일에 실패한 뒤에 힘을 가다듬어 다시 시작함.
規矩準繩(규구준승) : 컴퍼스, 자, 수준기, 먹줄 곧 사물의 기준이나 표준이 되는 것.
錦衣玉食(금의옥식) : '비단옷과 흰 쌀밥' 이라는 뜻으로 사치스러운 의식이나 부유한 생활을 이름.

僅	僅	得	生	金	科	玉	條	今	昔	之	感
人-11획	人-11획	彳-8획	제부수	제부수	禾-4획	제부수	木-7획	人-2획	日-4획	丿-3획	心-9획
겨우 근	겨우 근	얻을 득	살 생	쇠 금	과목 과	구슬 옥	가지 조	이제 금	옛 석	어조사 지	느낄 감
亻亻世	亻亻世	彳得得	丿⺧生	人合余	二千禾	一丁王	亻伀條	丿人亽	一廾丗	`丶亠之	丿厂后
借僅	借僅	得	牛生	余金	科科	王玉	佟條	今	昔昔	之	咸感感

■ 학습 도우미

-앞쪽에 이어서-

- **準**: 목수들이 평평히 할 때 쓰는 도구이다. 따라서 이것도 기준을 삼을 수 있는 '법도' 따위의 의미로 사용되고 있다. 따라서 '법도 준' 자이다. 이것은 명사의 어근에 붙어 '무엇에 준하는, 무엇보다 정도가 조금 못 미치는'의 뜻으로도 사용된다.
  예) 준결승(準決勝), 준우승(準優勝)
- **僅**: 사람 인(人)과 진흙 근(堇)이 결합하여 이룬 글자이다. 사람이 진흙 속에 빠졌다가 겨우 빠져나온다 하여 '겨우 근'이다. 堇(진흙 근)은 소리글자여서 다른 글자와 결합해도 대부분 '근'으로 읽는다. 예) 勤: 부지런할 근. 槿: 무궁화 근. 謹: 삼갈 근.
- **條**: 사람(人)이 지팡이(丨)를 들고 나무가지(木)를 치고(攵: 칠 복) 있어서 '나무가지 조', '조목 조'이다.

僅僅得生(근근득생): 간신히 겨우 살아남.
金科玉條(금과옥조): 금이나 옥처럼 소중하게 여기는 규정이나 법칙.
今昔之感(금석지감): 지금과 옛날을 비교해 볼 때 그 차가 심함을 보고 느끼는 감정.

琴	瑟	之	樂	金	枝	玉	葉	急	轉	直	下
玉-8획	玉-9획	ノ-3획	木-11획	제부수	木-4획	제부수	艸-9획	心-5획	車-11획	目-3획	一-2획
거문고 금	큰거문고 슬	어조사 지	즐길 락	쇠 금	가지 지	구슬 옥	잎사귀 엽	급할 급	구를 전	곧을 직	아래 하
王 珏 珡 琹	王 珏 珡 琴	ノ 亠 之	白 缠 縋	人 合 余	十 才 木	一 T 干	艹 苹 苹	勹 刍 刍	車 軔 軘	十 古 直	一 T 下
瑟琴	瑟瑟瑟	之	缬樂	余金	枒枝	王玉	葦葉	刍急	軭轉轉	直	

■ 학습 도우미

- 琴 : 윗부분(玨)은 악기의 현의 모양을 그려 악기라는 의미를 나타내고, 밑에 今은 쇠소리(金)처럼 소리를 나타내는 글자를 결합하여 '거문고 금'을 만들었다.
- 樂 : 하얀 악기(白)를 중심으로 좌우 작은 모양의 악기(幺: 작을 요)를 나무(木)로 만든 틀 위에 매달아 두고 연주하는 악기의 모양을 그린 글자이다. 따라서 '풍류 악'이다.
  약자는 楽이다.
  ※ '樂'의 쓰임 ① 풍류 악: 音樂 ② 즐길 락: 樂園 ③ 좋아할 요: 樂水
- 枝 : 木(나무 목)과 支(지탱할 지)가 결합된 글자로 뜻은 '木'에서, 음은 '支'에서 취한 '나무가지 지'이다.
- 葉 : 세상(世)은 위아래로 풀(艹)과 나무(木)로 가득 찬 잎사귀들이 대부분이다로 생각하여 '잎사귀 엽'이라고 보면 좋다.
- 急 : 칼(刀)을 잡은 손(⺕: 손으로 잡은 모습)이 마음(心)을 누르고 있으니 급한 상황이므로 '급할 급'이다.
- 直 : 가로와 세로(十)가 곧으며 직각(ㄴ)을 이루는 부분이 바른 각을 이루었나 눈(目)으로 살펴본 글자이므로 '곧을 직'이다.

琴瑟之樂(금슬지락) : 부부 사이의 다정하고 화목한 즐거움.
金枝玉葉(금지옥엽) : 왕가의 자손이나 귀한 집안의 자손을 말함.
急轉直下(급전직하) : 형세가 급변하여 걷잡을 수 없이 내리달림.

奇	奇	妙	妙	飢	不	擇	食	奇	想	天	外
大-5획	大-5획	女-4획	女-4획	食-2획	一-3획	手-16획	제부수	大-5획	心-9획	大-5획	夕-2획
기이할 기	기이할 기	묘할 묘	묘할 묘	굶주릴 기	아닐 불	가릴 택	먹을 식	기이할 기	생각할 상	하늘 천	바깥 외
一ナ쵸	一ナ쵸	乚女女	乚女女	ㅅ슦飢	一ㄱ不	扌押擇	人스食	一ナ쵸	十木相	一二チ	ノクタ
쵸奇	쵸奇	奴妙妙	奴妙妙	飢飢	不	擇擇	食食	쵸奇	相相	天	外外

■ 학습 도우미

- 奇 : 크게(大) 가(可)하고 입을 크게 벌리니 기이하다는 글자로 '기이할 기'이다.
- 妙 : 여자(女) 중 어린(少: 어릴 소) 여자가 묘하게 묘기를 잘 한다는 글자로 '묘할 묘'이다.
- 飢 : 먹을 것(食)이 밥상 위(几: 안석 궤 – 앉아서 몸을 기대는 데 쓰는 작은 책상)에 아무것도 없어서 굶주렸다는 글자로 '굶주릴 기'이다.
- 擇 : 손(手)으로 그물(罒: 그물 망)에다 행운(幸 : 다행 행)만을 가려 선택하여 담는다는 글자로 '가릴 택'이다.

奇奇妙妙(기기묘묘) : 매우 기이하고 묘함.
飢不擇食(기불택식) : 굶주린 사람은 먹을 것을 가리지 아니한다.
奇想天外(기상천외) : 보통 사람이 예상할 수 없는 엉뚱한 생각.

奇	巖	絕	壁	寄	與	補	裨	騎	虎	之	勢
大-5획	山-20획	糸-6획	土-13획	宀-8획	臼-7획	衣-7획	衣-8획	馬-8획	虍-2획	丿-3획	力-11획
기이할 기	바위 암	끊을 절	벽 벽	부칠 기	줄 여	도울 보	도울 비	말탈 기	범 호	어조사 지	기세 세
一大本	山出岸	幺幺糸	尸吊辟	宀宀宎	𦥑與與	衤衤衻	衤衤袒	馬馬駷	亠虍虎	丶亠之	圡圥埶
吞奇	嵓巖	絡絡絶	辟壁	寄寄	卸與與	衻補補	裨裨	騎騎	虍虎	之	埶勢勢

■ 학습 도우미

- 巖 : 산(山) 밑에 두 개의 동굴(口口)이 있고, 그 아래 길게 바위(厂)가 드리워 있어 감히(敢: 감히 감) 예불할 수 있는 바위 암자(?)라고 생각하여 '바위 암'이다.
- 壁 : 임금이 거처하는 곳(辟: 임금 벽)을 흙(土)으로 둘러 담벼락을 친다 하여 '담 벽'이 된다.
- 補 : 옷(衣 = 衤)이 많으니(크니 - 甫: 클 보) 남을 도와 주어야 한다 하여 '도울 보'가 된다.
- 裨 : 옷(衣 = 衤)을 입는 수준이 낮으니(卑: 낮을 비) 도움을 받아야 한다는 글자로 '도울 비'이다.
- 騎 : 말(馬)을 몹시(大) 좋아하여(可) 말을 타는 기마민족이 되었다는 '말탈 기'이다.
- 勢 : 흙(土) 밑에 여덟 흙(八土)으로 눌러 둥글게(丸: 둥글 환) 만드느라 힘(力)을 쓰는 모습이 기세가 대단하게 보인 글자로 '기세 세'이다.

奇巖絕壁(기암절벽) : 기묘한 바위와 깎아지른 낭떠러지.
寄與補裨(기여보비) : 사회나 어떤 일에 대하여 공헌을 함.
騎虎之勢(기호지세) : 호랑이를 탄 사람의 기세라는 뜻으로 도중에서 그만두거나 물러설 수 없는 형세를 이르는 말. ☞ 고사성어 p37

琪	花	瑤	草	落	木	寒	月	難	攻	不	落
玉-8획	艹-4획	玉-10획	艹-6획	艹-9획	제부수	宀-9획	제부수	隹-11획	攵-3획	一-3획	艹-9획
옥이름 기	꽃 화	옥 요	풀 초	떨어질 락	나무 목	찰 한	달 월	어려울 난	칠 공	아닐 불	떨어질 락
王玗琪	艹花花	王珍瑤	艹苗草	艹艿落	一十才	宀宀宩	丿月月	艹苩葟	工工攻	一ア不	艹艿茨
琪琪	花	瑤瑤	草	茨落	木	寔寒寒	月	蘄難難	功攻	不	落

■ 학습 도우미

- 琪 : 구슬 옥(玉)과 그 기(其)가 결합된 글자로 옥(玉)은 뜻을, 기(其)는 음을 나타내어 '옥이름 기'이다. '其'는 키 모양을 본뜬 글자로 다른 글자와 결합하면 대부분 '기'로 읽는다. 예) 期: 때 기. 基: 터 기. 旗: 깃발 기. 예외) 斯: 이 사.
- 落 : 풀(艹)이 가을비(氵)에 각각(各: 각각 각) 떨어진다는 글자 '떨어질 락'이다.
- 寒 : 집안(宀)이 하나(一)같이(共: 함께 공) 차가워(冫: 주로 차가움을 뜻하는 글자) 한기를 느낀다고 하여 '찰 한'이라고 보면 된다.
- 難 : 진흙(堇: 진흙 근) 속에 새(隹: 새 추)가 빠져 어려움을 겪고 있다하여 '어려울 난'으로 읽는 글자이다.
- 攻 : 공구(工)를 가지고 쳐가니(攵: 칠 복) 공격이 된다는 글자 '칠 공'이다.

琪花瑤草(기화요초) : 온갖 아름다운 꽃과 풀.
落木寒月(낙목한월) : 낙엽이 지는 추운 계절.
難攻不落(난공불락) : 공격하기 어려워 쉽게 함락되지 않음.

男	負	女	戴	囊	中	之	錐	老	當	益	壯
田-2획	貝-2획	제부수	戈-14획	口-19획	ㅣ-3획	ノ-3획	金-8획	제부수	田-8획	皿-5획	士-4획
사내 남	짐질 부	계집 녀	일 대	주머니 낭	가운데 중	어조사 지	송곳 추	늙을 로	마땅할 당	더욱 익	씩씩할 장
口田田	ノク���	ㄑ女女	十苗苗	声声囊	ㅣ口中	、ーナ之	ノ金釒	土耂老	⺌ 兴當	⺌兰益	ㅣㅗㅕ
罒男	自負		賣戴戴	橐臺囊		之	鉾錐	老	當	益益	扌壯壯

■ 학습 도우미

- 男 : 밭에 나가 힘써 일하는 것은 남자라는 글자로 '사내 남'이다.
- 負 : 조개(貝: 조개 패)가 칼(刀)을 짊어지고 있어 부담스러워 하는 글자로 '짐짊어질 부'이다.
- 戴 : 열(十) 사람이 창(戈: 창 과)을 서로 다르게(異) 받들고 있다는 글자로 '받들 대', '머리에 일 대'이다.
- 錐 : 쇠 금(金)과 새 추(隹)가 결합된 글자로 새의 꽁무니처럼 뾰족한 송곳을 나타내는 글자이므로 '송곳 추'이다.
- 當 : 농경 사회에서는 밭(田)을 숭상(尙: 높일 상)한 것은 마땅하고 당연하니까 '마땅할 당'이다.
- 益 : 그릇(皿: 그릇 명)에 물을 더하여 흘러내리는 모습(仌)의 글자로 '더할 익', '이로울 익'으로 쓰인다. 속자로는 益이다.
- 壯 : '장할 장, 씩씩할 장'은 다른 글자와 결합해도 자신의 소리를 그대로 간직하여 '장'으로 소리 난다.
  예) 莊: 별장 장, 장엄할 장. 裝: 꾸밀 장.

男負女戴(남부여대) : 남자는 등에 짐을 지고 다니고, 여자는 머리에 짐을 이고 다닌다는 말로 가난한 사람들의 떠돌이 생활을 말함.
囊中之錐(낭중지추) : 주머니 속의 송곳은 뚫고 나오기 마련인 것처럼 재능이 있고 유능한 사람은 드러나기 마련이다는 말. ☞ 고사성어 p38
老當益壯(노당익장) : 늙어도 원기(元氣)가 더욱 씩씩함.

확인해 보세요.(2-1)

✽ 앞에서 학습한 한자어들에 대한 학습 결과를 점검하는 곳입니다. 답을 제대로 하지 못했다면 앞으로 돌아가 다시 학습하십시오.

※ 다음에 제시된 한자어(漢字語)들의 독음(讀音)을 쓰시오.(1~6)

1. 琪花瑤草

2. 乾坤一擲

3. 老當益壯

4. 男負女戴

5. 琴瑟之樂

6. 隔靴搔

※ 다음 문제에서 제시된 낱말들과 관련된 한자어를 보기에서 골라 쓰시오.(7~10)

보기

| 曲學阿世 | 囊中之錐 | 口蜜腹劍 | 肝膽相照 |

7. 한유(韓愈)의 비문, 유종원(柳宗元)과 유몽득(劉夢得)의 사귐, 간과 쓸개, 우정, 절친한 벗.

8. 원고(轅固), 공손홍(公孫弘), 학문을 왜곡하여 세상에 아부함.

9. 당(唐)의 현종(玄宗), 이임보(李林甫), 겉으로는 친한 체하지만 속으로는 해칠 생각을 품음.

10. 조(趙)나라의 평원군, 진(秦)나라, 조(趙)나라가 초(楚)나라에 도움을 요청, 식객(食客), 수행원 20명을 선발, 주머니 속의 송곳, 뛰어난 사람은 감추어져 있어도 언젠가는 드러남.

※ 다음 제시된 한자어의 뜻을 쓰시오.(11~17)

11. 寄與補裨

12. 難攻不落

13. 金科玉條

14. 窮餘之策

15. 空理空論

16. 街談巷說

17. 苛斂誅求

※ 다음 제시된 한자어의 의미와 가장 가까운 한자어는?(18~23)

18. 犬猿之間
① 堅忍不拔　② 見蚊拔劍　③ 艱難辛苦　④ 蓋世之才　⑤ 吳越同舟

19. 漁父之利
① 呱呱之聲　② 股肱之臣　③ 犬兔之爭　④ 孤軍奮鬪　⑤ 皎皎月色

20. 康衢煙月
① 感慨無量　② 鼓腹擊壤　③ 怪怪罔測　④ 誇大妄想　⑤ 舊態依然

21. 井底之蛙
① 九死一生　② 狗尾續貂　③ 今昔之感　④ 管中窺天　⑤ 奇奇妙妙

22. 肝膽相照
① 謙讓之德　② 膠瑟之交　③ 耕當問奴　④ 鯨戰蝦死　⑤ 飢不擇食

23. 拈華微笑
① 群雄割據　② 僅僅得生　③ 克己復禮　④ 奇想天外　⑤ 敎外別傳

※ 다음에 제시된 뜻의 단어를 보기에서 찾아 쓰시오.(24~27)

> **보기**
>
> 規矩準繩　　急轉直下　　騎虎之勢　　金枝玉葉

24. 도중에 그만두거나 물러설 수 없는 형세를 이르는 말.

25. 사물의 기준이나 표준이 되는 것.

26. 형세가 급변하여 걷잡을 수 없이 내리달림.

27. 왕가의 자손이나 귀한 집안의 자손을 말함.

※ 다음 중 한자어의 의미가 나머지와 다른 하나는?(28~29)

28.
① 高峯絶岸　② 奇巖怪石　③ 山紫水明　④ 規矩準繩　⑤ 奇巖絶壁

29.
① 口蜜腹劍　② 窮餘之策　③ 羊頭狗肉　④ 面從腹背　⑤ 表裏不同

30. 다음 시조의 밑줄 친 부분의 뜻과 관계가 있는 단어는?

> 잘 가노라 닫지 말며 못 가노라 쉬지 말라
> 부디 끊지 말고 촌음(寸陰)을 아껴스라
> 가다가 중지(中止)곳 하면 아니 감만 못하니라

① 感慨無量　② 狗尾續貂　③ 功虧一簣　④ 康衢煙月　⑤ 琪花瑤草

31. 다음 밑줄 친 부분의 내용과 관계가 깊은 한자성어는?

> 학문에 진리 탐구 이외의 다른 목적이 섣불리 앞장을 설 때, 그 학문은 자유를 잃고 왜곡될 염려조차 있다. 학문을 악용하기 때문에 오히려 좋지 못한 일을 하는 경우가 얼마나 많은가? 진리 이외의 것을 목적으로 할 때 그 학문은 한때의 신기루와도 같아, 우선은 찬연함을 자랑할 수 있을 지 모르나, 과연 학문이라고 할 수 있을까부터가 문제다.

① 曲學阿世　② 苛斂誅求　③ 空理空論　④ 難攻不落　⑤ 隔靴搔癢

32. 다음 밑줄 친 부분을 잘 나타낼 수 있는 한자성어는?

> 손 쪽도 주인의 그런 태도엔 새삼 이상스러워하는 기미가 없었다. 말이 오가는 게 오히려 부질없는 노릇 같았다. 두 사람은 다시 <u>내밀한 침묵으로 할 말을 모두 대신하고 있었다.</u> 그러다 이윽고 손 쪽이 먼저 자탄을 해 왔다.

① 乾坤一擲　　② 窮餘之策　　③ 難攻不落　　④ 堅忍不拔　　⑤ 以心傳心

정답(2-1)

1. 기화요초　　2. 건곤일척　　3. 노당익장　　4. 남부여대　　5. 금슬지락
6. 격화소양　　7. 肝膽相照　　8. 曲學阿世　　9. 口蜜腹劍　　10. 囊中之錐
11. 사회나 어떤 일에 대하여 공헌을 함.
12. 공격하기 어려워 쉽게 함락되지 않음.
13. 금이나 옥처럼, 소중하게 여기는 규정이나 법칙.
14. 궁박한 끝에 억지로 짜낸 계책.
15. 실천이 없는 헛된 이론.
16. 항간에 떠도는 말.
17. 세금 등을 가혹하게 거두어들임.
18. ⑤　　19. ③　　20. ②　　21. ④　　22. ②
23. ⑤　　24. 騎虎之勢　　25. 規矩準繩　　26. 急轉直下　　27. 金枝玉葉
28. ④　　29. ②　　30. ③　　31. ①　　32. ⑤

肝膽相照 (간담상조)

　이 말은 당송팔대가(唐宋八大家)의 한 사람으로 유명한 한유(韓愈: 자는 子厚, 773～819)가 유종원(柳宗元)과 유몽득(劉夢得) 이 둘의 우정에 감동되어 유종원을 위하여 쓴 유자후 묘지명(柳子厚墓誌銘)에 기록하고 있는 내용이다.

　한유(韓愈)와 유종원(柳宗元)은 당대(唐代)의 유명한 명문장가(名文章家)들로 이들은 오랜 세월 동안 두터운 우정을 나눈 절친한 친구 사이였다.
　유종원은 순종 때에 보수파와 환관들과의 충돌로 인하여 예부(禮部)의 속관(屬官)에서 유주자사(柳州刺史)로 좌천된다. 그러다가 헌종(憲宗) 때에 조정에 불려졌지만 다시 수구파와의 정쟁(政爭)에 밀려 두 번째 유주자사(柳州刺史)로 좌천되었다가 죽고 만다.
　그러자 한유는 유종원을 위해 묘지명(墓地銘)을 썼다. 유종원(柳宗元) 자신도 불우했으면서도 자기와 같은 처지에 있던 친구 유몽득(劉夢得)을 생전에 크게 동정했던 일을 기억하여 묘지명(墓地銘)에 다음과 같이 쓰고 있다.
　"…아, 선비는 곤경에 처했을 때 절의(絶義)가 나타나는 법이다. 세상 사람들을 보면 아무 걱정 없을 때에는 서로 아껴주며 놀이나 잔치를 마련하여 부르곤 한다. 때로는 농담이나 우스갯소리도 하고, 서로 사양하고 손을 맞잡기도 한다.
　뿐만 아니라 죽어도 배신하지 말자고 '쓸개와 간을 서로 꺼내 보이며' 맹세하기도 한다. 하지만 조금이라도 이해 관계가 엇갈리면 눈길을 돌리며 마치 모르는 사람처럼 대한다. 함정에 빠져도 손을 내밀어 구원할 생각은 하지 않고 도리어 상대방을 함정에 밀어 넣고 돌을 던지는 사람이 많다. 이런 행위는 무지한 짐승도 차마 하지 못할 바인데 그러고도 사람들은 스스로 득의했다고 자부한다."
　간담상조(肝膽相照)는 이 묘지명에서 나온 말로 '간과 쓸개를 서로 보여 준다' 곧 진심을 터놓고 허물없이 나누는 우정이나, 마음이 잘 맞는 절친한 벗 사이를 이르는 말이다.

乾坤一擲 (건곤일척)

　이 말은 당송팔대가의 한 사람인 한유(韓愈)가 지은 그의 七言絶句詩 '과홍구(過鴻溝: 홍구를 지나며)'에 나오는 말이다.

　홍구(鴻溝)는 현재 중국 하남성(河南省) 개봉(開封) 서쪽을 흐르는 강으로 고로하(賈魯河)라고 부른다. 한유(韓愈)가 여기를 지나며 이 곳에서 있었던 역사적인 사실을 회상하며 시(詩)를 지었는데 그 배경은 이렇다.
　한(漢)나라의 유방(劉邦)과 초(楚)나라의 항우(項羽)는 서로 협력하여 진(秦)나라의 왕조(王朝)를 무너뜨린 후 천하의 맹주(盟主)가 되기 위하여 격렬한 전쟁을 벌이지만 좀처럼 승부를 가릴 수 없었다.
　그러자 홍구(鴻溝)를 경계로 서쪽은 한(漢)나라 유방(劉邦)이 차지하고 동쪽은 초(楚)나라 항우(項羽)가 차지하기로 결정하여 양분되

고사성어 유래설명

었다.

전쟁이 막 끝나고 마치려 함에 유방(劉邦)의 막하인 장량(張良)과 진평(陳平)이 유방에게 다음과 같이 권했다.

"지금은 초나라의 군대가 지쳐 있고 식량도 없으니 지금이야말로 초나라를 멸망시킬 절호의 기회입니다."

그러자 유방은 즉시 군대를 동으로 돌려 항우와의 약속을 어기고 항우와 건곤(천지)을 걸고 싸움을 벌여 해하(垓下)에서 항우(項羽)를 포위하여 결국은 초(楚)를 대패시키고 한왕조(漢王朝)를 세우게 된다. 이러한 역사적인 사실을 생각하며 읊은 시(詩)이다.

"용은 지치고 호랑이는 피곤하여 이 강을 가르니 억만 백성들은 목숨을 보존하였도다. 누가 君王을 권하여 말머리를 돌릴 수 있을까? 진정 한 번 던짐을 이루어 건곤(乾坤)을 건다."

여기에서 '천하를 건 싸움'이라고 표현한 데서 비롯된 말인데 하늘과 땅을 걸고 주사위를 한 번 던진다는 뜻으로, 나라를 걸고 단판으로 승부를 내는 일을 말한다.

이 후로 이 말은 운명과 흥망을 걸고 단판으로 승부나 성패를 겨루는 일이나, 흥망을 천운에 맡기고 일을 행하는 것을 비유하는 말로 쓰인다.

曲學阿世(곡학아세)

이 말은 〈사기(史記)〉'유림열전(儒林列傳)' 등에 나오는 말로 한(韓)의 경제(景帝) 때의 학자 원고(轅固)가 공손홍(公孫弘)에게 이르는 말에서 비롯된 단어이다.

원고(轅固)는 산동(山東) 출신으로〈시경(詩經)〉에 밝고 학문이 출중하여 박사(博士)가 된 사람이다. 그는 경제(景帝)의 모친 두태후(竇太后)가 노자서(老子書)에 대해 물었을 때 올바른 학문이 아니라고 일언(一言)에 거절하였다가 두태후의 노여움을 사서 죄를 받았는데, 경제(景帝)의 도움으로 벗어난 일이 있었다. 그러자 세상 사람들은 과연 직언을 잘하는 대쪽 같은 선비는 다르다고 칭송했다.

경제(景帝)의 뒤를 이어 무제(武帝)가 즉위하자 그는 또 불려나갔다. 그때 그의 나이 아흔 살이었다. 무제에게 아첨하던 많은 사이비 학자들은 바른말 잘하는 원고(轅固)를 심하게 헐뜯으며 그의 등용을 극력 반대했으나 무제는 듣지 않았다.

이때 원고(轅固)와 함께 등용된 소장(小壯) 학자로 공손홍(公孫弘)이라는 사람이 있었는데, 그 또한 다른 사람들과 마찬가지로 원고(轅固)를 꺼려했지만, 원고(轅固)는 언짢은 기색도 없이 오히려 공손홍(公孫弘)을 위하여 이렇게 말했다.

"공손홍(公孫弘) 자네는 부디 올바른 학문을 익혀서 자기가 배운 학문을 왜곡하여 세상의 속물들에게 아부하는 일이 없도록 하게나."

이 말을 들은 공손홍(公孫弘)은 앞서의 자신의 태도를 매우 부끄럽게 여겨 사죄하는 한편 원고(轅固)를 스승으로 섬겼다고 한다.

결국 이 말은 자기가 배운 것을 굽혀 가면서 세상의 비위를 맞추어 출세를 하려는 그런 태도나 행동을 이르는 말이다.

口蜜腹劍 (구밀복검)

이 말은 〈십팔사략(十八史略)〉, 〈자치통감(自治通鑑)〉 등에 나오는 말로 당(唐)나라 현종(玄宗) 때에 중국 역대의 간신 중에서 이름이 높았던 이임보(李林甫)를 두고 당시 사람들이 평했던 말에서 비롯된 것이다.

이임보(李林甫)는 당 현종(玄宗) 때에 현종이 사랑하고 있는 후궁에게 잘 보임으로써 출세를 시작한 사람이다. 현종은 원래 총명한 군주로서 한동안 선정을 베풀어 칭송을 받았지만 황후와 사별하고 난 뒤부터는 줄곧 양귀비의 미색에 빠져 모든 정사를 이임보에게 맡기고 국사를 돌보지 않게 되자 이임보는 제 세상을 만난 듯 인사권을 손안에 틀어쥐고 국정을 마음대로 주무르기 시작했다.

그는 재주나 명망이 자기보다 낫거나 임금의 신임을 받아 자신의 지위를 위협할 만한 사람이 나타나면 수단 방법을 가리지 않고 제거해버렸는데 그중에서도 문과를 통해 급제하여 바른말을 잘 하는 선비들을 더욱 꺼려했다. 그런데 그는 자신의 마음에 들지 않는 사람이라 할지라도 결코 겉으로 그를 미워하는 내색을 하지 않았다. 도리어 현종(玄宗)에게 그런 인물을 천거하여 상대를 안심시킨 후에 뒤로 공작하여 그를 떨어뜨리는 수법을 쓴 것이다. 이 때문에 당시 사람들은 이임보를 두려워하여 '이임보는 입에 꿀이 있고, 배에는 칼이 있다.'고 말하였다. 안녹산도 이임보가 있는 동안은 그를 무서워하여 난을 일으키지 못하다가 그가 죽은 3년 뒤에야 난을 일으켰다고 전한다.

구밀복검(口蜜腹劍)이라는 말은 입에는 꿀을 바르고 있지만, 뱃속에는 칼을 품고 있다는 뜻으로, 겉으로는 친한 체 하지만 속으로는 해칠 생각을 품고 있다든가, 돌아서서 은근히 남을 헐뜯고 끌어내린다는 말로 쓰인다.

騎虎之勢 (기호지세)

호랑이를 타고 달리는 기세 곧, 중도에서 그만둘 수 없는 형세를 말한다. 일단 호랑이를 탄 이상 호랑이가 멈추기 전에 중도에서 내릴 수는 없다. 만일 내린다면 호랑이에게 잡혀 먹히고 말 것이기 때문이다.

따라서 기호지세(騎虎之勢)라고 하면, 어쩔 수 없이 끝까지 버틸 수밖에 없게 된 경우를 뜻한다. '내친걸음'이란 뜻으로도 쓰이고 기수지세(騎獸之勢)라고도 한다. 〈수서〉 '독고황후전', 〈통감기사본말〉 등에 보이는 말이다.

수(隋)나라 문제인 양견(楊堅: 재위 581~604)은 진(晉)나라 동천 이래 2백 수십 년 간 남북으로 갈라져 있던 중국을 통일한 인물이다. 앞서 그는 남북조시대 말, 578년 황태자가 무제(武帝)의 뒤를 잇자 외척으로서 북주 조정의 실세가 되었다.

그러다 선제(宣帝)가 죽자 양견(楊堅)은 자신이 후견이었던 어린 유제(幼帝)를 옹립하였다. 그의 속셈은 오랑캐 선비족의 나라인 북주(北周)를 소멸시키고 새롭게 한족의 나라를 세우려는 것이었다.

양견이 이 같은 모반을 궁리하고 있을 때

고사성어 유래설명

이미 그의 내심을 짐작하고 있던 아내 독고씨는 환관을 통해 이런 전갈을 전했다.

"대사는 이미 정해졌습니다. 호랑이를 탄 형세이니 절대 도중에 내릴 수 없습니다. 힘써 그 일을 추진하십시오."

일이 이미 여기에 이르렀으니 버티어 달라는 말이었다. 이에 고무 받은 양견은 선제의 뒤를 이어 즉위한 어린 정제를 폐위시키고 선위의 형식을 밟아 스스로 제위에 올랐으니 이가 바로 수문제(隋文帝)였다. 그로부터 8년 후인 589년, 문제는 남조의 진마저 멸하고 천하통일의 대업을 달성했다.

囊中之錐 (낭중지추)

이 말은 〈사기(史記)〉 '평원군열전(平原君列傳)'에 실려 전(傳)하는 말이다.

전국시대(戰國時代) 말엽, 조(趙)나라는 서쪽 진(秦)나라의 침입에 항상 시달리고 있었다. 한번은 진(秦)나라의 군대가 조(趙)나라의 수도 한단(邯鄲)을 포위하게 되자 조(趙)나라에서는 평원군(平原君)을 파견하여 초(楚)나라와 동맹을 맺으려고 했다.

이에 조나라의 재상이었던 평원군이 혜문왕(惠文王)의 명령을 받고 구원병을 요청하러 가게 되었다. 길을 떠나기에 앞서 그는 수 많은 식객(食客)들 가운데에서 수행원 20명을 선발하려 했다. 수행원 19명을 뽑고는 나머지 한 사람의 인재를 선발하지 못하고 있었다.

이 때에 식객(食客) 중에 모수(毛遂)라는 사람이 나서서 자신을 데려가 달라고 요청했다.

그러자 평원군(平原君)이 물었다.

"그대는 우리 집에 와서 식객(食客)으로 지낸 지 몇 해나 되었소?"

모수(毛遂)가 대답했다.

"3년이 되었습니다."

"대저 현명한 사람이 세상에 있으면, 마치 송곳이 주머니 속에 있는 것처럼 그 끝이 반드시 뚫고 나오기 마련이거늘 그대는 우리 집에 와서 3년이나 되었는데도 그대의 모습이 내 눈에 띄지 않았습니다. 결국 그대의 능력은 시원찮다는 말이 되는데 그래도 나서겠소?"

이 말을 들은 모수(毛遂)는 물러나지 않고 오히려 자신있게 말했다.

"저는 오늘 처음으로 주머니 속에 넣어 달라고 원하는 것입니다. 제가 드러나지 않은 것은 저를 한 번도 주머니 속에 넣어 주시지 않았기 때문입니다. 만약 주머니 속에 넣어 주시기만 한다면 송곳 끝뿐만 아니라 그 자루까지도 드러내 보이겠습니다."

이 재치 있는 답변에 만족한 평원군은 모수를 수행원으로 뽑았다. 초(楚)나라에 갔을 때 교섭이 난항(難航)을 거듭했지만 모수(毛遂)의 용기와 설득력으로 마침내 합종(合縱)을 결정하게 되었다는 이야기이다.

낭중지추(囊中之錐)란 말은 곧 주머니 속의 송곳이란 뜻으로 이는 재능이 뛰어난 사람은 숨어 있다 해도 남의 눈에 곧 드러나게 된다는 것을 비유하는 말이다.

路	柳	墻	花	爐	邊	談	話	弄	瓦	之	慶
足-6획	木-5획	土-13획	艸-4획	火-16획	辶-15획	言-8획	言-6획	廾-4획	제부수	丿-3획	心-11획
길 로	버들 류	담 장	꽃 화	화로 로	가 변	말씀 담	말씀 화	희롱할 롱	기와 와	어조사 지	경사 경

■ 학습 도우미

- 路 : 사람이 다닐 때는(足=발 족) 각각(各: 각각 각) 자기가 잘 다니는 길로 다니니까 '길 로'이다.
- 爿 : '나무 조각' 혹은 '장수 장'으로 나무 토막이나 대나무를 세로로 잘라 그 왼쪽의 모습을 그린 글자이다.
- 牆 : 널 판(爿: 조각널 장)으로 잡귀가 들어올까(來=올 래) 봐 빙 둘러친 담(回)이라 해서 '담 장'으로 읽는다. 墻과 같은 글자로 쓰인다.
- 爐 : 불 화(火)와 검은 항아리 로(盧)가 결합된 글자로 항아리에 불이 담겨 있는 것은 화로이다 하여 '화로 로'로 보면 되며 속자는 炉이다.
- 邊 : 스스로(自) 동굴(穴) 있는 방향으로(方) 가면(辶: 가다의 뜻) '가 변'이 된다. 약자는 辺이다.
- 談 : 말(言)을 불꽃(炎)처럼 담대하게 하니 '말씀 담'이다.
- 弄 : 옥(玉)을 두 손으로 들고(廾: 받들 공) 장난하고 노니까 '장난할 롱'이 된다.
- 慶 : 상서로운 짐승 사슴(鹿: 사슴 록)을 얻어서 마음이(心) 즐거워 북을 치고(攵: 칠 복) 경축한다 하여 '경사스러울 경'으로 읽으면 된다.

路柳墻花(노류장화) : 길가의 버드나무와 담장의 장미라는 뜻으로 창녀(娼女)를 말함.
爐邊談話(노변담화) : 화롯가에서 가볍게 주고받은 이야기.
弄瓦之慶(농와지경) : 딸을 낳은 경사.(瓦는 계집아이들이 가지고 노는 실패를 말함.) ⇔弄璋之慶

訥	言	敏	行	多	岐	亡	羊	多	士	濟	濟
言-4획	제부수	攵-7획	제부수	夕-3획	山-4획	亠-1획	제부수	제부수	제부수	水-14획	水-14획
말더듬을 눌	말씀 언	민첩할 민	다닐 행	많을 다	갈래 기	없을/망할 망	양 양	많을 다	선비 사	많을 제	많을 제
訁言訥	亠二言	𠂉 𠂉 每	丿彳行	丿夕多	丨山岐	丶二亡	丷 亠 羊	丿夕多	一十士	氵氵氵	氵氵氵
訥	言	每敏	行	多多	岐岐		兰羊	多多		濟濟濟	濟濟濟

■ 학습 도우미

- **訥** : 말(言: 말씀 언)이 밖으로 나오지 못하고 입 안에서(內: 안 내) 헛돌고 있으니 더듬거릴 수밖에 없다는 글자 '말더듬거릴 눌'이다.
- **敏** : 매양(每: 매양 매) 북을 민첩하게 잘 쳐대니(攵: 칠 복) '민첩할 민'이 된다.
- **羊** : 뿔이 있는 양의 머리를 그린 글자이다. 다른 글자와 결합하면 양(羊)이 가지고 있는 특징이 그 漢字의 뜻이 된다. 예를 들면 群에서 君은 큰 소리를 나타내고, 양(羊)의 특징이 무리를 지어 사니까 '무리 군'이 된다.
- **多** : 저녁(夕)은 저녁마다(夕) 있어서 한없이 많다로 보아 '많을 다' 이다.
- **濟** : 쓰임 ① 건널 제 – 濟度: 물을 건넘. ② 많을 제 – 濟濟: 많다.
  ③ 건질 제 – 濟衆: 무리를 구제하다.

▶ 퀴즈로 익히기(정답은 42p에)
   절에서 키운 특별한 소를 漢字로 어떻게 쓸까요?

訥言敏行(눌언민행) : 군자는 말에 있어서는 어눌하고 행동에 있어서는 민첩해야 함을 이르는 말.
多岐亡羊(다기망양) : 학문의 갈래가 너무 세분화되어 진리를 찾기가 어려움을 이르는 말.
                = 亡羊之歎
多士濟濟(다사제제) : 인재가 수없이 많음.

斷	機	之	戒	丹	脣	皓	齒	簞	瓢	陋	巷
斤-14획	木-12획	ノ-3획	戈-3획	﹀-3획	月-7획	白-7획	제부수	竹-12획	瓜-11획	阝-6획	己-6획
끊을 단	베틀 기	어조사 지	경계할 계	붉을 단	입술 순	흴 호	이 치	대그릇 단	표주박 표	더러울 루	거리 항

■ 학습 도우미

- 斷 : 잘게 잘게(幺: 작을 요) 도끼(斤: 도끼 근)로 끊은 것을 단정히 쌓은 모습의 글자이다.(㡭) 따라서 '끊을 단'이다.
- 機 : 나무(木) 몇(幾: 몇 기)개를 가지고 만든 기계여서 '기계 기', '몇 기'라고 읽는다.
  ※ 幾 : 작디(幺: 작을 요) 작은(幺) 창(戈)을 든 사람(人)이 몇 분 기다린다 해서 '몇 기'로 읽는다.
- 戒 : 창(戈: 창 과)을 손으로 받들어(廾: 받들 공) 경계를 선다 하여 '경계할 계'라 읽는다.
- 皓 : 백(白)과 아뢸 고(告)가 만나서 이룬 글자이다. '白'이 '희다'는 뜻을 나타내고 '告'가 결합할 때 나는 소리가 결합되어 '흴 호' 라 읽는다.
  ※ '告'는 소(牛: 소 우)가 배고픔을 입(口)으로 알린다는 글자로 '알릴 고', '아뢸 고'이다. 홀로 쓰일 때는 '고'라 읽지만 다른 글자와 결합하면 '호'라 읽는다.
  예) 浩: 넓을 호

-다음 쪽에 계속-

斷機之戒(단기지계) : 학문은 중도에 그만둠이 없이 꾸준히 계속해야 한다는 가르침. = 孟母斷機 p66 참조
丹脣皓齒(단순호치) : 붉은 입술과 하얀 이. 곧 아름다운 여자의 얼굴, 미인을 일컬음.
  = 朱顔玉齒 = 明眸皓齒 = 花容月態
簞瓢陋巷(단표누항) : 대그릇의 밥과 표주박의 물, 그리고 누추한 거리라는 뜻으로 소박한 시골 생활을 비유한 말.

淡	水	之	交	螳	螂	拒	轍	大	書	特	筆
水-8획	제부수	ノ-3획	亠-4획	虫-11획	虫-10획	手-5획	車-12획	제부수	日-6획	牛-6획	竹-6획
묽을 담	물 수	어조사 지	사귈 교	사마귀 당	사마귀 랑	막을 거	바퀴자국 철	큰 대	글 서	특별할 특	붓 필
氵氵泙 淡淡	亅刁水	`ㅗ之 之	一六交	虫 虫¹ 虫" 虵 蛂 螳	虫 虯 蜋 螂 螂	扌扌打 拒拒	車 軘 輆 輆 轍	一ナ大	ㄱ ㅋ 書 書書	ノ 𠂉 牛 牪 特特	𥫗 笁 笁 筆筆

(연습란)

■ 학습 도우미

-앞 쪽에 이어서-

- 齒 : 자라기가 그쳐 있는(止: 그칠 지) 윗니(씨), 아랫니(씨)의 가지런한 모습이 입(凵) 속에 들어 있는 모습을 본뜬 글자여서 '이 치'로 읽는다.
- 瓢 : '票(쪽지 표)+瓜(오이 과)'. 票는 소리글자로 다른 글자와 만나도 항상 '표'로 읽는다.
  ※ 票(쪽지 표)는 쪽지를 눈에 잘 띄도록(보이도록 - 示: 보일 시) 뚜껑(襾: 덮을 아)으로 덮어 표시해 놓았다 해서 '쪽지 표'로 읽는 글자이다.
- 螳 : '虫+堂(집 당)'. 적을 만나면 집처럼 당당하게 서 있는 곤충은 사마귀이다 하여 '사마귀 당'으로 쓴다.
- 螂 : '虫+郎(사내 랑)'으로 이루어진 글자로 사내처럼 상대를 잘 제압하는 곤충이므로 '사마귀 랑'이다.
- 拒 : 손(扌=手: 손 수)이 하도 커서(巨: 클 거) 모든 것을 막을 수 있으므로 '막을 거'이다.

▶ 퀴즈로의 답(40p 퀴즈의 답)
  特(특별할 특)이다. 왜냐하면 '소 우(牛)+절 사(寺)'로 이루어 졌으니까.

淡水之交(담수지교) : 맑은 물처럼 담담한 사귐. 고결한 인격자 사이의 점잖은 교제를 이르는 말.
螳螂拒轍(당랑거철) : 사마귀가 팔을 벌리고 수레에 맞선다는 말로 제 분수도 모르고 강자에 대항함을 이름. = 螳螂之斧 ☞ 고사성어 p63
大書特筆(대서특필) : 뚜렷이 드러나게 큰 글자로 쓴다는 뜻으로 어떤 사실을 아주 큰 비중을 두어서 서술함을 이름.

徒	勞	無	功	道	不	拾	遺	道	聽	塗	說
彳-7획	力-10획	火-8획	力-3획	辶-9획	一-3획	手-6획	辶-12획	辶-9획	耳-16획	土-10획	言-7획
다만 무리 도	수고로울 로	없을 무	공 공	길 도	아닐 불	주을 습	남길 유	길 도	들을 청	길, 진흙 도	말씀 설
彳彳彳	ˇ ˇˇ 炏 炏	ㅡ ㅡ 無	ㄱ 巧 功	ˇ ˇ 肖	一 ㄱ 不	扌 扌 拾	口 中 貴	ˇ ˇ 肖	耳 耳 聽	八 今 余	二 言 言
件 件 徒	労 勞	無	功	首 首 道	不	扒 拾	貴 遺	首 道	聽 聽	涂 涂 塗	說 說

■ 학습 도우미

- 徒 : 쓰임 ① 무리 도: 學徒(학도) ② 헛될 도: 徒勞(도로) – 헛된 수고
  ③ 걸어다닐 도: 徒步(도보) – 걸어감. ④ 다만 도: 徒食(도식) – 다만 먹기만 함.
- 勞 : 불꽃(火火) 튀도록 수건(冖)을 두르고 힘껏(力) 일을 하니 수고롭다 하여 '수로고울 로'이다.
- 道 : 쓰임 ① 길 도: 道路(도로) ② 말할 도: 道破(도파) – 끝까지 말함.
  ③ 행정구역 도 : 全羅道(전라도), 京畿道(경기도)
- 遺 : 귀할 귀(貴)와 책받 침(辶: 꼬불꼬불한 길을 가다)이 결합된 글자로 곧 귀한 것을 남기고 간다고 유언하니까 '남길 유'가 된다. 遣(보낼 견)과는 서로 다른 글자임을 구분하여 알아 두어야 할 글자이다.
- 拾 : 쓰임 ① 주을 습: 습득(拾得) ② 열 십: 삼십(三拾)
- 聽 : 귀(耳)에 옥(玉)귀걸이를 하면 좋은 덕스런(德 – 悳) 소리가(옥소리) 청아하게 잘 들린다 하여 '들을 청'이다.
- 塗 : 쓰임 ① 바를 도: 塗料(도료) – 물건의 겉에 바르는 유동성 물질. 페인트 따위.
  ② 진흙 도: 塗炭(도탄) – 진흙 물에 빠지고 숯불에 타는 괴로움이라는 말로 생활 형편이 몹시 곤란하고 괴로운 지경을 이르는 말.
  ③ 길 도: 塗說(도설) – 길거리의 말.(소문)

徒勞無功(도로무공) : 다만 수고로울 뿐 공들인 보람이 없음.
道不拾遺(도불습유) : 세상에 여유가 생기고 믿음이 차 있는 세상의 아름다운 풍속을 이르는 말.
道聽塗說(도청도설) : 길거리의 뜬소문. ☞ 고사성어 p63

讀	書	亡	羊	讀	書	三	到	讀	書	尚	友
言-16획	曰-6획	亠-1획	제부수	言-16획	曰-6획	一-2획	刂-6획	言-16획	曰-6획	小-5획	又-2획
읽을 독	글 서	망할 망	양 양	읽을 독	글 서	석 삼	이를 도	읽을 독	글 서	높일 상	벗 우

■ 학습 도우미

- 讀 : 약자로는 読을 쓴다.
  ※ 쓰임 ① 읽을 독: 讀書(독서) – 책을 읽음. ② 구절 두: 句讀法(구두법)
- 到 : 이르다(至: 이를 지)의 뜻은 앞부분에서, 발음은 뒷부분인 '도(刂)'에서 취하여 '이를 도'가 된다.
- 尙 : 작은(小) 것을 높은 누각(冋)의 위에 올려 놓은 것은 높이는 것이므로 '높일 상', '숭상할 상'으로 쓰인다.

▶ 퀴즈로 익히기(정답은 45p에))

다음 설명한 이것은 무슨 글자일까요?

"이것의 모양은 일정치 않고 담는 그릇의 모양에 따라 모습이 변합니다. 이것은 손에 잘 잡히지도 않습니다. 이것에 파리가 앉으면 돌보다 더 단단해집니다. 하지만 파리가 날아가면 역시 모양이 자유롭고 처음과 같습니다."

이것은 무엇일까요?

讀書亡羊(독서망양) : 마음이 다른 데 쏠려 옳은 길을 잃음을 이르는 말.
讀書三到(독서삼도) : 독서할 때에 세 가지 주도(周到)할 것. 곧 心到, 眼到, 口到.
讀書尙友(독서상우) : 책을 읽음으로써 옛 현인(賢人)들과 벗할 수 있다는 말.

同	工	異	曲	棟	梁	之	材	凍	氷	寒	雪
口-3획	제부수	田-7획	曰-2획	木-8획	木-9획	ノ-3획	木-3획	冫-8획	水-1획	宀-9획	雨-3획
한가지 동	장인 공	다를 이	굽을 곡	마룻대 동	들보 량	어조사 지	재목 재	얼 동	얼음 빙	찰 한	눈 설

■ 학습 도우미

- 異 : 밭(田)을 함께(共) 경작하니 다른 이견이 많다 하여 '다를 이'라고 읽는다.
  - 사공이 많으면 배가 산으로 가는 격으로 -
- 氷 : 원래는 얼음이 어는 것을 본뜬 글자이다. 이와 같은 글자로 쓰는 漢字는 '冰'이다. 冰 앞에 붙은 冫는 '이수변'으로 '차다', '춥다'라는 의미로 사용된다. 따라서 다른 글자와 결합해도 역시 그런 의미를 나타내는 漢字가 된다. 예) 冬: 얼 동. 冷: 찰 랭.
- 寒 : 집안(宀)이 하나(一)같이(共: 함께 공) 차가워(冫) 한기를 느낀다로 보아 '찰 한' 자가 된다고 보면 된다.
- 梁 : 다른 모양으로 쓸 때는 '樑'으로 쓴다.
  ※ 쓰임
  ① 들보 량: 梁上君子(양상군자) - 도둑을 이르는 말. ② 다리 량: 橋梁(교량)

▶ 퀴즈로의 답(44p 퀴즈의 답)

氷(얼음 빙)이다. 왜냐하면 물(水) 위에 파리(파리: 丶 - 점을 파리로 봐서)가 앉으면 굳어지는 얼음이 되고 녹으면 다시 물이 되니까. 참고로 氷의 본래 자는 冰이다.

同工異曲(동공이곡) : 재료는 같더라도 그것을 다루는 사람의 기교(技巧)에 따라서 내용에 차이가 생긴다는 것. ☞ 고사성어 p63
棟梁之材(동량지재) : 기둥이나 대들보가 될 만한 좋은 재목이라는 뜻으로 한 집안이나 한 나라의 기둥이 될 만한 큰 인물을 이르는 말.
凍氷寒雪(동빙한설) : 얼음이 얼고 눈보라가 치는 추위.

杜	門	不	出	得	魚	忘	筌	登	高	自	卑
木-3획	제부수	一-3획	ㄴ-7획	彳-8획	제부수	心-3획	竹-6획	癶-7획	제부수	제부수	十-6획
막을 두	문 문	아닐 불	날 출	얻을 득	고기 어	잊을 망	통발 전	오를 등	높을 고	스스로 자	낮을 비
十木杜	ㅣㅏ門	一ァ不	ㅣ中出	彳彳得	ㅁ勺色	亠亡忘	ㅗㅗ竺	ㄱㄱ癶	亠高	ㅣ白自	ㅁ白卑
杜	門門	不		得得	角魚魚	忘忘	筌	癶癶登登	高高	自自	甶魚卑

■ 학습 도우미

- 杜 : 나무(木)와 흙(土)으로 막아 두었다 하여 '막을 두'라고 읽는다.
- 得 : 사람들(彳: 두 사람 인)이 햇볕(日: 해 일)을 조금(一寸: 한 마디) 얻었다로 보면 '얻을 득'이다.
- 忘 : 마음(心)에서 없어졌으니(亡: 망할 망, 없어질 망) 잊혀진 것이므로 '잊을 망'이다.
- 登 : 덩굴 콩나무가(豆: 콩 두) 나무를 따라 피어(癶: 필 발) 올라가니 '오를 등'이 된다고 보면 된다.
- 高 : 높은 누각을 본떠 만든 글자로(高) '높을 고'이다.
- 自 : ~으로부터 자, 스스로 자
- 卑 : '낮을 비'는 소리글자로 다른 글자와 결합하여도 항상 소리를 지니고 있는 글자이다.
  예) 俾: 하여금 비. 婢: 계집종 비. 碑: 비석 비.

杜門不出(두문불출) : 문을 닫아 버리고 나오지 않음.
得魚忘筌(득어망전) : 고기가 잡히면 쓰던 통발을 잊어버린다는 말로 어떤 목적이 달성되면 그 동안 도움이 된 것을 까맣게 잊고 그 은혜에 보답하는 일조차 잊는다는 뜻. ☞ 고사성어 p64
登高自卑(등고자비) : 높은 곳에 오르자면 낮은 곳에서부터 시작함.

登	樓	去	梯	磨	斧	爲	針	萬	事	亨	通
癶-7획	木-11획	厶-3획	木-7획	石-11획	斤-4획	爪-8획	金-2획	艹-9획	亅-7획	亠-5획	辶-7획
오를 등	다락 루	갈,없앨 거	사다리 제	갈 마	도끼 부	할 위	바늘 침	일만 만	일 사	형통할 형	통할 통

■ 학습 도우미

- **樓** : '나무 목'(木)과 '쌓을 루'(婁: 여자가 짐을 쌓아 머리에 이고 있는 모습)가 결합하여 이룬 글자로 나무를 쌓아 만든 높은 다락이라는 뜻이다. 따라서 '다락 루'가 된다. 약자는 楼이다.
- **去** : 사람이 힘차게 활개를 치고 거만하게 걸어가는 모습을 본뜬 글자이므로 '갈 거'이다.
- **磨** : 삼 마(麻)와 돌 석(石)이 결합된 글자로 돌을 갈아 쓸모있게 만든다는 뜻은 石에서 취하고, 음은 麻에서 취하여 된 한자이므로 '갈 마'이다.
- **斧** : '도끼 근'(斤)은 뜻을, '아버지 부'(父)는 소리를 나타내어 '도끼 부'라 읽는다.
- **針** : 鍼과 같은 글자로 쓰인다.
- **亨** : '형통할 형'자로 '누릴 향(享)'자와는 구분하여 알아야 할 漢字이다.

▶ 퀴즈로 익히기(정답은 48p에)

선비(士) 한 사람과 장인(공인: 工) 한 사람의 촌수는 몇 촌이나 될까요?

登樓去梯(등루거제) : 누상에 오르게 하고서 사다리를 치워 버린다는 뜻으로 처음에는 남을 좋게 대하다가 나중에는 괴롭힘을 비유한 말.
磨斧爲針(마부위침) : 도끼를 갈아 바늘을 만든다는 뜻으로 부단한 노력과 인내로 나아가면 반드시 이루게 된다는 말임. =磨斧作針(마부작침)
萬事亨通(만사형통) : 모든 일이 막힘없이 잘 됨.

滿	山	紅	葉	萬	壽	無	疆	滿	身	瘡	痍
木-11획	제부수	糸-3획	艸-9획	艸-9획	士-11획	火-8획	田-14획	水-11획	제부수	疒-10획	疒-6획
찰 만	뫼 산	붉을 홍	잎사귀 엽	일만 만	목숨 수	없을 무	지경 강	찰 만	몸 신	부스럼 창	상처 이
氵汒沍	ㅣ山山	幺糸紅	艹艹苩	艹艹苩	士耂耊	ㅗ 스 無	彐弖彊	氵汒沍	ㅣ门自	广疒疔	广疒疔疒
沍沍滿		紅紅	茓葉	苩萬	壽壽	無無	彊彊疆	沍沍滿	身身	瘡瘡	疒疒痍

■ 학습 도우미

- 滿 : 물(氵=水)이 그릇(冂)에 들고(入) 또 들어(入)차게 되었으니 '가득할 만'이 된다.
- 疆 : 활(弓)처럼 꾸불꾸불한 땅(土)을 가지런하게 하여 경계(畺)를 나누었으니 '지경 강'이 된다. '지경'이란 땅의 경계를 말한다.
- 瘡 : 아픔과 질병을 나타내는 글자에는 疒(병들 녁)이 항상 붙는다. 병이라는 뜻을 나타내는 글자(疒)와 소리글자인 '곳집 창'(倉)이 만나서 '부스럼 창'이 된 漢字이다.
  ※ 疒(병들 녁)은 다른 글자와 결합하면 병의 뜻을 나타내 준다.
  예) 病: 병 병. 疾: 병 질.

▶ 퀴즈로의 답(47p 퀴즈의 답)

9촌 사이가 된다. 壽(목숨 수)에 잘 나타나 있다. 선비(士) 한 사람(一)과 장인(工) 한(一) 사람은 구(口) 촌(寸) 관계가 되므로.

滿山紅葉(만산홍엽) : 온 산에 가득한 붉은 나뭇잎을 이르는 말.
萬壽無疆(만수무강) : 수명이 끝이 없음. 장수를 빌 때 쓰는 말.
滿身瘡痍(만신창이) : 온 몸이 흠집투성이가 됨.

滿	場	一	致	晚	秋	佳	景	萬	化	方	暢
水-11획	土-9획	제부수	至-4획	日-7획	禾-4획	人-6획	日-8획	艸-9획	人-2획	제부수	日-10획
찰 만	마당 장	하나 일	이를 치	늦을 만	가을 추	아름다울 가	경치 경	일만 만	될 화	바야흐로 방위 방	화려할 창
氵汁汁	土坩坽	一	工至致	日旷旸	二禾秋	亻仹佳	口日旦	艹苎苜	亻亻化	一亠方	日甲甲
浩满滿	垗場		致	晘晚	秋		景景	莒萬			甲暢

■ 학습 도우미

- 滿 : 물(氵=水)이 그릇(冂)에 들고(入) 또 들어(入)차게 되었으니 '가득할 만'이 된다.
- 場 : 해가 떠오르는 모습(旦: 아침 단)과 햇빛이 내리쬐이는 모습(勿)이 결합하여 햇빛이 내리쬐이는 모습을 표현한 글자이다. 따라서 넓은 땅(土) 대지에 햇빛이 내리쬐이는 모습이 마당 같은 장소이다 하여 '마당 장'이라고 보면 된다.
- 致 : 앞부분에 뜻을 나타내는 '이르다'(至)가 있고, 음은 뒤의 '치다 복'(攵)이 있어 '이를 치'가 된다.
- 晚 : '해(日)+면하다(免: 면할 면)'의 결합 글자로 해를 면하게(벗어나게) 되었으니 해가 진 후를 가리키는 글자로 '늦을 만'이다.
- 秋 : 벼(禾)가 불타는(火) 계절은 가을(추수하는 계절)이므로 '가을 추'이다.
- 佳 : '사람(人)+圭(홀 규, 옥 규)'가 결합된 글자로 곧 사람이 옥으로 장식하고 있어 아름답게 보이므로 '아름다울 가'이다.
    ※ 예로부터 옥은 상서로운 것이라 하여 옛날 관리들은 왕 앞에 나갈 때 홀(옥으로 만든 장식품)을 들거나 차고 다녔다 한다.

滿場一致(만장일치) : 회의장에 모인 여러 사람의 뜻이 한결같음.
晚秋佳景(만추가경) : 늦가을의 아름다운 경치.
萬化方暢(만화방창) : 따뜻한 봄날에 만물이 피어나 자람.

亡	國	之	音	亡	羊	補	牢	望	洋	之	歎
亠-1획	口-8획	ノ-3획	제부수	亠-1획	제부수	衣-6획	牛-3획	月-7획	水-6획	ノ-3획	欠-11획
망할 망	나라 국	어조사 지	소리 음	망할 망	양 양	깁다 돕다 보	우리 뢰	바랄 망	바다 양	어조사 지	탄식할 탄

■ 학습 도우미

- 亡 : 칼이 부러져 망가진 모양을 본뜬 글자로 '없어질 망', '망할 망'이다.
- 羊 : 양의 머리를 본떠 만든 글자이다.
- 補 : 옷(衣)이 많으니까(甫: 클 보) 남을 도와 주어야 하므로 '도울 보'이다.
- 牢 : 소(牛)가 사는 집(宀)이니까 우리가 된다. 따라서 '우리 뢰'이다.
- 望 : 달(月)이 없는(亡: 없을 망) 밤에 임(壬) 만나기를 바라고 소망하는 글자이므로 '바랄 망'이다.
- 歎 : 진흙 속에 빠져 입을 크게 벌려(欠: 하품 흠) 소리지르니 탄식한 것이므로 '탄식할 탄'이다.

▶ 퀴즈로 익히기(정답은 51p에)
들기도 좋고, 놓기도 좋고, 먹기도 좋은 漢字는?

亡國之音(망국지음) : 나라를 망칠 음악이라는 뜻으로 저속하고 잡스러운 음악을 일컬음. ☞ 고사성어 p64
亡羊補牢(망양보뢰) : 양을 잃고 우리를 보수한다라는 뜻으로 뒤늦게 잘못을 후회하고 고침을 말함. ☞ 고사성어 p64
望洋之歎(망양지탄) : 어떤 일에 자신의 힘이 미치지 못하여 하는 탄식. ☞ 고사성어 p65

茫	然	自	失	梅	酸	蜜	甘	買	占	賣	惜
艸-6획	火-8획	제부수	大-2획	木-7획	酉-7획	虫-8획	제부수	貝-5획	卜-3획	貝-8획	心-8획
아득할 망	그럴 연	스스로 자	잃을 실	매화 매	실 산	꿀 밀	달 감	살 매	점칠 점	팔 매	아낄 석
艹艹茫	クタタ	′亻自	′亠	十木柠	酉酉酉	宀宀密	一廿甘	罒罒買	一卜占	士声声	忄忄忱
茫茫	烋然	自自	牛失	梅梅	酸酸	蜜蜜	甘	買買	占	賣賣	惜惜

■ 학습 도우미

- 茫 : 풀(艹)과 물(氵)이 모두 없어(亡)져 아득하다는 글자 '아득할 망'이다.
- 買 : 그물(罒: 그물 망)에다 조개(貝)를 사 가지고 매번 온다 하여 '살 매'이다.
- 占 : 점(卜: 점칠 복)친 결과를 입(口)으로 점지함을 알린다는 글자로 '점칠 점'이 된다.
- 賣 : 선비(士)는 그물(罒)에 담긴 조개(貝)를 팔아 매양 공부한다 하여 '팔 매'가 된다.
- 梅 : 매화나무란 뜻은 '나무 목(木)'에서 취하였고, 음은 '매양 매(每)'에서 취하여 만들어진 글자로 '매화나무 매'이다.

▶ 퀴즈로의 답(50p 퀴즈의 답)
  甘(달 감)이다. 가방처럼 생겨서 들기도 좋고, 또한 놓기도 좋고, 달아서 먹기도 좋으니까.

▶ 퀴즈로 익히기(정답은 54p에)
  쉬지도 않고 열 하루 동안 총을 들고 경계 근무를 선 자를 漢字로는 어떤 놈이라 할까요?

茫然自失(망연자실) : 정신을 잃고 어리둥절함.
梅酸蜜甘(매산밀감) : 매실은 시고 꿀은 달다는 뜻으로 세상만물의 이치가 당연함을 이르는 말.
買占賣惜(매점매석) : 물건값이 오를 것을 예상하여 혼자 이익을 얻으려고 몰아 사두거나, 매출을 꺼리는 행위.

孟	母	斷	機	盲	玩	丹	靑	盲	者	失	杖
子-5획	제부수	斤-14획	木-16획	目-3획	玉-4획	丶-3획	제부수	目-3획	老-5획	大-2획	木-3획
맏 맹	어미 모	끊을 단	틀 기	장님 맹	놀 완	붉을 단	푸를 청	장님 맹	사람 자	잃을 실	지팡이 장

■ 학습 도우미

- **斷** : 잘게(幺: 작을 요) 잘게 도끼(斤)로 끊은 물건을 단정하게 정리해 두었다로 보아 '끊을 단'이다.
- **盲** : '망할 망', '없을 망'인 '亡'은 다른 글자와 결합하면 대부분 '망'으로 읽는데, 이 글자는 눈(目)이 없어져(亡: 없을 망) 잘 볼 수 없어서인지 '맹'으로 읽는 예외 글자이다. '장님 맹'이다. 예) 望: 바랄 망. 罔: 없을 망.
- **玩** : 옥구슬(玉)이 노리개로는 으뜸(元)이라 말하여도 완전한 말이다 하여 '노리개 완'이다.
- **丹** : 쓰임 ① '붉을 단'으로 읽을 때 - 丹楓(단풍), 丹靑(단청)
  ② '꽃이름 란'으로 읽을 때 - 牡丹(모란)
- **靑** : 원래는 붉은 땅(丹: 붉을 단)에서 푸른 싹(生)이 돋아나는 모습을 본뜬 글자이다. 따라서 '푸를 청'이다.
- **杖** : 丈만 써도 '지팡이 장'이다. 이는 나무지팡이를 손으로 짚고 있는 모습(丁)을 본뜬 글자이다. 일반적으로 쓸 때는 지팡이라는 의미는 杖이 주로 사용되고, 丈은 길이 혹은 어른을 나타내는 의미로 사용되어진다. 杖은 이 丈 앞에 木을 붙여 나무로 만든 지팡이의 뜻을 강조하여 탄생시킨 글자로 주로 지팡이와 관련된 의미로 사용되어진다. 따라서 '몽둥이 장', '지팡이 짚을 장', '지팡이 장'이다.

孟母斷機(맹모단기) : 맹자가 학업을 도중에 그만두고 돌아왔을 때 그 어머니가 짜던 베를 칼로 잘라 학업의 중단을 훈계하였다는 고사에서 온 말. ☞ 고사성어 p66
盲玩丹靑(맹완단청) : 장님이 단청을 구경한다라는 뜻으로 참모습을 모르고 일부분만 이해하는데 그침을 말함.
盲者失杖(맹자실장) : 맹인이 지팡이를 잃었다는 뜻으로 의지하던 것을 잃고 어렵게 됨을 이름.

面	從	腹	背	滅	私	奉	公	明	眸	皓	齒
제부수	彳-8획	肉-9획	肉-5획	水-10획	禾-2획	大-5획	八-2획	日-4획	目-6획	白-7획	제부수
얼굴 면	따를 종	배 복	등 배	멸망할 멸	사사로울 사	받들 봉	공평할 공	밝을 명	눈동자 모	흴 호	이 치

■ 학습 도우미

- 面 : 얼굴 모습을 본뜬 글자이다.
- 腹 : 月(고기 육)과 复(되돌아올 복)이 결합된 글자로 앞부분은 뜻을 나타내고 뒤의 复은 음을 나타낸다. 따라서 '배 복'이 된다. 复은 소리글자여서 다른 글자와 결합하면 대부분 '복'의 소리를 지니고 있는 글자다.
  예) 複(겹칠 복), 復(회복할 복) 예외) 履(밟을 리)
- 背 : 고기(月)의 등에 북쪽(北)을 지고 있으니까 '등 배'가 된다. 보편적으로 사람이나 집이 남쪽을 향하고 있어서 북쪽은 등이 된다.
- 滅 : 개(戌: 개 술)를 불로 태워(火) 남은 재를 물로 씻었으니 없어졌다 하여 '없어질 멸', '멸할 멸'이 된다.
- 私 : 厶는 팔을 자기 쪽으로 끌어당기는 모습을 그린 글자이다. 따라서 쌀(禾)을 자기에게 사사로이 끌어당기는 모습으로 사사롭다는 뜻이 되므로 '사사로울 사'이다.
- 奉 : 한(一) 지아비(夫)를 두 손(扌=手: 손 수)으로 받들어 봉양한다 하여 '받들 봉'이 된다. '奉'은 소리글자여서 다른 글자와 결합하여도 언제나 '봉'으로 읽는다.
- 公 : 사사로움을 나타내는 글자(厶)에 八을 덮어 사사롭게 하지 못하도록 위에서 눌러 막으니 모두를 위한 공평한 것이 되어 '공평할 공', '여러 공'이 된 글자이다.
- 齒 : 구강 안에 가지런히 정렬된 이의 모습을 본뜬 글자이다.

面從腹背(면종복배) : 면전에서는 복종한 듯하지만 등뒤에서는 배반함.

滅私奉公(멸사봉공) : 사사로움을 버리고 국가나 사회를 위하여 힘써서 일함.

明眸皓齒(명모호치) : 눈동자가 맑고 이가 희다는 뜻으로 아름다운 미인을 말함. ☞ 고사성어 p66

命	在	頃	刻	沐	浴	齋	戒	無	不	通	知
口-5획	土-3획	頁-2획	刀-6획	水-4획	水-7획	齊-3획	戈-3획	火-8획	一-3획	辶-7획	示-3획
목숨 명	있을 재	잠깐 경	새길 각	머리감을 목	목욕 욕	재계할 재	경계할 계	없을 무	아닐 불	통할 통	알 지

■ 학습 도우미

- 命 : 사람(人)은 하나의(一) 입(口)과 몸(卩)으로 이루어진 목숨이므로 '목숨 명'이다.
- 刻 : 돼지 해(亥)와 칼 도(刂)가 결합된 글자로, 복스러운 돼지를 칼로 조각한다는 뜻의 글자이므로 '새길 각'이다.
- 沐 : 氵에서 물로 씻는다의 뜻을 취하고, 木에서 음을 취하여 '머리감을 목'으로 읽는다.
- 戒 : 손(廾)으로 창(戈: 창 과)을 들고 경계를 선다 하여 '경계할 계'가 된다.
  ※ 齋戒(재계): 제사 같은 것을 지낼 때 그 전 며칠 동안 심신을 깨끗이 하여 부정한 일을 가까이 하지 않는 일.
- 知 : 화살(矢)을 가지고 과녁(口: 입을 과녁으로 보아)을 잘 알고 화살을 시금 쏜다 하여 '알 지'라고 보면 된다.

▶ 퀴즈로의 답(51p 퀴즈의 답)

者(놈 자)이다. 왜냐하면 十(열) 一(하루) 日(날) /(총)을 메고 있는 놈이니까.

命在頃刻(명재경각) : 목숨이 금방 끊어질 지경에 이르렀다는 말.
沐浴齋戒(목욕재계) : 목욕을 하여 몸을 깨끗이 하고 마음을 가다듬어 부정을 피하는 일.
無不通知(무불통지) : 무엇에든지 환히 통하여 모르는 것이 없음.

無	所	不	能	無	我	陶	醉	無	依	無	托
火-8획	戶-4획	一-3획	月-6획	火-8획	戈-3획	阜-8획	酉-8획	火-8획	人-6획	火-8획	手-3획
없을 무	바 소	아닐 불	능할 능	없을 무	나 아	질그릇 도	술취할 취	없을 무	의지할 의	없을 무	맡길 탁
ノ二無	厂戶所	一丁不	ㄥ午能	ノ二無	一手我	了阝陶	酉酉醉	ノ二無	亻仁依	ノ二無	扌扌托
無無	所所	不	能能	無無	我我	陶陶	醉醉	無無	依依	無無	托托

■ 학습 도우미

- 陶 : 언덕(阝)에서 흙을 떠서 몸을 구부려(勹) 질그릇 도자기(缶: 장군 부)를 만드니 '질그릇 도', '기뻐할 도'이다.
- 醉 : 酉는 '닭 유'로 본래는 뚜껑을 덮어둔 술병 모양을 본뜬 글자이다. 따라서 이 漢字는 주로 술과 관련된 글자에 붙는다.

  예) 酒: 술 주. 酌: 술잔 작

  醉에서 酉(닭 유) 옆에 있는 글자는 卒(마칠 졸)이다. 이 두 글자를 합하여 생각해 보면 술자리가 마칠 때까지 마셨으니 술에 취한다 하여 '술 취할 취'가 된다.

  ※ 陶醉 : ① 무엇에 열중함. ② 흥취가 있게 술에 취함.
- 依 : 사람(人)은 옷(衣)에 의존한다는 글자 '의존할 의', '기댈 의'이다.

無所不能(무소불능) : 능통하지 아니한 바가 없음.
無我陶醉(무아도취) : 자기를 잊을 정도로 경치에 도취됨.
無依無托(무의무탁) : 의지하고 의탁할 만한 곳이 없음.

默	默	不	答	刎	頸	之	交	聞	一	知	十
黑-4획	黑-4획	一-3획	竹-6획	刀-4획	頁-7획	丿-3획	亠-4획	耳-8획	제부수	矢-3획	제부수
말없을 묵	말없을 묵	아닐 부	대답할 답	목벨 문	목 경	어조사 지	사귈 교	들을 문	하나 일	알 지	열 십
口日甲	口日里	一丁不	⺮ ⺮⺮ 㗉	勹勿刎	一巠	丶㇏之	亠㇒交	冂冂冂門	一	丿㇒午	一十
里黒默	黒默	不	㗉答	刎	頸頸	之	亥交	門閏聞		矢知	

■ 학습 도우미

- 默 : 새까만(黑: 검을 흑) 밤에는 개(犬: 개 견)조차도 침묵한다는 글자로 '말없을 묵', '잠잠할 묵'이다.
- 頸 : 이 글자는 경(巠: 물길 경 - 막아둔 보에서 흘러내리는 물길의 모습을 그린 글자)과 머리 혈(頁)이 결합된 글자이다. 목을 나타내는 뜻은 '혈'(頁)에서 취하였고, 음은 '경'에서 취하여 된 '목 경'자이다. 이 '경(巠)'자 역시 소리를 지닌 글자여서 다른 글자와 결합해도 항상 '경'으로 읽는다.
  예) 經: 경영할 경. 徑: 지름길 경.
- 交 : 집안(亠)에서 서로 종아리를 교차하며 사귀는 모습(㐅)을 나타낸 글자이므로 '사귈 교'이다.
- 聞 : 문(門: 문 문)에 가까이 가서 귀(耳: 귀 이)를 대고 들으니 '들을 문'이다.
- 知 : 화살(矢)을 가지고 과녁(口: 입을 과녁으로 보아)을 잘 알고 화살을 지금 쏜다 하여 '알 지'라고 보면 된다.

默默不答(묵묵부답) : 잠자코 대답이 없음.
刎頸之交(문경지교) : 설사 목이 달아날지라도 마음이 변치 아니할 만큼 친한 교제 곧 생사(生死)를 함께 하는 친한 사귐을 말함. ☞ 고사성어 p66
聞一知十(문일지십) : 하나를 들으면 열을 안다는 뜻으로 한 부분을 통해서 전체를 미루어 안다는 말임. ☞ 고사성어 p67

門	前	成	市	微	官	末	職	尾	生	之	信
제부수	刀-7획	戈-3획	巾-2획	彳-10획	宀-5획	木-1획	耳-12획	尸-4획	제부수	丿-3획	人-7획
문 문	앞 전	이룰 성	저자 시	작을 미	벼슬 관	끝 말	직분 직	꼬리 미	날 생	어조사 지	믿을 신
冂門門	丷䒑前	丿厂成	丶亠市	彳徉微	宀宁官	一二末	耳聀職	㇇コ尸	丿𠂉生	丶亠之	亻伫信
門	前前	成成	市	微微	宁官	末	職職	尸尾	牛生	之	信信

門前成市 微官末職 尾生之信

門前成市 微官末職 尾生之信

■ 학습 도우미

- 市 : '저자 시'. (저자: 아침과 저녁으로 반찬거리를 사고 팔기 위해 열리는 장)
- 微 : 이 글자와 비슷하게 생긴 글자로는 '徵(부를 징)'이 있다. 이 둘의 글자가 비슷하여 혼동하기 쉬운데 잘 살펴보면 글자 가운데 안석 궤(几: 앉을 때 살며시 손이나 몸을 기댈 수 있도록 만든 조그마한 상 같은 가구)가 있는 것은 조그마한 것이니 '작을 미'라고 보면 되고, 글자 가운데 왕(王)이 있는 경우는 왕이 부르고 명령하니까 '부를 징'이라고 구분하면 쉬울 듯하다. 그래서 징(徵)은 징집(徵集), 징병(徵兵) 등에 사용되고, 微는 微賤(미천) 등에 사용된다.
- 末 : 이 글자는 '끝 말' 자인데 이와 혼동하기 쉬운 글자는 '아닐 미'(未)가 있다. 未(미)의 모양을 살펴보면 위아래 좌우 균형이 잡혀있어 아름답다.(?) 아름다움 하면 '아름다울 미'가 있으니까 모양이 예뻐 '미'라 읽어 주고, 모양이 가분수로 나무의 윗부분을 강조한 형태이면 그냥 '말'이라고 읽는다. 그러면 구분이 될까?

  ※ 쓰임 미(未): 미증유(未曾有). 말(末): 말미(末尾).
- 信 : 사람(人)의 말(言)에는 믿음이, 신용이 있어야 하므로 '믿을 신'이다.

門前成市(문전성시) : 찾아오는 손님으로 문 앞이 장터와 같이 복잡하다는 뜻으로 방문객이 많음을 이르는 말. ☞ 고사성어 p68
微官末職(미관말직) : 지위가 아주 낮은 벼슬.
尾生之信(미생지신) : 미생이라는 사람이 여자와 약속한 대로 다리 밑에서 기다리다가 물에 휩쓸려 죽었다는 고사에서 온 말로 미련하고 우직하게 지키는 약속을 이르는 말. ☞ 고사성어 p68

博	覽	強	記	拍	掌	大	笑	拔	本	塞	源
十-10획	見-14획	弓-8획	言-3획	手-5획	手-8획	제부수	竹-4획	手-5획	木-1획	土-10획	水-10획
넓을 박	볼 람	굳셀 강	기록할 기	손벽칠 박	손바닥 장	큰 대	웃음 소	뽑을 발	근본 본	막을 색	근원 원
十忄恒	臣臣臨	ㄱㄱ弓	一亠言	一扌	丷丷尚掌	一ナ大	⺮笑笑	扌扌扐	一十木	宀宀宀宀	氵氵沥
博博	瞽覽	弱弱強	訂記	扚拍	堂掌		竺笑	抜拔	木本	寒寒塞	沥源

■ 학습 도우미

- 博 : 십(十) 보(甫: 클 보)는 한 마디(寸)보다 훨씬 넓고 크다는 글자로 '넓을 박'이다.
- 強 : 굳셀 강. 속자는 强이다.
- 拍 : 손(手) 빠르기가 하얗게(白) 되도록 손뼉을 쳐대니까 '칠 박'이라고 보면 된다.
- 掌 : 손(手)을 높이(尙: 높일 상) 드는 부분은 손바닥이 장이다 하여 '손바닥 장'이라고 보면 된다.
- 塞 : 쓰임
  ① 변방 새 · 邊方: 나라의 경계가 되는 변두리땅. - 塞翁之馬
  ② 요새 새 · 要塞: 적의 침입을 방어할 만한 국경등에 있는 요긴한 터.
  ③ 보루 새 · 保壘: 본성(本城)에서 떨어져 있는 작은 성.
  ④ 막을(힐) 색 · 塞源: 근원을 막음.
- 源 : 이 글자는 원(原)과 통용하는 글자이다. 따라서 같은 뜻으로 '근원 원'이다.
  예) 原(원): 原稿, 原來, 原色 源(원): 源油, 源泉, 起源, 發源

博覽強記(박람강기) : 많은 책을 읽고 사물을 잘 기억함.
拍掌大笑(박장대소) : 손뼉을 치고 크게 웃음.
拔本塞源(발본색원) : 어떤 폐단의 근본을 뽑고 근원을 막아버림. ☞ 고사성어 p93

확인해 보세요.(2-2)

✱ 앞에서 학습한 한자어들에 대한 학습 결과를 점검하는 곳입니다. 답을 제대로 하지 못했다면 앞으로 돌아가 다시 학습하십시오.

※ 다음에 제시된 한자어들의 독음을 쓰시오.(1~7)

1. 孟母斷機
2. 茫然自失
3. 萬壽無疆
4. 滿身瘡痍
5. 萬事亨通
6. 沐浴齋戒
7. 微官末職

※ 다음 한자어의 ( )에 공통으로 들어갈 한자를 쓰시오.(8~11)

8. ( )玩丹靑   ( )者失杖 -------------------- ( )

9. ( )國之音   ( )羊補牢 -------------------- ( )

10. ( )所不能   ( )不通知 -------------------- ( )

11. ( )高自卑   ( )樓去梯 -------------------- ( )

※ 다음 한자어의 ( )에 들어갈 알맞은 한자를 보기에서 골라 쓰시오.(12~16)

보기
賣　私　甘　酸　買　公　後　背　覽　記

12. 梅( )蜜( )
13. ( )占( )惜
14. 滅( )奉( )
15. 面( )腹( )
16. 博( )強( )

※ 다음 제시된 단어의 뜻을 쓰시오.(17~23)

17. 磨斧爲針

18. 得魚忘筌

19. 讀書尙友

20. 簞瓢陋巷

21. 訥言敏行

22. 杜門不出

23. 面從腹背

※ 다음 제시된 뜻의 한자어를 보기에서 골라 쓰시오.(24~28)

보기

| 同工異曲 | 無我陶醉 | 棟梁之材 | 聞一知十 | 拔本塞源 |

24. 어떤 폐단의 근본을 뽑고 근원을 막음.

25. 한 부분을 통해서 전체를 미루어 안다는 말.

26. 자기를 잊을 정도로 경치에 도취됨.

27. 재료는 같더라도 다루는 사람의 기교에 따라 내용의 차이가 생긴다는 말.

28. 한 집안이나, 한 나라의 기둥이 될 만한 큰 인물을 이르는 말.

※ 다음 제시된 한자어의 의미가 나머지와 다른 하나는?(29~30)

29.
① 丹脣皓齒   ② 朱顔玉齒   ③ 花容月態   ④ 路柳墻花   ⑤ 明眸皓齒

30.
① 道聽塗說   ② 街談巷說   ③ 茫然自失   ④ 閭巷俚語   ⑤ 流言蜚語

31. 다음 밑줄 친 부분과 의미가 통하는 한자성어는?

> 희(噫)라 구래(舊來)의 억울(抑鬱)을 선창(宣暢)하려 하면, 시하(時下)의 고통(苦痛)을 파탈(擺脫)하려 하면, 장래(將來)의 협위(脅威)를 <u>삼제(芟除)</u>하려 하면, 민족적(民族的) 양심(良心)과 국가적(國家的) 염의(廉義)의 압축소잔(壓縮銷殘)을 흥분신장(興奮伸張)하려 하면, 각개(各個) 인격(人格)의 정당(正當)한 발달(發達)을 수(遂)하려 하면, 가련(可憐)한 자제(子弟)에게 고치적(苦恥的) 재산(財産)을 유여(遺與)치 안이 하려 하면, 자자손손(子子孫孫)의 영구완전(永久完全)한 경복(慶福)을 도영(導迎)하려하면, 최대급무(最大急務)가 민족적(民族的) 독립(獨立)을 확실(確實)케 함이니……

① 滿身瘡痍   ② 微官末職   ③ 拔本塞源   ④ 簞瓢陋巷   ⑤ 訥言敏行

32. 다음 밑줄 친 부분에 해당하는 한자성어는?

> "요망(妖妄)한 별주부야. 네 내 말을 들어라. 강보에 싸인 아희 감히 어른을 능멸(凌蔑)하니, 이는 이른바 <u>범 모르는 하룻강아지로다.</u> 네 죄를 의논하면 태산(泰山)이 오히려 가볍고 하해(河海) 진실로 얕은지라. 또, 네 모양을 볼작시면 괴괴망측(怪怪罔測) 가소(可笑)롭다. 사면이 넓적하여 나무 접시 모양이라. 저토록 적은 속에 무슨 의사 들었으랴? 세상 사람들이 너를 보면 두 손으로 움켜다가 끓는 물에 솟구쳐 끓여 내니 자라탕이 별미로다. 세가자제(勢家子弟) 즐기나니, 네 무삼 수로 살아 올꼬?

① 磨斧爲針   ② 得魚忘筌   ③ 同工異曲   ④ 拔本塞源   ⑤ 螳螂拒轍

정답(2-2)

1. 맹모단기
2. 망연자실
3. 만수무강
4. 만신창이
5. 만사형통
6. 목욕재계
7. 미관말직
8. 盲
9. 亡
10. 無
11. 登
12. 酸, 甘
13. 買, 賣
14. 私, 公
15. 從, 背
16. 覽, 强
17. 도끼를 갈아 바늘을 만든다는 뜻으로 부단한 노력과 인내로 나아가면 반드시 이루게 된다는 말임.
18. 고기가 잡히면 쓰던 통발을 잊어버린다는 말로 어떤 목적이 달성되면 그 동안 도움이 된 것을 까맣게 잊고 그 은혜에 보답하는 일조차 잊는다는 뜻.
19. 책을 읽음으로써 옛 현인(賢人)들과 벗할 수 있다는 말.
20. 소박한 시골 살림.
21. 군자는 말에 있어서는 어눌하고 행동에 있어서는 민첩해야 함을 이르는 말.
22. 문을 닫아 버리고 나오지 않음.
23. 면전에서는 복종한 듯하지만 등뒤에서는 배반함.
24. 拔本塞源
25. 聞一知十
26. 無我陶醉
27. 同工異曲
28. 棟梁之材
29. ④
30. ③
31. ①
32. ⑤

螳螂拒轍 (당랑거철)

〈문선(文選)〉,〈장자(長子)〉'천지(天地)',〈한시외전(漢詩外傳)〉 등에 나오는 말이다.

춘추시대 제나라 장공(莊公, B.C. 794~731)이 어느 날 수레를 타고 사냥길에 나섰다. 도중에 웬 벌레 한 마리가 덩치에 비해 유난히 큰 앞발을 휘두르며 수레를 향해 덤벼드는 것을 보았다.

"허허, 그놈 참 맹랑하군. 대체 저게 무슨 벌레인가?"

장공의 물음에 수행하던 신하가 대답했다.

"사마귀입니다. 저 놈은 앞으로 나아갈 줄만 알았지 물러설 줄은 모르며 제 힘은 생각지 않고 적을 가볍게 아는 저돌적인 놈입니다."

그러자 장공은 고개를 끄덕이면서 이렇게 말했다.

"저 벌레가 만약 인간이라면 반드시 천하 제일의 용사가 되었을 것이다."

그리고는 비록 미물이지만 그 용기가 가상하다고 칭찬하며 수레를 돌려 그를 피해 가도록 했다고 한다.

당랑거철(螳螂拒轍)에서 '당랑(螳螂)'은 사마귀를 뜻하고 '거철(拒轍)'은 그 사마귀가 긴 앞발을 쳐들고 수레를 막고 선 모양을 말한다. 이는 사마귀가 버티고 서서 수레바퀴를 가로막는다는 뜻으로 자신의 힘을 헤아리지 못하고 강적에게 덤벼드는 무모한 행동을 비유하거나, 허세를 떠는 것을 비유한다.

당랑지부(螳螂之斧: 사마귀의 도끼발)라는 말과 당랑당거(螳螂螳車: 사마귀가 수레를 대적하려 함.), 당랑지력(螳螂之力: 사마귀의 힘)이라는 말들도 다 같은 뜻으로 쓰인다.

道聽塗說 (도청도설)

이 말은 〈논어(論語)〉'양화편(陽貨篇)'에 전하는 공자(孔子)의 말에서 비롯된다.

공자(公子)께서 다음과 같이 말씀하셨다.

"길에서 듣고 길에서 말하면 덕(德)을 버리는 것이다."

이는 그 자리에서 들은 말을 금방 다른 사람에게 말하는 것은 덕을 버리는 일이라는 뜻이다. 원래 사람이 좋은 말을 들으면, 그것을 마음에 간직하고 깊이 새겨 이를 다시 몸소 실천하여 자기의 것으로 삼아야 의미있는 일이다. 하지만 사람들이 그리하지 못하고 함부로 말하는 것은 바람직하지 못하다는 것이다. 혹은 좋지 못한 말을 들었다 하더라도 함부로 말하는 것은 좋지 못하다는 말이다.

이 말은 길에서 듣고 길에서 말해버린다는 뜻으로 좋은 말을 듣고 나서 마음에 새기고 간직하여 실천에 옮기지 않고, 그대로 길에서 흘려버리는 좋지 못한 그릇된 모습을 꼬집은 말이다.

同工異曲 (동공이곡)

이 말은 한유(韓愈; 唐代의 詩人)의 글에 실린 말로써 시를 지음에 있어 작자의 기교

고사성어 유래설명

능력에 따라 뜻이나 의미가 달라짐을 말하는 데서 유래한다. 즉 글을 짓는 방법에 있어서 옛날의 문장과 거의 같은데 작가의 기교에 따라 그 흥취가 다르다는 뜻으로 칭찬한 말이다. 오늘날에 와서 이 말은 글의 모양새는 다르게 보이나 내용은 똑같게 모방한 것을 지적하는 말로 많이 쓰인다.

得魚忘筌 (득어망전)

이 말은 장자의 외물편(外物篇)에 있는 말로 원래는 무엇인가를 구차하게 꼭 지니고 있어 그것에 얽매이는 것보다는 잊어버리는 것이 좋고, 구애됨이 없어서 자연스러운 것(모든 것을 초월한)으로 장자가 만나서 거리낌없이 함께 이야기하고픈 사람 가운데 한 사람임을 말한다.

'말(言)은 뜻을 나타낸 뒤에는 곧 말(言)이라는 것은 잊혀진다. 나는 어떻게 하면 말(言)을 잊는 사람을 만나 함께 이야기를 할 수 있을까?' 하고 말(言)을 잊는 사람(사물에 얽매이지 않는 사람)과 이야기를 원하는 데서 나온 말이다.

원래 이 말은 긍정적인 형태의 말이었으나 현재는 고기를 다 잡고 나면 고기를 잡는 데 필요했던 통발은 잊어버린다는 구절만을 생각하고 도움을 받은 후에는 그 은혜를 잊어버린다는 좋지 못한 사람의 모습을 이르는 말로 쓰인다.

亡國之音 (망국지음)

예기(禮記)라는 책(册) 중에 악기편(樂記篇)을 보면 음악(音樂)에 대하여 다음과 같이 정의하고 있다.

"'음악'이라는 것은 사람의 마음에서 생겨나는 것으로 뜻이 중심에서 발동하여 나서 소리로 형상화되어 나타난다. 이 소리가 문(文)을 이루는데 이것을 일러 음악(音樂)이라 한다. 이러한 까닭으로 세상을 다스리는 음악은 편안하고 즐거워 그 다스림까지 조화롭게 만드는데, 세상을 어지럽게 하는 음악(音樂)은 원망하면서도 성내게 하여 그 정사(政事)를 그르치게 한다."

亡國之音은 이에서 생겨난 말이다.

亡羊補牢 (망양보뢰)

전국시대(戰國時代) 초(楚)나라에 장신이라는 대신이 있었는데 하루는 초 양왕에게 말하기를 "왕의 신하들이 음탕하고, 방조하여 절도 없이 재정을 탕진하고, 국가의 대소사에 잘못 관여하고 있어서 이렇게 가다가는 나라의 장래가 걱정스럽습니다."라고 간언하자 양왕은 장신의 말은 듣지 않고 오히려 엉뚱한 말로 백성들을 교란한다 하여 꾸짖었다. 이에 장신은 "왕께서 저의 간언을 들어주시니 아니하시므로 초나라를 떠나 조나라에 머물겠습니다." 하고 조나라로 떠나 버린다.

장왕은 장신을 보낸 후에도 여전히 사치하

고 음란한 생활을 계속했다. 그렇게 지낸 지 5개월이 지난 후 진나라가 초(楚)나라를 침공하여 양왕은 성양으로 망명하게 되었다. 이때서야 양왕은 장신의 말을 깨닫고는 곧장 사람을 보내어 장신을 불러오게 했다.

장신이 초나라로 돌아오자 양왕은 그를 환대하고 그의 말을 들었다.

"과인이 애당초 그대의 말을 들었다면 오늘 이 지경에 이르지 않았으련만 지금 후회해도 소용이 없겠으나 그래도 이제 과인이 어찌해야 좋을지 알려 줄 수 없겠소?"

이때에 장신이 "토끼를 발견하고 머리를 돌이켜 사냥개를 시켜도 늦지를 않은 것이요, 양이 달아난 뒤에 다시 우리를 고쳐도 늦질 않답니다."라고 충간하는 말에서 유래되었다.

望洋之歎 (망양지탄)

옛날 중국의 황하(黃河) 유역에는 그 물을 지키는 하백(河伯)이라는 물의 신(河神)이 살고 있었다. 어느 날 아침 하백(河伯)은 햇빛이 빛나는 누런 강물을 보고 이렇게 큰 강은 세상에 또 없을 것이라고 감탄하며 말했다. 그러자 옆에 있던 늙은 자라가 말했다.

"제가 듣기로는 해 뜨는 쪽에 북해(北海)라고 하는 곳이 있는데, 이 세상의 모든 강이 그곳으로 흘러들어간다고 합니다. 그러니 그 크기는 실로 황하의 몇 갑절이 되겠지요."

하백(河伯)은 고개를 저으며 직접 눈으로 보기 전에는 믿을 수 없다고 하였다. 이윽고 가을이 와서 황하는 연일 쏟아지는 비로 인해 강물이 몇 갑절 불어났다.

그것을 바라보던 하백(河伯)은 문득 예전에 자라가 했던 말이 생각났다. 그래서 이 기회에 북해를 한번 보기로 하고 길을 나섰다.

하백이 북해에 이르자 해신(海神)인 약(若)이 그를 맞이하며 거울 같은 드넓은 바다를 보여 주었다. 하백도 그 크기에 압도되어 입이 떡 벌어졌다. 그는 세상을 모르고 살아온 자신이 부끄러워 약(若)에게 고백했다.

"나는 북해가 크다는 말을 들었지만 이제까지는 믿지 않았습니다. 지금 여기 와 보지 않았다면 나의 소견이 짧았다는 것을 깨닫지 못했을 겁니다."

그러자 북해의 신은 웃으며 이렇게 말했다.

"우물 안의 개구리에게는 바다에 대해서 말할 수 없고 여름 한철 사는 매미에게는 얼음에 대해서 말할 수 없는 법이라오. 다 자기가 살고 있는 곳, 살고 있는 계절밖에는 알 수 없기 때문이지요. 지금 당신은 바다를 보고 나서 식견이 좁은 줄 알았다니 이제 당신과는 큰 도리를 말할 수 있겠소이다."

이 우화에서 크고 넓은 바다를 바라보며 자신의 소견이 좁은 것을 알고서 탄식하는 '망양지탄(望洋之嘆)'이라는 말이 나왔다.

사람은 다 제가 알고 있는 것, 제가 본 것이 다인 줄 알기 마련이다. 그렇게 좁은 세상 속에 갇혀서 으스대고 있다가는 정작 큰 세상을 만났을 때, 이전의 자신이 한없이 부끄러워질 것이다.

망양지탄(望洋之嘆)이라는 말은 넓은 바다를 보고 탄식한다는 뜻. 곧, 남의 위대함에 감탄하면서 자신의 힘이 닿지 못함을 부끄러워하는 탄식이다.

고사성어 유래설명

孟母斷機 (맹모단기)

맹자가 어린 시절에(멀리 공부하러 갔다가) 이미 다 배웠다고 돌아오니, 맹자의 어머니가 베를 짜고 있다가 묻기를,

"학문이 어느 경지에 이르렀느냐?"

라고 하니 맹자가 말하기를,

"그저 그렇습니다."(별로 진전이 없다는 뜻.)

라고 대답했다. 맹자의 어머니는 칼을 가지고 그 (짜고 있던) 베를 잘라 버렸다. 맹자가 두려워하여 그 까닭을 물으니, 맹자 어머니는 말하기를,

"네가 배움을 그만둔다는 것은 내가 이 베를 끊는 것과 같다."

라고 하였다.

맹자가 두려워하여 아침 저녁으로 학문을 부지런히 닦아서 쉬지 아니하고, 자사를 스승으로 섬겨서 드디어 천하에 이름난 유학자가 되었다.

군자가 말하기를 "맹자 어머니는 사람의 어머니가 되는 도리를 알았다."고 하였다.

明眸皓齒 (명모호치)

이 말은 두보(杜甫)가 '애강두(哀江頭)'라는 詩에서 양귀비(楊貴妃)를 생각하며 읊은 부분에 등장하는 말이다.

안록산(安祿山)의 난으로 장안(長安)이 함락되어 어려움을 겪던 때에 두보(杜甫)는 長安의 동남쪽에 있는 江頭를 찾아 옛 영화를 회상하며 슬픔을 갖고 이 시를 지었다.

江頭는 曲江池로 당대(當代)에 왕후나 귀족들의 유람의 명승지였으며, 현종도 양귀비(楊貴妃)와 함께 여기서 놀았던 곳이다. 이 '哀江頭'라는 詩는 七言古詩이다.

"소릉의 한 늙은이(杜甫)가 봄날에
눈물을 머금고 곡강을 노래하노라.
나라가 혼란스럽고 성이 함락되는데 산천의 푸르름은 누구를 위하는 것이며
-중간생략-
사랑을 한 몸에 받았던 밝은 눈동자와 흰 이(明眸皓齒) 양귀비는 지금 어디에 있는가?
피로 더러워진 영혼은 돌아갈 곳을 찾지 못하는도다.
맑은 위수는 지금도 동으로 흐르고 검각산은 높아 예전과 다름이 없건만,
난리로 흩어진 군신과 양귀비는 소식마저 없네.
사람은 정(情) 탓에 눈물로 가슴을 적시니
흐르는 강물과 꽃이 어찌 다함이 있으랴.
황혼에 오랑캐들은 성을 어지럽히고
고향을 향한 마음 간절하나 찾을 길 없다네."

명모호치는 이 시의 구절에서 유래한 말로 미인을 이르는 말이다.

刎頸之交 (문경지교)

전국시대, 조(趙)나라에 목현이라는 실력자의 후원을 받던 인상여(藺相如)라는 사람이 있었다. 그는 일찍이 진(秦)의 소양왕(昭襄王)에게 빼앗길 뻔했던 명옥(名玉) 화씨지벽(和

氏之壁)을 고스란히 가지고 돌아온 공 때문에 상대부(相大夫)로 임명되었다. 또 진(秦)의 소양왕과 조(趙)의 혜문왕(惠文王)이 면지라는 곳에서 회합하게 되었는데, 인상여(藺相如)가 이에 배석했다. 인상여(藺相如)는 회담 후 베풀어진 연회에서 소양왕의 무례함을 나무라고 나서 조나라와 혜문왕의 위신을 세웠다. 인상여는 그 공으로 상경(上卿)의 지위에 올랐다. 그런데 이때 조나라에는 염파라는 유명한 장수가 있었는데 인상여의 지위가 자신보다 높아지자 크게 분개했다.

"나는 전쟁터를 누비며 공을 세웠다. 그런데 입 놀린 것밖에 없는 인상여 따위가 내 위에 있게 되다니 분통이 터질 노릇이다. 내가 어찌 그런 놈 밑에 있겠는가. 언젠가 그에게 망신을 주겠다."

이 사실을 안 인상여는 되도록 염파를 피했다. 이 같은 행동을 수치스럽게 여긴 부하가 그의 곁을 떠나겠다고 나섰다. 인상여는 자신의 곁을 떠나려는 부하를 만류하며 이렇게 말했다.

"자네는 진나라 소양왕이 더 무서운가, 아니면 염파가 더 무서운가? 나는 그 진왕(秦王)까지도 질타한 사람이다. 그런 내가 염파장군을 두려워하겠는가? 생각해 보게. 지금 진나라가 조나라를 치지 못하는 것은 염파와 나 두 사람이 조나라에 있기 때문일세. 두 호랑이가 서로 싸우면 결국 모두 죽게 될 것이네. 내가 염파 장군을 피하는 것은 나라의 위기를 생각하여 사사로운 원한 같은 것은 뒷전으로 돌리고 있기 때문이라네."

이 말을 전해 들은 염파는 부끄러워 어찌할 바를 몰랐다. 그는 인상여의 집으로 찾아가 무릎을 꿇고 사죄하여 두 사람은 손을 맞잡고 기뻐했다. 그로부터 두 사람은 목이 달아나도 변치 않은 깊은 우정을 맺었다 한다.

문경지교는 목을 내어줄 수 있을 정도로 절친한 사귐, 즉 생사를 같이하여 목이 달아나도 변치 않을 깊은 우의를 뜻하는 말이다.

聞一知十 (문일지십)

공자(孔子)에게는 많은 제자(弟子)들이 있었는데 그 중에는 뛰어나기로 유명한 안회(顔回)라는 사람과 자사(子賜; 子貢)라는 제자가 있었다.

이 둘은 당대(當代)에 최고의 뛰어난 사람들이었으나 각각 서로 다른 성품을 지닌 사람이었다. 안회(顔回)라는 제자는 자사(子賜)에 비해 월등히 뛰어난 사람이었으나 잘 아는 기색을 나타내지 않아 어리숙한 듯한 사람이었고, 이에 반해 자사(子賜)는 훌륭하긴 하였으나 공자에게 가끔 꾸중을 들은 사람으로 자기보다 더 나은 안회(顔回)를 은근히 질투하는 사람이었다.

이러한 사정을 잘 알고 있던 공자(孔子)는 어느 날 자사(子賜)를 불러 물었다.

"자사(子賜) 그대는 안회(顔回)와 비교 했을 때 누가 더 낫다고 생각하느냐?"

자사(子賜)는 서슴없이 이렇게 대답한다.

"제가 어찌 안회(顔回)를 바랄 수 있겠습니까? 안회(顔回)는 하나를 들으면 열을 알고, 저는 하나를 들으면 둘을 알 뿐입니다."

문일지십(聞一知十)은 바로 여기에서 유래

고사성어 유래설명

하여 한 부분을 통해서 전체를 미루어 안다는 뜻으로 사용된 말이다.

門前成市(문전성시)

한나라 애제(哀帝) 때에 유명한 충신(忠臣) 정숭이라는 사람이 있었다. 이는 명문가의 출신으로 그 집안은 대대로 왕가와 인척 관계였다. 처음에는 애제에게 발탁되어 상서복야로 있었지만 간신들과 외척들의 모함으로 관직을 유지하지 못하고 애제로부터 냉대를 받았다.

애제는 젊은 여자와 사랑에 빠져 정도를 넘자 정숭은 간언을 하지만 수용되지 못하고 어려움에 처하게 된다. 이를 반기던 사람이 있었는데 조창이라는 사람으로 아첨하기 좋아하고 정숭을 평소부터 싫어하던 사람이었다.

조창은 정숭의 일로 애제에게 상소하기를, "정숭은 왕실의 여러분과 통하고 있으며, 어떤 좋지 못한 일을 꾸미고 있는 혐의가 짙습니다. 조사해 보십시오."라고 했다.

이말은 들은 애제는 정숭을 문책한다. "그대의 집에는 언제나 많은 손님들이 모여 상의를 하고 있는데 도대체 무엇 때문에 그렇게 하는가?" 정숭은 대답했다. "저희 집에는 **시장과 같이 많은 손님들이 모여들지만** 저의 마음은 물과 같이 언제나 맑습니다."

이 말을 들은 애제는 화가 나서 정숭을 용서 없이 문책하여 하옥시켰다. 정숭은 옥에서 죽었다고 전하는데 이 정숭의 말에서 유래한 말이다.

尾生之信(미생지신)

미생의 신의, 즉 앞뒤 재어보지 않는 막무가내의 어리석은 믿음이란 말로서, 미생이란 사나이가 신의를 지키다가 어리석게 죽고 만 고사에서 비롯되었다.

〈장자(莊子)〉 '도척(盜跖)'편과 〈사기(史記)〉 '소진전(蘇秦傳)' 등에 나오는데, 〈장자〉에는 비웃는 것으로, 〈사기〉에는 칭찬하는 것으로 소개되어 있다.

옛날 노(魯)나라에 미생이라는 사람이 있었다. 그의 이름은 고(高)였는데, 한 서생(書生)이었으므로 미생이라고 한다. 그는 매우 정직한 사람으로 한 번 약속한 일이면 절대로 어기는 법이 없었다.

어느 날 그는 사랑하는 여인과 냇가의 다리 밑에서 만나기로 약속했다. 그는 약속한 시간에 조금도 어김없이 다리 밑으로 가서 여인을 기다렸다. 그런데 어찌 된 일인지 약속 시간이 되어도 사랑하는 여인은 오지 않았다. 그러나 미생은 약속을 철석같이 믿었다. 어쨌든 자신만큼은 약속을 굳게 지킨다는 생각으로 약속한 자리에서 한시도 벗어나지 않고 서 있었다.

온다던 여인은 영 오지 않고 냇물이 슬슬 불어 올라오기 시작했다. 조숫물이 차오는 것이었다. 처음에는 미생의 발등을 적시더니 나중에는 무릎까지 올라왔다. 미생은 차오르는 물이 야속했지만 그래도 자리를 뜰 줄 몰랐다. 드디어는 다리의 기둥을 붙잡고 간신히 매달릴 수밖에 없었다. 물이 목까지 차올랐지만, 미생은 이를 악물고 버텼다. 그러다 결국 미생은 물에 빠져 죽고 말았다.

傍	若	無	人	蚌	鷸	之	爭	百	年	河	清
人-10획	艹-5획	火-8획	제부수	虫-4획	鳥-12획	ノ-3획	爫-4획	白-1획	干-3획	水-5획	水-8획
곁 방	같을 만약 약	없을 무	사람 인	조개 방	도요새 휼	어조사 지	다툴 쟁	일백 백	해 년	물 하	맑을 청
亻亻傍	艹艹艹	亠二無	ノ人	口中虫	予喬鷸	丶亠之	爫⺕爭	一丅百	ノ匕乍	氵汀河	氵汁淸
傍傍	若若	無無		蚌蚌	鷸鷸	之	爭爭	百百	年	河河	淸淸清

■ 학습 도우미

- 傍 : 사람(人) 곁에 우뚝(旁) 서 있어서 곁이라는 뜻이 되고 소리는 方이 소리글자여서 '곁 방'이 된다.
- 蚌 : 벌레 충(虫)은 뜻을, 丰(방)은 소리를 나타내어서 '조개 방'이다.
- 爭 : 손톱(爫: 손톱 조)과 손(⺕)으로 몽둥이 하나(亅)를 들고 다툰다 하여 '다툴 쟁'이 된다.
- 淸 : 물(氵)이 맑아 푸르스름(靑)하니까 맑다는 말이 된다. 따라서 '물 맑을 청'이 된다.
  ※ 倩: 예쁠 천, 사위 천. 晴: 날갤 청. 蜻: 잠자리 청.

傍若無人(방약무인) : 곁에 사람이 없는 것처럼 제멋대로 행동함을 이르는 말. ☞ 고사성어 p93
蚌鷸之爭(방휼지쟁) : 조개와 황새가 싸우다가 어부에게 붙잡혔다는 뜻으로 제삼자에게 이익을 빼앗김을 말함.
百年河淸(백년하청) : 황하의 물이 맑기를 무작정 기다린다는 뜻으로 아무리 바라고 기다려도 실현될 가망이 없음을 이르는 말. ☞ 고사성어 p93

百	年	偕	老	白	面	書	生	百	花	爛	漫
白-1획	千-3획	人-9획	제부수	제부수	제부수	日-6획	제부수	白-1획	艸-4획	火-17획	水-11획
일백 백	해 년	함께 해	늙을 로	흰 백	낯 면	글 서	날 생	일백 백	꽃 화	빛날 란	흩어질 만
一丆百	ノトㄷ	亻什伊伊	土耂老	′白白	一丆面	フㅋ聿	ノ仁牛	一丆百	艹艹花	火灯爛	氵沪沪
百百	年	偕偕偕	老	白	面面	聿書書	牛生	百百	花花	爛爛	漫漫漫

■ 학습 도우미

- 偕 : 사람(人)이 다(皆: 다 개) 함께 해 가기를 바란 까닭에 '함께 해'이다.
- 老 : 이는 땅(土) 위에 지팡이(丿)를 짚고 꾸부정한 모습을 한 일정한 노인을 본뜬 글자여서 '늙은이 로'이다.
- 漫 : 氵는 뜻을, 曼(길 만, 넓을 만)이 소리글자여서 '만'으로 읽는 글자이다.

   ※ 쓰임
   ① 부질없을 만 – 만화(漫畫) ② 물 질펀할 만 – 만만(漫漫): 물이 넓게 흐르는 모양.
   ③ 흩어질 만 – 산만(散漫): 어수선함.

▶ 퀴즈로 익히기
   소가 외나무다리를 건너가는 모습을 漢字로는 어떻게 쓸까요?
▶ 퀴즈로의 답
   生을 쓴다. 소(牛)가 외나무다리(一) 위에 있으므로.

百年偕老(백년해로) : 부부가 오래도록 화락(和樂)하여 함께 늙음.
白面書生(백면서생) : 글만을 읽어서 세상일에 경험이 없는 사람을 말함. ☞ 고사성어 p94
百花爛漫(백화난만) : 온갖 꽃이 활짝 피어남.

翻	亦	破	鼻	病	入	膏	肓	釜	中	生	魚
飛-12획	亠-4획	石-5획	제부수	疒-5획	제부수	月-10획	月-3획	金-2획	ㅣ-3획	제부수	제부수
뒤칠 번	또 역	깨뜨릴 파	코 비	병 병	들 입	기름 고	명치끝 황	가마솥 부	가운데 중	살 생	고기 어
亠采番	丶亠亣	丆石矿	冂自鼻	广疒疒	丿入	亠吉高	亠亡肓	八父父	口口中	丿㐅牛	夂名魚
翻翻	亣亦	矿破	畠鼻	病病		高膏	肓	夳釜釜		牛生	魚魚魚

■ 학습 도우미

- 破 : 돌(石: 돌 석)을 들어 가죽(皮: 가죽 피)에 던지면 찢어지고 깨어지므로 '깨뜨릴 파', '찢어질 파'이다.
- 鼻 : 코의 모습을 본뜬 글자이다.
- 病 : 疒은 '병들 녁'으로 뜻을 나타내고, 丙(병)은 소리글자여서 '질병 병'자가 된다. 丙은 다른 글자와 결합해도 언제나 '병'으로 읽는다.
  예) 柄: 자루 병. 炳: 밝을 병
- 膏 : 高+月. 고기(月)를 삶으면 제일 높은 곳(高)에 기름이 뜨므로 '기름 고'이다.
- 釜 : 父와 金이 결합하여 이룬 글자로 '金'에서 뜻을, '父'에서 음을 취하여 만들어진 '가마솥 부'이다.

翻亦破鼻(번역파비) : 뒤로 넘어져도 코가 깨진다는 말로, 일이 잘 되지 않을 때는 엉뚱한 일로 인하여 어려움을 맞게 됨을 이르는 말.
病入膏肓(병입고황) : 병이 몸 속 깊이 들어 고치기 어렵게 되었음을 이르는 말. ☞ 고사성어 p94
釜中生魚(부중생어) : 오랫동안 밥을 짓지 못하여 솥 안에 물고기가 생겨났다는 뜻으로 매우 가난한 생활을 비유한 말.

附	和	雷	同	北	窓	三	友	粉	骨	碎	身
阝-5획	口-5획	雨-5획	口-3획	匕-3획	穴-6획	一-2획	又-2획	米-4획	제부수	石-8획	제부수
붙을 부	화할 화	우뢰 뢰	한가지 동	북녘 북	창문 창	셋 삼	벗 우	가루 분	뼈 골	부술 쇄	몸 신

■ 학습 도우미

- 附 : 언덕(阝)에 가까이 붙여 주니까(付: 줄 부) '붙일 부'이다.
- 和 : 쌀(禾)을 앞에 두고 식구(口)들이 모두 모였으니 먹을 것이 풍부해져서 화목하게 됨으로 인하여 '화할 화'가 되었다.
- 窓 : 동굴(血: 구멍 혈)에 사사로운(厶) 마음(心)으로 구멍을 내어 창문을 만들었다는 글자 '창문 창'이다.
- 粉 : 쌀(米)을 가늘게 분쇄하면(分: 나눌 분) 가루가 되므로 '가루 분'이다.
- 碎 : 돌(石)이 굴러다니다(卒: 마치다, 마지막 졸) 마침내 부서진다 하여 '부서질 쇄'이다.
- 身 : 본래는 임신한 여인의 몸을 본뜬 글자로 배가 부른 모습을 나다낸 글자이다. 따라서 '몸 신'이다.

附和雷同(부화뇌동) : 자기 주관이 없이 남이 하는 대로 따라 하는 행동.
北窓三友(북창삼우) : 백거이의 시(詩)에서 나온 말로 거문고와 술과 시를 아울러 말함.
粉骨碎身(분골쇄신) : 뼈가 가루가 되고 몸이 부서지도록 있는 힘을 다하여 노력함.

焚	書	坑	儒	不	可	思	議	不	俱	戴	天
火-8획	日-6획	土-4획	人-14획	一-3획	口-2획	心-5획	言-13획	一-3획	人-8획	戈-14획	大-1획
불사를 분	글 서	구덩이 갱	선비 유	아닐 불	옳을 가	생각 사	의논할 의	아닐 불	함께 구	일 대	하늘 천

■ 학습 도우미

- 焚 : 나무를 모아(林) 불(火)을 지피면 불이 잘 탄다는 글자로 '불탈 분'이다.
- 坑 : 이는 '구덩이 갱'이다. 같은 글자로는 '阬'을 쓰기도 한다.
  ※ 쓰임 坑道(갱도): 땅속에 뚫어 놓은 길.
- 議 : 말(言)을 올바르게(義) 하여 의논하니까 '의논할 의'가 된다.
- 俱 : '사람 인'(人)과 '갖출 구'(具)가 결합된 글자로 사람이 함께 갖춘다 하여 '갖출 구'이다.
- 戴 : 열(十) 사람이 창(戈: 창 과)을 서로 다르게(異: 다를 이) 받들고 있다는 글자 '받들 대', '머리에 일 대'이다.

焚書坑儒(분서갱유) : 중국 진나라 시황제가 정치에 대한 비판을 금하려고 책을 불사르고 학자들을 산 채로 구덩이에 묻어 죽인 일. ☞ 고사성어 p95

不可思議(불가사의) : ① 상식으로는 생각할 수 없는 이상야릇한 일. ② 말로는 나타낼 수도 없고, 마음으로 헤아릴 수도 없는 오묘한 이치 또는 가르침.

不俱戴天(불구대천) : 한 하늘 아래서는 같이 살 수 없는 원수란 뜻으로 도저히 그냥 둘 수 없을 만큼 원한이 깊이 사무친 원수를 말함.

不	問	曲	直	不	撤	晝	夜	不	擇	之	筆
一-3획	口-8획	曰-2획	目-3획	一-3획	扌-12획	日-7획	夕-5획	一-3획	扌-13획	丿-3획	竹-6획
아닐 불	물을 문	굽을 곡	곧을 직	아닐 불	거둘 철	낮 주	밤 야	아닐 불	가릴 택	어조사 지	붓 필
一ブ不	门闩門	口巾曲	十古直	一ブ不	一十扌	一コヨ丰	一亠夜	一ブ不	扌扩擇	丶亠之	𥫗笁笁
不	門問	曲曲	直直	不	抬抬撤	聿書書	夜夜	不	擇擇	之	筀筀筆

■ 학습 도우미

- 曲 : 물건(口)이 쭈글쭈글 주름이 진 모습(〣)을 표현한 글자여서 '굽을 곡' 자이다.
- 直 : 가로와 세로(十)가 곧으며 직각(L)을 이루는 부분이 바른 각을 이루었나 눈(目)으로 살펴본 글자이므로 '곧을 직' 이다.
- 撤 : 이는 '거둘 철' 이다.
  撤收(철수): 거두어 감. 撤去(철거): 거두어 치워버림.
  ※ 철(撤)과 구분하여야 할 한자(漢字)는 '뚫을 철(徹)' 이다.
  ※ 쓰임 – 徹頭徹尾(철두철미): 처음부터 끝까지 철저함.
       徹底(철저): 속 깊이 밑바닥까지 투철함.
- 晝 : 旦는 해가 떠오르는 모습이며, 聿은 비치는 빛의 모습이다. 해가 띠오르니 낮이 된다 하여 '낮 주' 가 되고, 이것을 구체적으로 표현하여 그리니 '그림 화' (畵)가 된다. 이를 다시 칼을 대어 그으니 '그을 획(劃)' 으로 변화되어지는 글자이다.
- 擇 : 손(手)으로 그물(罒: 그물 망)에다 행운(幸: 다행 행)만을 가려 선택하여 담는다는 글자로 '가릴 택' 이다.
- 筆 : 대나무(竹)로 만든 붓을 손으로 잡고(聿) 있는 모양을 본뜬 것으로 '붓 필' 이다.

不問曲直(불문곡직) : 옳고 그른 것을 묻지 아니한다는 말.
不撤晝夜(불철주야) : 밤낮을 가리지 아니함.
不擇之筆(불택지필) : 명필가는 사용하는 붓 따위는 고르지 않고도 능란하게 쓸 수 있다는 말.

不	學	無	識	鵬	程	萬	里	非	夢	似	夢
一-3획	子-13획	火-8획	言-12획	鳥-8획	禾-7획	艸-9획	제부수	제부수	夕-11획	人-5획	夕-11획
아닐 불	배울 학	없을 무	알 식	붕새 붕	길 정	일만 만	마을 리 이수 리	아닐 비	꿈 몽	같을 사	꿈 몽
一丆不	𦥑 𦥑 學	ㄣ 𠂉 無	言 訁 識	月 朋 鵬	千 禾 程	艹 艹 萬	口 日 日	ノ ヺ 非	艹 莔 夢	ノ 仏 似	艹 莔 夢
不	學學學	無無	識識	鵬鵬	程程	萬萬	甲里	非	夢	似似似	夢

■ 학습 도우미

- **識** : 말(言)하여서 인식시키기를 서서(立) 날마다(日) 창(戈)을 들고 보초를 서 봐야 그 의미를 인식하여 알 수 있게 된다 하여 '알 식'이다.
- **鵬** : 새 조(鳥)는 다른 글자와 만나면 새라는 뜻을 나타내고 다른 글자가 주로 음을 나타내 준다. 따라서 새 조(鳥)가 벗 붕(朋)자를 만났으니 '붕새 붕'이 된 것이다.
  ※ 붕새란 상상의 새를 말한다.
- **程** : 벼(禾)를 수확하여 입구(口)에서부터 임(壬: '북방 임'이지만 왕으로 봐서)에게 가져가는 길을 나타낸 글자로 '길 정'이다.
- **里** : 밭(田)과 같은 토지(土)가 있는 곳은 사람들이 모여 마을이 된다 하여 '마을 리'라 읽으면 된다.
  ※ 쓰임
  ① 마을 리 – 里俗(이속) : 마을의 풍속.
  ② 이수 리 – 里數(리수) : 거리를 리(里) 단위로 센 수. 1리는 약 393m이다.
- **夢** : 풀밭(艹)에 갇힌(罒) 꿈은 이불을 덮고(冖) 저녁(夕)에 잘 때 꾼다 하여 '꿈 몽'이다.

不學無識(불학무식) : 배우지 못하여 아는 것이 없음을 뜻함.
鵬程萬里(붕정만리) : 붕새가 나는 거리는 만 리나 된다라는 말로 머나먼 노정(路程). ☞ 고사성어 p96
非夢似夢(비몽사몽) : 꿈인지 생시인지 알 수 없이 어렴풋한 상태.

悲	憤	慷	慨	非	一	非	再	貧	富	貴	賤
心-8획	心-12획	心-11획	心-11획	제부수	제부수	제부수	冂-4획	貝-4획	宀-9획	貝-5획	貝-8획
슬플 비	분할 분	강개할 강	슬퍼할 개	아닐 비	하나 일	아닐 비	두 재	가난할 빈	넉넉할 부	귀할 귀	천할 천

■ 학습 도우미

- 悲 : 아닐 비(非)와 마음 심(心)이 결합된 글자로 마음이 마음 같지 아니한 것은 슬픔이라는 글자로 '슬플 비'이다.
- 慷 : 마음 심(心)과 편안할 강(康)이 결합된 글자이다. 心에서 마음의 상태를, 康에서 소리를 취하여 '강개할 강'이 되었다.
- 貧 : 分과 貝가 결합된 글자로 재물(貝; 돈을 상징함)이 나뉘어져(分) 버려 가난해졌다 하여 '가난할 빈'이다.
- 富 : 갓머리(宀)와 '가득찰 복(畐)'자가 결합된 글자이다. 원래 (畐)은 술병에 술이 가득 찬 모양을 본뜬 글자인데 그 의미를 합쳐 생각하면 집안(宀)에 술이 가득 차고 넘쳐 넉넉하다라는 의미가 되므로 '넉넉할 부'가 된다.
- 賤 : 약자는 賎이다.

▶ 퀴즈로 익히기(정답은 77p에)

漢字 가운데 머슴(종)을 나타내는 글자는 어떤 글자일까요?

悲憤慷慨(비분강개) : 슬프고 분하여 마음이 북받침.
非一非再(비일비재) : 하나, 둘이 아니라 몹시 많음.
貧富貴賤(빈부귀천) : 가난함과 넉넉함. 지위의 높음과 낮음.

貧	賤	之	交	四	顧	無	親	四	苦	八	苦
貝-4획	貝-8획	ノ-3획	亠-4획	囗-2획	頁-12획	火-8획	見-9획	囗-2획	艸-5획	제부수	艸-5획
가난할 빈	천할 천	어조사 지	사귈 교	넉 사	돌아볼 고	없을 무	친할 친	넉 사	괴로울 고	여덟 팔	괴로울 고
八分分	貝貝賤	丶一丿之	一亠六交	丨口四	戶雇顧	一二無	立亲親	丨口四	十艹苦	ノ八	十艹苦
貧貧	賤賤賤	之	交交	四	顧顧	無無	親親	四	苦	八	苦
貧賤之交				四顧無親				四苦八苦			
貧賤之交				四顧無親				四苦八苦			

■ 학습 도우미

- 貧 : 分과 貝가 결합된 글자로 재물(貝; 돈을 상징함.)이 나뉘어져(分) 가난해졌으므로 '가난할 빈'이다.
- 賤 : 속자는 賎이다.
- 交 : 집안(亠)에서 서로 종아리를 교차하며 사귀는 모습(父)을 나타낸 글자이므로 '사귈 교'이다.
- 顧 : 외출을 하다가 집(戶: 집 호)에 기른 새(隹: 새 추)를 머리(頁: 머리 혈) 돌려 돌아본다 하여 '돌아볼 고'가 된다.
- 親 : 문턱(木)에 서서(立) 자녀가 돌아오기를 지켜보고(見) 있는 분은 어버이다 하여 '어버이 친', '친할 친' 자로 보면 된다.

▶ 퀴즈로의 답(76p 퀴즈의 답)

苦(괴로울 고)이다. 왜냐하면 이 글자는 예(古: 옛 고)로부터 등에 풀섶(艹)만 지고 있는 모양의 글자이다. 곧 이 같은 일은 종이 하는 것이므로.

貧賤之交(빈천지교) : 가난하고 천할 때 사귄 친구.
四顧無親(사고무친) : 사방을 둘러보아도 친척 하나 없다라는 말로 주변에 의지할 만한 데가 도무지 없음을 이르는 말.
四苦八苦(사고팔고) : 온갖 고통, 또는 심한 고통. 生老病死 + 愛別苦離

事	不	如	意	捨	生	取	義	私	淑	諸	人
丨-7획	一-3획	女-3획	心-9획	扌-8획	제부수	又-6획	羊-7획	禾-2획	水-8획	言-9획	제부수
일 사	아닐 불	같을 여	뜻 의	버릴 사	날 생	취할 취	옳을 의	사사로울 사	맑을 숙	모두 제	사람 인

■ 학습 도우미

- **意** : 마음(心)에 날마다(日) 뜻을 세우는(立) 일은 의미 있다는 글자로 '뜻 의'이다.
- **捨** : '버릴 사'이다. '버리다'는 의미로는 '舍'도 함께 쓰인다. '舍'는 본래 집을 나타내는 글자이다.
- **義** : 옛날 이스라엘 사람들은 사람의 죄를 대신하여 羊을 제물(祭物)로 하나님께 드리므로 자신이 의롭게 된다고 믿었다. 곧 자기 자신을 대신하여 드려진 양(羊)을 인하여 자신이 의롭게(옳게) 됨을 입었다는 것이다. 이러한 관점에서 보면 양(羊)을 드리면 나(我)는 의롭게 된다고 볼 수 있어 '옳을 의'가 된다.
- **私** : 禾(벼 화)+厶(사사로움을 나타낸 글자). 나에게 유리하도록 팔로 끌어들여 나의 이득을 취하는 모습이다. 그러므로 벼를 나에게만 끌어모은다 하여 '사사로울 사'가 된다.
- **淑** : 물(氵)이 상류(上)에서 조금씩(小) 흐르는 것을 손으로(又: 손으로 잡는 모습) 떠 보면 맑다는 글자 '맑을 숙'이다.

事不如意(사불여의) : 일이 뜻대로 되지 않음.
捨生取義(사생취의) : 목숨을 버리고 의를 취한다.
私淑諸人(사숙제인) : 직접 가르침을 받지 않았으나 마음 속으로 그 사람을 본받아서 배우거나 따름을 말함.

四	通	五	達	山	紫	水	明	殺	氣	騰	騰
口-2획	辶-7획	二-2획	辶-9획	제부수	糸-5획	제부수	日-4획	殳-7획	气-6획	馬-10획	馬-10획
넉 사	통할 통	다섯 오	이를 통달할 달	뫼 산	자주빛 자	물 수	밝을 명	죽일 살	기운 기	오를 등	오를 등
ㅣㄇ四	⺈甬角	一丁五	土寺幸達	ㅣ山山	⺊此紫	ㅣㅋ水	ㅁ日明	乂杀殺	⺊⺊气	月月勝騰	月月勝騰
四	通	五	幸達		紫	水	明	殺	気氣	騰騰騰	騰騰騰

■ 학습 도우미

- 達 : 열(十) 한(一) 마리의 양들이(羊) 풀밭에 이르기 위해 달려간다(辶)는 글자로 '이를 달' 이다.
- 殺 : 속자는 殺이다.
  ※ 쓰임
  ① 죽일 살 – 殺生(살생): 사람이나 짐승을 죽임.
  　　　　　　殺身成仁(살신성인): 자기 몸을 희생하여 인을 이룸.
  ② 감할 쇄 – 減殺(감쇄): 덜어서 없앰.
  ③ 빠를 쇄 – 殺到(쇄도): 한꺼번에 세차게 몰려 듦.
- 氣 : 약자로는 気를 쓴다.
- 騰 : 달밤(月)에 안장(关)을 말등(馬) 위에 얹어 올라탔다 하여 '오를 등'이 된다.

四通五達(사통오달) : 길이나 교통망 등이 사방으로 막힘 없이 통함.
山紫水明(산자수명) : 산은 붉고 물은 맑다는 뜻으로 산수의 경치가 퍽 아름다움을 이르는 말.
殺氣騰騰(살기등등) : 살벌한 기운이 얼굴에 잔뜩 올라 있음.

三	顧	草	廬	三	旬	九	食	三	人	成	虎
一-2획	頁-12획	艹-6획	广-16획	一-2획	日-2획	乙-1획	제부수	一-2획	제부수	戈-3획	虍-5획
석 삼	돌아볼 고	풀 초	오두막집 려	석 삼	열흘 순	아홉 구	먹을 식	석 삼	사람 인	이룰 성	범 호
一 二 三	户 戶 雇 顧 顧	艹 艼 苩 草	广 庐 庐 廬 廬 廬	一 二 三	勹 旬 旬	丿 九	人 今 食 食	一 二 三	丿 人	丿 厂 戎 成 成	卜 卢 虍 虎 虎

■ 학습 도우미

- 顧 : 외출을 하다가 집(戶: 집 호)에 기른 새(隹: 새 추)를 머리(頁: 머리 혈) 돌려 돌아본다 하여 '돌아볼 고'가 된다.
- 廬 : 집(广)에 검은 항아리(盧: 항아리 로) 하나만 덜렁 있는 초라한 집이라서 '오두막집 려'가 된다.
- 旬 : 勹이 열을 나타내는 십(十: 열 십)이 변하여 된 획으로 열을 나타내고, 日(일)이 날을 뜻하여 곧 10일이 된 것이다. 까닭에 '열흘 순'이다.
- 成 : 도끼 월(戉)과 고무래 정(丁)이 결합되어 만들어진 글자이다. 도끼며 고무래 같은 도구를 모두 완성, 이루었다는 글자로 '이룰 성'이다.

▶퀴즈로 익히기(정답은 81p에)
발(足)이 가장 좋아하는 漢字는 무엇일까요?

三顧草廬(삼고초려) : 훌륭한 인재를 맞아들이기 위하여 여러 번 찾아가서 예를 다하는 일을 말함. ☞ 고사성어 p96
三旬九食(삼순구식) : 30일간에 아홉 끼니밖에 먹지 못한다는 뜻으로 가세(家勢)가 지극히 가난함을 이르는 말.
三人成虎(삼인성호) : 세 사람이 '호랑이가 나타났다'고 하면 정말로 믿게 된다는 말로 근거 없는 말일지라도 여러 사람이 하게 되면 이를 믿게 된다는 말. ☞ 고사성어 p97

三	遷	之	敎	生	而	知	之	庶	政	刷	新
一-2획	辶-12획	丿-3획	攵-7획	제부수	제부수	矢-3획	丿-3획	广-8획	攵-11획	刂-6획	斤-9획
석 삼	옮길 천	어조사 지	가르칠 교	날 생	말이을 이	알 지	어조사 지	여러 서	정사 정	닦을 쇄 씻을 쇄	새 신

■ 학습 도우미

- 遷 : 서쪽(西)으로 큰(大) 짐을 지고 몸(巳)이 구부러지도록 옮겨간다(辶)는 글자 '옮길 천'이다.
- 知 : 화살(矢)을 가지고 과녁(口: 입을 과녁으로 보아)을 잘 알고 화살을 지금 쏜다하여 '알 지'라고 보면 된다.
- 庶 : 집안(广)에서 여럿이서(卄) 불을 지핀다(灬) 하여 '뭇 서'가 된다.
- 政 : 바를 정(正)과 칠 복(攵)이 결합된 글자이다. 이 글자는 바르게 다스리라고 자꾸 치고 견제하여야 바르게 한다는 것이 정치임을 나타낸 글자로 '정사 정'이다.
- 刷 : 주검(尸: 주검 시) 위에 수건(巾: 수건 건)을 달아, 칼(刂)을 들어 이름을 새긴다 하여 '새길 쇄', '닦을 쇄', '씻을 쇄'라고 한다.
- 新 : 서(立) 있는 나무(木)에 도끼질(斤: 도끼 근)을 하였더니 새 순이 나왔다로 '새 신'이다.

▶퀴즈로의 답(80p 퀴즈의 답)
  '新' 자이다. 언제나 새 신이니까.

三遷之敎(삼천지교) : 맹자의 어머니가 맹자의 교육을 위하여 세 번씩이나 집을 옮겼다는 고사에서 온 말로 교육에 대한 열정과 교육환경의 중요성을 가르치는 말. ☞ 고사성어 p97
生而知之(생이지지) : ①나면서부터 앎. ②배우지 않아도 스스로 깨달아 앎. ☞ 고사성어 p98
庶政刷新(서정쇄신) : 여러 정사를 깨끗이 씻어 새롭게 한다는 뜻으로 여러 정사(政事)에 있어서 묵은 것을 버리고 다시 새롭게 손질함을 이르는 말.

說	往	說	來	纖	纖	玉	手	歲	歲	年	年
言-7획	彳-5획	言-7획	人-6획	糸-17획	糸-17획	제부수	제부수	止-9획	止-9획	干-3획	干-3획
말씀 설	갈 왕	말씀 설	올 래	가늘 섬	가늘 섬	옥 옥	손 수	해 세	해 세	해 년	해 년

■ 학습 도우미

- 說 : 말(言)을 바꾸어(兌: 바꿀 태) 가며 설명하는 글자이므로 '말씀 설'이다.
- 來 : 약자는 来이다.
- 纖 : 실(糸)을 두 사람(人人)이 칼(戈: 창 과)을 가지고 가늘게(非) 찢으니 가는 섬유가 되므로 '가늘 섬'이다.
- 歲 : 흐르지 않고 그쳐 있기를(止: 그칠지) 작은(小) 개(戌)라도 바라는 것은 세월, 곧 나이임을 나타낸 글자로 '해 세', '나이 세'이다.
- 年 : 부수를 관심 있게 봐 두어야 할 漢字랍니다.

說往說來(설왕설래) : 서로 변론을 주고받으며 옥신각신함.
纖纖玉手(섬섬옥수) : 여자의 가냘프고 고운 손을 이름.
歲歲年年(세세년년) : 매년.

歲	寒	松	柏	逍	遙	吟	詠	送	舊	迎	新
止-9획	宀-9획	木-4획	木-5획	辶-7획	辶-10획	口-4획	言-5획	辶-6획	臼-12획	辶-4획	斤-9획
해 세	찰 한	소나무 송	잣나무 백	거닐 소	멀 요	읊을 음	읊을 영	보낼 송	옛 구	맞을 영	새 신

■ 학습 도우미

- **寒** : 집안이(宀) 하나(一)같이(共: 함께 공) 차가워(冫: 주로 차가움을 뜻하는 글자) 한기를 느낀다 하여 '찰 한'이라 보면 된다. ※ 세한(歲寒): 심한 추위, 혹은 겨울을 말함.
- **松** : 나무 목(木)과 공평할 공(公)이 결합된 글자로 木이 뜻을, 公이 음을 나타내어 '소나무 송'이 된 글자이다.
  ※ 公(공)은 사사로움을 나타내는 글자(厶: 팔로 물건을 끌어당기는 모습의 그림)에 八을 덮어 사사로이 하지 못하도록 위에서 눌러 막으므로 모두에게 공평하게 되었으므로 '공평할 공', '여러 공'자로 쓰이는 글자이다. 이는 다른 부수의 글자를 만나면 翁(늙은이 옹)자 계열을 제외하고는 '송'으로 읽는다.
  예) 訟(송사할 송), 頌(기릴 송)
- **遙** : 달밤(月)에 장군(缶: 장군 부)을 가지고 멀리 달아난다(辶) 하여 '멀 요'이다.
- **詠** : 말(言)을 길게 하여(永: 길 영) 읊는다 하여 '읊을 영'이 된다.
- **舊** : 우거진 풀 아래 새 한 마리(隹: 새 추)가 절구처럼 움푹한 곳(臼: 절구 구)에서 둥지를 트는 일은 옛날부터 구 모습 그대로이다 하여 '옛 구'라고 읽는다. 약자는 旧이다.

歲寒松柏(세한송백) : 혹독한 겨울에도 푸르름을 잃지 않는 소나무와 잣나무라는 말로 험한 역경 가운데에서도 절조(節操)를 굳게 지키는 사람을 비유한 말.
逍遙吟詠(소요음영) : 천천히 거닐면서 시를 읊음.
送舊迎新(송구영신) : 묵은 것을 보내고 새 것을 맞이함.

漱	石	枕	流	袖	手	傍	觀	誰	怨	誰	咎
水-11획	제부수	木-4획	水-6획	衣-5획	제부수	人-10획	見-18획	言-8획	心-5획	言-8획	口-5획
양치질할 수	돌 석	베개 침	흐를 류	소매 수	손 수	곁 방	볼 관	누구 수	원망할 원	누구 수	허물 구
氵汢汣 凍漱漱	一丆石 石	一十木 枕枕	氵氿汸 泸浐流	衤礻初 袖袖袖	一三手	亻伫倅 傍傍	艹芦雚 雚觀	言訁訐 訃誰	クタ処 怨怨	言訁訐 訃誰	ク夂処 咎咎

■ 학습 도우미

- 流 : 속자는 流이다.
- 傍 : 사람(人) 곁에 우뚝(产) 서 있어서 곁이라는 뜻이 되고 소리는 方이 소리글자여서 '곁 방'이 된다.
- 觀 : 황새(雚: 황새 관)가 먹이를 얻기 위하여 들여다보고(見) 있는 글자여서 '볼 관'자이다. 약자는 覌이다.
- 誰 : 새(隹: 새 추)와 말하는 사람은 누구인가 하여 '누구 수'가 된다.
- 怨 : 저녁마다(夕: 저녁 석) 무릎을 꿇고(㔾: '병부 절'자로 무릎을 꿇는 모습을 본뜬 글자) 공부하는 것을 마음(心)으로 원망한다 하여 '원망할 원'이다.
- 咎 : 오래(久: 오래 구) 같이 산 사람(人)은 허물을 말하게(口) 된다 하여 '허물 구'이다.

漱石枕流(수석침류) : 흐르는 물로 양치질을 하고 돌로 베게를 삼는다고 하여야 할 것을 잘못하여 돌로 양치질을 하고 흐르는 물로 베게를 삼는다고 하여 놓고 맞는 말이라고 억지로 우겨댄다는 뜻으로 억지를 잘 부리거나 억지가 센 것을 비유한 말이다.

袖手傍觀(수수방관) : 팔장을 끼고 곁에서 보고 있다는 뜻으로 응당 하여야 할 일에 아무런 간여도 하지 않고 그대로 버려 둠을 이르는 말이다.

誰怨誰咎(수원수구) : 누구를 원망하고 누구를 탓하겠는가?

守	株	待	兔	壽	則	多	辱	述	而	不	作
宀-3획	木-6획	彳-6획	儿-5획	士-13획	刀-7획	夕-3획	辰-3획	辶-5획	제부수	一-3획	人-5획
지킬 수	그루 주	기다릴 대	토끼 토	목숨 수	곧 즉	많을 다	욕될 욕	지을 술	말이을 이	아닐 부	지을 작
丶宀守	木朾株	彳彳待	刀兔	士声壽	冂目貝則	夕夕多	厂辰辱	十朮述	一丌而	一丆不	亻作作
守	株	待	兔	壽	則	多	辱	述	而	不	作

■ 학습 도우미

- 待 : 두 사람(彳: 두 사람 인)이 절(寺: 절 사)에서 사람을 기다려 대기한다는 글자로 '기다릴 대'이다.
- 兔 : 속자로는 '兎'를 쓴다.
- 壽 : 선비(士) 한(一) 사람과 공인(工) 한 사람(一)은 구 촌(口寸)간이 된다는 글자로 '목숨 수'이다.
- 則 : 쓰임 ① 곧 즉(~하면 곧 ~하다) 壽則多辱

  ② 법 칙

  · 規則(규칙): 국가나 어떤 단체에 속해 있는 사람의 행위, 또는 사무 절차 따위의 기준으로 정해 놓은 준칙.

  · 會則(회칙): 회의 규칙.
- 述 : 책을 쓰기 위해 창출(朮: 한약재료 출)을 지고 술술 걸어간다(辶: 걸어가다) 하여 '지을 술', '서술할 술'이다.

守株待兔(수주대토) : 융통성이 없고, 매우 어리석은 사람을 비유한 말. ☞ 고사성어 p99
壽則多辱(수즉다욕) : 쓸데없이 장수하면 수치(羞恥)가 되는 일이 많음을 이르는 말.
述而不作(술이부작) : 있었던 것을 논술할 뿐 새로이 지어내고 있는 것은 아님.

是	非	曲	直	尸	位	素	餐	始	終	如	一
日-5획	제부수	日-2획	目-3획	제부수	人-5획	糸-4획	食-7획	女-5획	糸-5획	女-3획	제부수
이 시	아닐 비	굽을 곡	곧을 직	주검 시	자리 위	흴 소	먹을 찬	비로소 시	마칠 종	같을 여	하나 일

■ 학습 도우미

- 曲 : 물건(口)이 쭈글쭈글(川) 굴곡이 진 것을 본뜬 글자로 '굽을 곡'이다.
- 直 : 가로와 세로(十)가 곧으며 직각(L)을 이루는 부분이 바른 각을 이루었나 눈(目)으로 살펴본 글자이므로 '곧을 직'이다.
- 尸 : 주검을 나타내며 또한 꽁무니를 나타내는 글자로도 쓰인다.
- 位 : 사람(人)이 서(立: 설 립) 있는 자리 위치를 나타내므로 '자리 위'이다.
- 始 : 여자(女)의 사사로움(厶)의 시작은 입(口)으로 부터 처음 시작된다는 글자로 '처음 시'이다.
- 終 : 실(糸)을 이용하여 하는 길쌈은 농사철이 오기 전인 겨울(冬: 겨울 동))에 종료해야 한다로 보면 '마칠 종'이라고 보면 된다.
- 如 : 여자들은(女) 남의 말을(口) 잘 따르고 말이 많다(?) 하여 '같을 여', '만일 여'이다.

是非曲直(시비곡직) : 옳고, 그르고, 굽고, 곧음. 즉 잘잘못을 말함.
尸位素餐(시위소찬) : 직무를 다하지 못하면서 자리만 차지하고 녹만 받아먹는 일. ☞ 고사성어 p99
始終如一(시종여일) : 처음부터 끝까지 변함없이 한결같음.

時	和	年	豊	信	賞	必	罰	身	言	書	判
日-7획	口-5획	干-3획	豆-11획	人-7획	貝-8획	心-1획	罒-2획	제부수	제부수	曰-6획	刀-5획
때 시	화할 화	해 년	풍년 풍	믿을 신	상줄 상	반드시 필	벌줄 벌	몸 신	말씀 언	글 서	판단할 판
日 昨 時	千 禾 和	千 丿 年	亠 드 年 曲 曹 豊	亻 亻 信 信	丶 尚 賞 賞	丶 丿 必 必	罒 罒 罰 罰	亻 亻 自 身	亠 言 言	ㄱ ㅋ 聿 書	丷 亠 半 判

■ 학습 도우미

- 和 : 쌀(禾)을 앞에 두고 식구(口)들이 모두 모였으니 먹을 것이 풍부해져서 화목하게 됨으로 인하여 '화할 화'가 되었다.
- 豊 : 豐의 약자이다. 이 글자의 본 모습은 콩(豆)이 잘 자라 콩깍지 속에 낱알이 잘 여물어서 풍성하게 된 모습을 그린 글자이다. 따라서 곡식이 풍성하게 된 모습을 나타낸 글자이므로 '풍성 풍'이다.
- 賞 : 숭상(尙: 높일, 숭상할 상)을 받을 만한 높은 사람이 상금(貝: 돈을 상징)으로 상을 베푼다 하여 '상줄 상'이다.
- 罰 : 말(言)을 칼(刀)처럼 날카롭게 하여 남을 괴롭히는 사람은 그물(罒: 그물 망)을 씌워 벌을 준다 하여 '벌줄 벌'이다.
- 身 : 본래는 임신한 여인의 몸을 본뜬 글자로 배가 부른 모습을 나타낸 글자이다. 따라서 '몸 신'이다.

▶ 퀴즈로 익히기(정답은 88p에)
  어촌의 모습을 漢字로 그린다면 어떻게 그릴까요?

時和年豊(시화년풍) : 나라 안이 태평하고 풍년이 듦.
信賞必罰(신상필벌) : 공로가 있는 자에게는 반드시 상을 주고, 죄과가 있는 자에게는 반드시 벌을 주는 일.
身言書判(신언서판) : 중국 당(唐)나라 때 관리를 뽑는 시험에서 인물을 평가하는 기준으로 삼았던 항목 곧 용모, 말씨, 글씨, 판단력을 말함.

神	出	鬼	沒	實	事	求	是	心	機	一	轉
示-5획	凵-3획	제부수	水-4획	宀-11획	亅-7획	水-2획	日-5획	제부수	木-12획	제부수	車-11획
귀신 신	날 출	귀신 귀	빠질 몰	열매 실	일 사	구할 구	옳을 시	마음 심	베틀 기	하나 일	구를 전
亍示和	丨屮中	宀血曲	氵汈沒	宀宀宙	一曰亊	一十才	口日旦	ノ心心	木樴樴	一	車軯轉
神	出出	鬼鬼	汋沒	宯實	写写事	求求	早是		樴樴機		轉轉轉

■ 학습 도우미

- 神 : 귀신에게 보이기 위하여(示) 제물을 쭉 펴둔(申: 펼 신) 모습의 글자로 '귀신 신'이다.
- 鬼 : 윗부분 甶은 귀신의 머리를 추상적으로 그린 그림이요, 밑에 儿은 사람처럼 서 있는 모습 이다. 오른쪽 厶는 사사로이 마음대로 그린 글자다라는 의미로 붙인 글자여서 이상하게 생긴 귀신의 모습을 표현한 글자로 '귀신 귀'이다.
- 是 : '옳을 시'는 다른 글자와 결합하면 대부분 '제'로 읽는다.
   예) 題: 제목 제. 提: 끌 제.   예외) 匙: 숟가락 시.
- 機 : 나무(木) 몇(幾: 몇 기) 개를 가지고 만든 기계여서 '기계 기', '몇 기'라고 읽는다.
   ※ 幾 : 작디(幺: 작을 요) 작은(幺) 창(戈)을 든 사람(人)이 몇 분 기다린다는 글자로 '몇 기'로 읽는다.
- 轉 : 수레바퀴(車)는 오로지(專: 오로지 전) 구르기만 하므로 '구를 전'이다.

▶ 퀴즈로의 답(87p 퀴즈의 답))
  實이다. 갓(宀)을 쓴 어머니(母)가 조개(貝)를 줍고 있는 모습은 어촌의 대표적인 풍경이기 때문 에. 약자는 '実'이다.

神出鬼沒(신출귀몰) : 귀신처럼 나타났다가 귀신처럼 사라짐. 곧 자유자재로 나타났다 사라졌다 함. ☞ 고사성어 p99
實事求是(실사구시) : 사실에 토대하여 진리를 탐구함.
心機一轉(심기일전) : 어떤 동기에 의해 지금까지 먹었던 마음을 뒤집듯이 완전히 바꿈.

확인해 보세요.(2-3)

* 앞에서 학습한 한자어들에 대한 학습 결과를 점검하는 곳입니다. 답을 제대로 하지 못했다면 앞으로 돌아가 다시 학습하십시오.

1. 다음 제시된 고사성어와 주인공이 같은 한자성어는?

> 孟母三遷

① 生而知之   ② 送舊迎新   ③ 斷機之戒   ④ 歲歲年年   ⑤ 袖手傍觀

※ 다음 단어의 ( )에 들어갈 알맞은 한자를 보기에서 골라 쓰시오.(2~7)

> 보기
> 一   沒   來   義   賤   罰

2. 信賞必( )

3. 始終如( )

4. 神出鬼( )

5. 說往說( )

6. 捨生取( )

7. 貧富貴( )

※ 다음에 제시된 한자어들의 독음을 쓰시오.(8~13)

8. 殺氣騰騰

9. 庶政刷新

10. 纖纖玉手

11. 誰怨誰咎

12. 身言書判

13. 時和年豊

※ 다음 문제에서 제시된 낱말들과 관련된 한자어를 보기에서 골라 쓰시오.(14~15)

> 보기
> 守株待兔   三顧草廬

14. 유비(劉備), 제갈공명(諸葛孔明), 초가집, 인재를 얻기 위한 노력.

15. 송(宋)나라의 어떤 농부, 밭갈이, 그루터기, 토끼, 어리석음, 융통성이 없음.

16. 다음 단어의 (　)에 공통으로 들어갈 한자를 쓰시오

　　是非曲(　　)　　不問曲(　　)

※ 다음 중 한자어의 의미가 나머지와 다른 하나는?(17~18)

17.
① 三旬九食　② 弊衣破笠　③ 簞食瓢飮　④ 敝衣破冠　⑤ 四苦八苦

18.
① 百害無益　② 不學無識　③ 目不識丁　④ 魚魯不辨　⑤ 一字無識

※ 다음 제시된 한자어의 뜻을 쓰시오.(19~23)

19. 實事求是:

20. 逍遙吟詠:

21. 歲寒松柏:

22. 心機一轉:

23. 私淑諸人:

※ 다음 제시된 뜻의 단어를 보기에서 골라 쓰시오.(24~28)

> **보기**
>
> 附和雷同　　北窓三友　　病入膏肓　　白面書生　　不俱戴天

24. 병이 몸 속 깊이 들어 고치기 어렵게 되었음을 이르는 말.

25. 글만을 읽어서 세상일에 경험이 없는 사람을 이르는 말.

26. 자기 주관이 없이 남이 하는 대로 따라하는 행동.

27. 거문고와 술과 시를 말함.

28. 그냥 둘 수 없을 만큼 원한이 깊이 사무친 원수 사이.

29. 다음 밑줄 친 부분과 의미를 지니고 있는 한자성어는?

> 우리 나라에 한(漢)의 군현(郡縣)이 설치되면서 중국의 한자(漢字) 문명이 막강한 영향력을 끼치기 시작한 이래 우리 나라 안에서 한자(漢字)가 정착되어 광범위하게 통용된 결과, 우리말은 점점 한자어(漢字語)에 밀려났으며, 결국 고유(固有)한 우리말은 발전보다는 점차 위축되는 길을 걷게 되었다.
> 한글이 창제된 이후에도 예부터 사용되어 오던 정다운 우리말 가운데 한자어(漢字語)에 밀려 자취를 감춘 것이 <u>한둘이 아니다</u>. '뫼, 가람' 같은 우리말 대신에 한자어 '산, 강'이 그 자리를 차지한 것을 대표적인 예로 흔히 들거니와, 이 밖에도 많은 예를 더 들 수 있다.

① 非一非再　　② 私淑諸人　　③ 殺氣騰騰　　④ 庶政刷新　　⑤ 魚魯不辨

정답(2-3)

1. ③　　2. 罰　　3. 一　　4. 沒　　5. 來
6. 義　　7. 賤　　8. 살기등등　　9. 서정쇄신　　10. 섬섬옥수
11. 수원수구　　12. 신언서판　　13. 시화년풍　　14. 三顧草廬　　15. 守株待兔
16. 直　　17. ⑤　　18. ①
19. 사실에 토대하여 진리를 탐구함.
20. 천천히 거닐면서 시를 읊음.
21. 소나무와 잣나무의 푸른 기상은 겨울이 되어야 안다는 뜻으로 志士의 훌륭한 뜻과 기상은 나라가 어려울 때에 알게 된다는 말.
22. 어떤 동기에 의해 지금까지 먹었던 마음을 뒤집듯이 홱 바꿈.
23. 직접 가르침을 받지 않았으나 마음 속으로 그 사람을 본받아서 배우거나 따름을 말함.
24. 病入膏肓　　25. 白面書生　　26. 附和雷同　　27. 北窓三友　　28. 不俱戴天
29. ①

拔本塞源 (발본색원)

〈春秋左氏傳(춘추좌씨전)〉 소공(昭公) 9년 조항 중 주왕(周王)의 말 가운데 나오는 내용이다.

"나라에 큰아버지가 계신 것은 마치 의복에 갓과 면류관이 있는 것과 같고, 나무에게 있어서 근본이 있는 것과 물에 있어서 근원이 있는 것과 같고, 또한 백성들에게서 보면 지혜로운 임금이 있는 것과 같다고 할 수 있습니다.
만일 큰아버지께서 갓을 찢고 면류관을 부수고, 또한 근본을 뽑아버리고 근원을 막고, 지혜로운 임금을 버리신다면 비록 오랑캐라 할지라도 그 남음이 어찌 한 사람이라도 있겠습니까?"

여기서 유래한 말로 어떤 폐단에 있어서 그 일의 근본을 뽑고 근원을 막는다는 의미로 사용된다.

傍若無人 (방약무인)

이 말은 사마천(司馬遷)의 〈사기〉의 '자객열전(刺客列傳)'에 나오는 형가(荊軻)라는 사람의 생활 모습을 묘사하는 데서 나온 말이다.

형가는 위(衛)나라 사람으로 술과 글과 무술을 좋아한 사람이었다. 그는 비록 위나라에서 뛰어난 사람이었지만 위나라에서 등용되지 못하여 여러 나라를 유람하면서 살아가는 떠돌이였다. 그는 여러 나라 곳곳에서 현자들과 혹은 호걸들을 만나 노래하고 즐기며 살게 되었는데 특히 연나라에 가서는 개를 잡는 사람들과 거리에서 술을 마시고, 또 축(筑:대나무로 만든 악기의 일종)이라는 악기를 잘 연주하는 고점리(高漸離)라는 사람과 몹시 좋게 지내게 되었는데 이들은 술에 취하면 고점리(高漸離)는 축(筑)을 연주하고 형가(荊軻)는 노래를 불러 즐겁게 지내어 마치 가까이에 사람이 없는 것같이 함부로 무례하게 놀았다고 묘사하는 부분에서 유래한 단어이다.

따라서 방약무인(傍若無人)이라는 말은 곁에 사람이 없는 것처럼 제멋대로 행동함을 이르는 말이다.

百年河淸 (백년하청)

춘추시대 중반 정(鄭)나라는 초(楚)나라의 침입을 목전에 두고 있었다. 앞서 정나라는 초나라의 속국인 채(蔡)나라를 공격했는데 이를 빌미로 초나라가 보복해 온 것이었다. 조정에서는 대책을 논의했다.

초나라에 항복하여 국가를 보존하자는 입장과 진(晉)나라의 원군(援軍)을 기다리며 싸우자는 입장이 팽팽히 맞섰다.

이 때에 대부였던 자사(子駟)가 다음과 같이 말했다.

"주나라의 시에 '황하의 흐린 물이 맑아지기를 기다린다 해도 인간의 수명이 얼마나 되는가? 점을 쳐서 들어보는 것이 많으면 어수선해져서 그 점괘의 그물에 걸려 꼼짝할 수도

고사성어 유래설명

없게 된다.'라는 구절이 있습니다. 계책이 많으면 많을수록 목적을 달성하는 데 무익할 뿐입니다. 우선 초나라에 복종하여 백성들을 편안하게 해줍시다. 만약 진나라의 군사가 오면 또 그들에게 복종하면 됩니다."

이에 자전이라는 대부가 진나라를 배신할 수 없다며 끝까지 반대했지만 결국 중신들의 의견이 초나라에 항복하자는 쪽으로 기울어 초나라와 화친을 맺고 전쟁을 피할 수 있었다.

위의 고사에서 유래된 말로 곧 황하(黃河)의 물이 백 년에 한 번 맑아질까 말까 함을 나타내어 곧, 아무리 오래 기다려도 어떤 일이 이루어지기 어려움을 비유하는 말이다.

白面書生 (백면서생)

이 말은 〈송서(宋書)〉 '심경지전(沈慶之傳)'에 나오는 말이다.

남북조(南北朝)시대의 일이다. 남조(南朝)의 제일 왕조(王朝)인 송(宋)나라의 문제(文帝)와 북조(北朝)의 제일 왕조(王朝)인 북위(北魏)의 태무제(太武帝)는 젊은 나이에 즉위한 후, 서로 싸우고 때로는 화의(和議)하면서 대립을 계속했다.

원가(元嘉) 26년에 북위(北魏)는 군대(軍隊)를 일으켜 유연(柔然)을 공격했다. 이듬해에 송(宋)나라의 문제(文帝)는 이 때가 북위(北魏)를 토벌할 절호의 기회라고 보고 귀족들의 찬성을 얻어 군대를 일으키려 했다.

심경지(沈慶之: 남북조시대의 남조사람인 宋나라 문제(汶帝) 때 사람으로서 오(吳) 땅에 살았음.)는 어느 날 문제가 문신(文臣)들을 불러 놓고, 북위(北魏)를 치는 방법을 의논하자 그는 아직 출병할 때가 아니라고 하면서 이렇게 말했다.

"폐하, 가정사에서도 밭갈이는 농부에게 맡기고 베 짜는 일은 하녀들에게 물어야 하는 법입니다. 마찬가지로 국가의 대사는 전문가에게 맡기셔야 합니다. 그런데 폐하께서는 나라를 보존하려 하시면서 '백면서생(白面書生)'들과 의논하시니 어떻게 목적을 달성할 수 있겠습니까?"

그러나 이 같은 간청에도 불구하고 문제는 간언을 거절하고 출병하자 북위의 군대가 양자강에까지 쳐들어와 송나라는 대혼란에 빠져 대패하고 말았다.

백면서생(白面書生)이라는 말은 곧 얼굴이 하얀 젊은이 서생(書生), 오로지 글만 읽을 줄 알지 세상 물정에는 전혀 경험이 없는 사람을 이르는 말이다

病入膏肓 (병입고황)

이 말은 춘추좌씨전(春秋左氏傳) 성공(成功) 십 년(十年)에 실려 전하는 말이다.

주(周)나라 간왕(簡王) 5년에 진(晉)나라의 경공(景公)은 병상에 눕게 되었는데 자주 희한한 꿈을 꾸게 되었다.

경공(景公)의 병(病)이 점점 깊어지자 경공(景公)은 진(秦)나라에 사자(使者)를 보내어

명의(名醫)인 고완(高緩)에게 진찰을 의뢰했다. 고완(高緩)이 도착하기 전에 경공(景公)은 또 꿈을 꾸게 되었는데 그에게 든 병(病)은 두 사람의 어린이가 되어 이야기를 하고 있는 꿈이었다.

"고완(高緩) 그 사람이 명의(名醫)라고, 이거 우리가 다치겠는걸. 어디로 도망칠까?"

그러자 다른 병(病) 어린이가 말했다.

"명치의 위, 심장의 아래에 있으면 어떻게도 하지 못할 거라구."

이윽고 고완(高緩)이 와서 병을 살핀 후 이렇게 말했다.

"왕의 병은 치료할 수가 없습니다. 병환이 명치의 위, 심장 아래에 있으므로 이는 치료하기 어려운 병입니다. 침을 놓아도 닿지 않고 약을 드셔도 들어가지 못합니다. 어떻게 손을 쓸 수가 없습니다."

이 일이 있은 후 경공은 고완을 명의(名醫)라 하고 상(賞)을 후하게 주어 돌아가게 했다는 고사에서 유래된 말로 병이 몸 속 깊은 데 들어 고치기가 어렵게 되었다는 말이다.

焚書坑儒 (분서갱유)

이 말은 〈한서(漢書)〉 '혜제기(惠帝記)', 〈사기〉 '진시황본기(秦始皇本紀)'에 나오는 말이다.

진나라 시황제가 즉위한 지 34년에 함양군(涵養郡)에 신하를 모아 주연을 베풀었다. 이 자리에는 많은 신하들이 황제의 업적을 기리고 찬양하는 자리였는데, 여기에서 정승 이사(李斯)가 다음과 같이 말했다.

"지금은 천하가 통일되어 법령이 한 길로 나와 이것을 범하는 자가 없으며 백성들은 집에서 농사일에 힘쓰고 있습니다. 그런데 여러 학자들은 지금을 스승으로 삼지 않고 옛날을 배워 가지고 현대의 정치를 비방하여 백성들을 당황하게 하고 있습니다. 지금 자기가 배운 것으로써 서로 모여 법령를 배척하는 자들은 법령이 내려온 것을 들으면 각자의 입장에서 이를 마음 속으로 혹은 길거리에서 비판하는 것을 자랑으로 삼습니다. 그러니 정치에 대한 일체의 논의를 엄금시켜야 하며, 더 나아가 유교의 경전(經典)을 포함한 민간인의 정치성을 띤 모든 서적을 몰수하여 불태워야 합니다."

진시황은 이 건의를 받아들여 협서율(狹書律)을 반포함으로써 〈진기(秦記)〉 이외의 〈열국사기(列國史記)〉와 박사관(博士官)에 속하지 않고 개인 소유로 되어 있는 〈시경(詩經)〉, 〈서경(書經)〉 등도 지방관에게 제출하여 불태워버릴 것 등을 명령했다. 책을 모두 태우라는 이 명령은 단 30일 이내를 기한하였으므로 명령이 내려진 후 한 달만에 정부를 제외하고는 어떤 사람도 금서(禁書)를 소장하거나 연구, 토론할 수 없게 되었다.

이 때에 의약(醫藥), 복서(卜筮), 농경에 관한 서적은 소각을 면할 수 있었다. 이것이 '분서(焚書)' 사건인데, 이 협서율은 한대(漢代) 혜제(惠帝)가 철폐할 때까지 계속되었다.

갱유(坑儒) 사건은 그 이듬해인 35년에 일어났다. 시황제는 불로장생을 꿈꾸어 신선술(神仙術)에 능한 방사(方士)를 사랑했다.

그가 총애하였던 방사(方士)는 후생(後生), 노생(盧生)이었는데 이들의 재주로 효험이 나타날 경우에는 그 대접이 대단했으나 그렇지 못할 경우에는 위험도 컸다. 때문에 이들은 시황제의 행위에 대해 불만을 품고 재물을 챙겨 이역으로 도망가 버렸다. 그 외의 다른 방사와 유생들도 조정을 비난하고 분서를 공박하자 진시황은 진노하였다.

그의 명령에 따라 방사와 유생들을 소환하여 엄하게 문초하였고, 그중 정부의 일을 비난하는 등 법령을 어겼다는 죄목으로 460여 명을 체포해 함양(咸陽)에 굴을 파고 산 채로 묻어 버렸다. 이 때 묻힌 이들은 거의가 유학자였으므로 이 사건을 갱유(坑儒)라고 한다.

분서갱유(焚書坑儒)는 책을 불사르고 선비를 산 채로 구덩이에 파묻어 죽였다는 말로 전국시대(戰國時代)를 끝내고 천하를 통일한 진(秦)나라 시황제(始皇帝)가 행한 학문 탄압 사건을 말한다.

鵬程萬里 (붕정만리)

이 말은 〈장자(莊子)〉 '소요유편(逍遙遊篇)' 첫머리에 나온다.

'북쪽 바다에는 곤(鯤)이라는 이름의 큰 물고기가 살고 있다. 곤(鯤)의 크기는 몇천 리가 되는지 알지 못하지만 이 곤(鯤)이 화(化)하여서 새가 되는데 이를 붕(鵬)새라 한다.

붕새의 등은 몇천 리인지 모를 만큼 크다. 이 붕새가 한 번 날개를 쳐서 솟아 오르면 그 날개는 하늘을 구름처럼 덮어버리고, 바다가 출렁거릴 큰 바람이 일어나는데, 단번에 북해 끝에서 남쪽 바다로 날아간다. 제해(濟諧)라는 사람이 세상의 신기한 일을 적어 놓았는데 여기에 의하면, 붕새가 남쪽 바다로 옮김에 바닷물을 차올리는데 3천 리나 되고, 회오리 바람을 타고 올라 9만 리를 여섯 달 동안 쉬지 않고 난 후에야 비로소 그 날개를 한 번 접고 쉰다고 한다.'

붕정만리(鵬程萬里)는 앞길이 매우 멀고도 큼을 이르는 말로 큰 계획을 세우거나 혹은 큰 사업을 계획하는 것을 이른다.

'붕거(鵬擧: 붕새의 차고 일어남.)'라는 것은 크게 분발하여 어떤 일을 하려는 기세를 비유한 말이며, '붕도(鵬圖: 붕새의 도모)'는 웅대한 계획이나 포부를 의미한다.

三顧草廬 (삼고초려)

이 말은 〈삼국지(三國志)〉 '촉지(蜀志)' 제갈량전(諸葛亮傳)에 나온다.

후한(後漢) 말 현덕(玄德) 유비(劉備)는 관우(關羽: 자는 雲長), 장비(張飛: 자는 益德)와 의형제를 맺고, 조조에게 맞서기 위해 군대를 조직했다.

그러던 중 유비는 어느 날 서서(徐庶)라는 사람의 방문을 받았다. 그는 유비에게 다음과 같은 권유를 했다.

"제갈공명은 '와룡(臥龍: 누워 있는 용)'과 같습니다. 장군께서 그를 한번 만나보시지요."

"그런가? 그렇다면 당신이 한번 같이 데리고 와 주시오."

고사성어 유래설명

인재에 목말라 하던 유비는 귀가 번쩍 트여 이렇게 말했으나, 서서(徐庶)는 고개를 저었다.

"그 사람은 가서 만나볼 수는 있겠지만, 불러들일 수는 없을 겁니다. 장군께서 몸소 찾아가시지요."

이에 유비는 당장에 예물을 가지고 제갈공명의 초가집을 찾아갔다. 그러나 제갈공명은 마침 집에 없었다.

며칠 후 유비는 다시 찾아갔으나, 역시 제갈공명은 집에 없었다. 무례하다고 불평하는 관우와 장비의 만류에도 불구하고 유비는 다시 세 번째로 제갈공명의 초가집에 찾아갔다.

제갈공명은 유비의 열의에 감동하여 마침내 군사가 되기를 승낙하였다. 이후로 제갈공명은 과연 기대대로 적벽대전(赤壁大戰)에서 조조의 100만 대군을 격파하는 등 수많은 전공을 세웠으며, 그의 지모(智謀)와 용맹, 충성심의 활약은 역사상 길이 빛나는 대단한 것이었다.

삼고초려(三顧草廬)라는 말은 초가집을 세 번 찾아갔다는 말로 사람을 맞이함에 있어 진심으로 정성을 다하는 것을 비유한 말이다.

三人成虎 (삼인성호)

전국시대(戰國時代) 위(魏)나라 혜왕(惠王) 때에 방총(龐蔥)이라는 신하가 태자(太子)와 함께 인질로 조(趙)나라의 수도 한단(邯鄲)에 가게 되었을 때였다.

방총이 혜왕(惠王)에게 아뢰기를,

"지금 누가 '저자에 호랑이가 나왔다'고 말씀드리면 왕께서는 그 말을 믿으시겠습니까?"

라고 하자 왕이 말했다.

"아니다."

"두 번째 사람이 '저자에 호랑이가 나왔다'고 말씀드리면 왕께서 믿으시겠습니까?"

"반신반의할 것이다."

"세 번째 사람이 '저자에 호랑이가 나왔다'고 말씀드리면, 왕께서 믿으시겠나이까?"

"그것은 믿을 것이다."

"처음부터 시장에 호랑이가 나온다는 것은 있을 수 없는 일입니다. 그러나 세 사람씩이나 같은 말을 하면 저자에 틀림없이 호랑이가 나온 것이 됩니다.

저는 지금 한단(邯鄲)으로 갑니다. 제가 떠난 뒤 저에 대하여 이러쿵저러쿵 말을 하는 사람이 아마도 세 사람 정도만 아닐 것입니다. 왕이시여, 부디 귀를 기울이지 마십시오."

"안심하라 나는 내 자신의 눈밖에는 믿지 않으니까."

이렇게 하여 혜왕(惠王)과 헤어지자마자 왕에게 참언하는 자가 나타났다.

후일 인질에서 풀려 귀국한 것은 태자(太子) 뿐이고 방총(龐蔥)은 혜왕(惠王)의 의심을 받아 위(魏)나라로 돌아오지 못하고 말았다.

삼인성호(三人成虎)라는 말은 근거 없는 말일지라도 여러 사람이 말을 하게 되면 믿어지게 된다는 말로 사용되어진다.

三遷之敎 (삼천지교)

〈열녀전(烈女傳)〉 '모의전(母儀傳)' 등에 전하는 내용이다.

고사성어 유래설명

　맹자(孟子)는 일찍 아버지를 여의고 홀어머니 손에서 엄격한 훈도를 받으며 자랐다.
　맹자(孟子)의 어머니는 처음에 묘지의 근처의 집에서 살고 있었는데, 어린 맹자가 놀 때면 늘 일꾼들이 묘지를 파는 모습을 보고 그것만을 흉내내며 놀았다. 그러자 맹자의 어머니는 이래서는 안 되겠다고 생각하고, 이번에는 시장 근처로 이사를 가 살게 되었다. 그러자 이번에는 물건을 파는 장사꾼들의 모습을 보고는 그것을 흉내내며 노는 것이었다. 이 곳도 자기 아들에게 좋은 환경이 아니라고 생각한 맹자의 어머니는 세 번째로 서당 근처로 옮겼다.
　이 곳에 와서야 맹자는 글공부하는 흉내를 내고, 또 서당에서 가르치는 대로 제구(祭具)를 늘어놓고 제사를 지내는 예(禮)를 흉내내며 놀았다. 맹자의 어머니는 이 곳이야말로 자식을 기르기에 더 없이 좋은 곳이라는 것을 깨닫고는 비로소 안심하고 기뻐했다고 한다.
　맹자의 어머니가 자식의 교육을 위해서 세 번씩이나 이사 다녔다는 이 일로 인해 생겨난 고사가 바로 삼천지교(三遷之敎)이다. '맹모삼천지교(孟母三遷之敎)'라고도 한다.

生而知之 (생이지지)

　〈중용(中庸)〉 20장에는 다음과 같은 말이 있다.
　"혹은 태어나면서부터 이것(道)을 알고, 혹은 배워서 이것을 알고, 혹은 곤궁하여 이것을 아는데, 그 앎이라는 것에 미쳐서는 똑같다. 혹은 편안히 여겨 이것을 행하고, 혹은 이롭다고 여겨 이것을 행하고, 혹은 억지로 힘써 이것을 행하지만, 그 성공하는 데 미쳐서는 똑같은 것이다."
　(或生而知之 或學而知之 或困而知之 及其知之一也 或安而行之 或利而行之 及其成功一也)
　생이지지(生而知之)라는 말은 나면서부터 안다라는 말로 곧, 태어나면서부터 도(道)를 아는 성인(聖人)의 경지를 표현한 말이다.
　좀 더 자세히 설명하자면 이는 지(知)와 행(行)에 있어서 인물의 차등이 있다는 것을 말한다. 곧, 사람에게는 태어나면서부터 세상의 이치를 꿰고 나온 사람이 있기도 하고, 배워서 알게 되는 사람이 있기도 하고, 어렵게 힘쓴 뒤에야 아는 사람이 있기도 하다는 것이다.
　그러나 그 깨달음이라는 것에 도달하고 나면 그때는 똑같다는 것이다. 각각 다른 도리, 다른 이치를 깨달은 것이 아니라, 모두 한 가지로 깨닫게 된다는 것이다.
　또한 앎을 실천하는 데 있어서도 상등(上等)의 사람은 앎과 행동이 편안히 이루어지지만, 혹은 그렇지도 못하고 실천이 이롭다고 생각하여 그렇게 행하는 사람도 있고, 혹은 억지로 그렇다고 생각하여 그렇게 행하는 사람도 있다. 그러나 어떤 길을 택했건 그 성공한 결과에 이르고 보면 그 공은 다 같은 것이 된다. 그러므로 자질이나 방법에 따라 힘이 들고 덜 들고의 차이는 있을지언정 수량의 결과로 얻는 것은 모두 같은 것이라는 말이다.
　이 구절에서 강조되는 것은 '자질에 있어서 차등이 있음'이 아니라, 바로 그 '결과의 같음'이다. 곧, 어떤 경로를 통하든지 간에 완성 단계에 있어서는 모두가 동일한 성취를 얻는다는 것을 강조하려는 것이다.
지금에 와서는 나면서부터 안다, 혹은 배우지 않아도 스스로 깨달아 안다는 뜻으로 사용된다.

守株待兎(수주대토)

옛날 송나라에 한 농부가 살고 있었다. 어느 날 이 농부는 여느 때와 마찬가지로 밭에 나가 밭을 갈고 있었는데 갑자기 어디선가 토끼 한 마리가 황급히 뛰어나와 달려가다가 밭가에 있는 나무 그루터기에 부딪혀 목이 부러져 죽었다.
농부는 쟁기를 버리고 재빨리 달려가 토끼를 얻게 되었다. 그러자 이 날부터 농부는 밭가는 일을 포기한 채 한결같이 그루터기를 지키고 앉아서 또 다시 토끼가 나타나 부딪혀 죽기를 기다렸다. 하지만 토끼는 얻지 못하고 도리어 송나라 사람들의 웃음거리가 되었다는 고사에서 유래한 말이다.
이는 융통성이 없고, 매우 어리석게 한 가지만을 내내 고집함을 이르는 말이다.

尸位素餐(시위소찬)

옛날 중국에서는 조상에게 제사를 지낼 때에 조상의 혈통을 이은 어린아이를 조상의 신위에 앉혀 놓고 제사를 지냈다고 한다. 이 때에 신위에 앉힌 어린아이를 시동(尸童)이라 했는데 시위소찬(尸位素餐)에서 시(尸)는 바로 이 시동을 말한다. 곧 시위(尸位)는 이 시동이 앉았던 자리를 말한 것으로 아무것도 모르면서, 혹은 아무 하는 일도 없으면서 그 자리에 앉아 있는 것을 말한다. 소찬(素餐)은 하는 일 없이 공짜로 먹는다는 말이다. 그러므로 시위소찬(尸位素餐)은 아무 하는 일 없이 직위만 가진 채 공짜로 녹(祿)만 받는 것을 말한다.

神出鬼沒(신출귀몰)

이 말은 전한(前漢)의 회남왕(淮南王) 유안(劉安)이 엮은 〈회남자(淮南子)〉의 '병략훈(兵略訓)'에서 전략론(戰略論)에 대하여 언급하는 내용 중에 나오는 말이다.

"아군의 계략과 진치는 일 그리고 군대의 세력과 병기들을 적군이 파악하고 대책을 세울 수 있는 용병이라면 이는 좋은 술책이 되지 못한다. 적을 속일 수 있는 훌륭한 병법(兵法)은 신(神)이 나타나고 귀신(鬼神)이 돌아다니는 것처럼 별과 같이 빛나고 하늘과 같이 운행하는 것이다. 그래서 그 모습은 전진(前進)과 퇴각(退却) 그리고 굽히고, 펴는 것이 아무런 기미도 없고, 모양도 나타나지 않는 것이라 할 수 있다."
여기에서 유래된 말로 귀신처럼 자유자재로 나타났다, 사라졌다 함을 이르는 말이다.

深	深	藏	之	十	匙	一	飯	阿	鼻	叫	喚
心-8획	心-8획	艸-14획	丿-3획	제부수	匕-9획	제부수	食-4획	阝-5획	제부수	口-2획	口-9획
깊을 심	깊을 심	감출 장	어조사 지	열 십	숟가락 시	하나 일	밥 반	아첨할 아	코 비	부르짖을 규	부를 환
氵汙深	氵汙深	艹萨萨	丶亠之	十	日是是	一	人슥슥	阝阝阿	宀自鼻	丨口叫	口吶喚
深	深	萨藏	之		匙		슥飯	阿阿	昌鼻	叫	喚

■ 학습 도우미

- 深 : 물(氵)은 깊은 동굴(宀)과 나무(木)가 있는 깊은 산속에서 시작되어짐을 나타내는 글자 '깊을 심'이다.
- 藏 : 풀(艹)로 덮고 장수(爿: 장수 장)와 신하(臣)가 창(戈: 창 과)을 들고 감추어 둔 것을 지키는 글자여서 '감출 장'이다.
- 匙 : '옳을 시'(是)와 '숟가락 비'(匕)가 결합된 글자로 '숟가락 시'이다.
- 飯 : 食은 다른 글자와 결합하면, 주로 뜻을 나타내어 밥, 혹은 먹을 것을 의미한다. 여기에서도 밥이라는 의미를 나타내고, 소리는 反(도리어 반, 반대 반)이 소리가 되어 '밥 반'이 되는 글자이다.
- 鼻 : 코의 모습을 본뜬 글자이다.

▶ 퀴즈로 익히기(정답은 101p에)
  소(牛) 중에 꼬리 둘 달린 소를 漢字로는 어떻게 쓸까요?

深深藏之(심심장지) : 물건을 깊이 깊이 감추어 둠.
十匙一飯(십시일반) : 열 사람이 밥 한 술씩을 보태면 한 사람의 몫이 된다는 뜻으로 곧 여러 사람이 힘을 합하면 한 사람 돕기는 쉽다는 말.
阿鼻叫喚(아비규환) : 극악한 죄를 저지른 자가 아비지옥에 떨어져서 혹독한 고통을 견디지 못하여 울부짖는다는 뜻으로 참혹한 고통 가운데서 살려 달라고 울부짖는 상태를 이르는 말.

啞	然	失	色	梁	上	君	子	揚	揚	自	得
口-8획	火-8획	大-2획	제부수	木-7획	一-2획	口-4획	제부수	扌-9획	扌-9획	제부수	彳-8획
벙어리 아	그럴 연	잃을 실	빛 색	들보 양	위 상	임금 군	아들 자	날릴 양	날릴 양	스스로 자	얻을 득
口ㅁ啞啞	ㄅㄆ然	ㅡㄴ失	ㄅㄅ色	ㄱ㓁梁	丨卜上	ㄱ尹君	ㄱ了子	扌扌押揚	扌扌押揚	亻冂自	彳彳得
啞啞啞	然然	失	色色	梁梁		君		押揚揚	押揚揚	自	得

■ 학습 도우미

- 然 : 달(月)밤에 개고기(犬)를 불(灬)에 삶아 먹으면 맛이 좋다(?)는 글자로 '그럴 연'이다. 然은 '그러하다', '옳다'의 뜻으로, 혹은 접속사로 '그러면', '그러나'의 뜻으로 쓰인다. 또한 상태를 나타내는 접미사로도 쓰인다.
  예) 浩然: 넓고 큰 모양. 泰然: 태도나 기색이 아무렇지도 않고 예사로움.
- 梁 : 다른 모양으로 쓸 때는 樑으로도 쓴다.
  ※ 쓰임 ① 들보 량 : 梁上君子 – 도둑을 이르는 말. ② 다리 량 : 橋梁 – 다리
- 君 : 君은 벼슬을 나타내는 '벼슬아치 윤'(尹)과 사람을 나타내는 '입 구'(口)가 결합하여 인구를 다스리는 벼슬아치를 이르는 글자가 되었다. 따라서 임금을 나타내는 글자이다. 이는 소리를 지닌 글자여서 다른 글자와 결합하여도 언제나 '군'으로 읽는다.
  예) 郡(고을 군), 群(무리 군)

▶ 퀴즈로의 답(100p 퀴즈의 답)
  先失이다. 윗부분이 소 우(牛)자이고, 아랫부분이 꼬리가 되니까.

啞然失色(아연실색) : 뜻밖의 놀란 일을 만나 얼굴빛을 잃어버림을 말함.
梁上君子(양상군자) : 들보 위의 군자란 뜻으로 곧 도둑을 이르는 말임. ☞ 고사성어 p124
揚揚自得(양양자득) : 뜻을 이루어 뽐내고 꺼떡거림.

養	虎	遺	患	魚	魯	不	辨	億	兆	蒼	生
食-6획	虍-2획	辶-12획	心-7획	제부수	魚-4획	一-3획	辛-9획	人-13획	儿-4획	艸-10획	제부수
기를 양	범 호	남길 유	근심 환	고기 어	둔할 로	아닐 불	분별할 변	억 억	조 조	푸를 창	날 생
丷 羊 羑	卜 卢 虎	口 虫 贵	口 串 串	个 各 角	个 备 角	一 丁 不	立 辛 剎	亻 伫 倍	丿 儿 兆	艹 苍 苓	丿 ㅑ 牛
養養	虍虎	貴遺	患患	角角魚	魚魯魯	不	辨辨	億億	兆兆	蒼蒼	生生

■ 학습 도우미

- 養 : 양(羊)을 먹여서(食) 기르니까 '기를 양'이다.
- 患 : 중심(中) 가운데 중심(中)인 마음(心)을 꿰뚫어 찔렀으니 근심스럽다는 글자 '근심 환'이다.
- 魯 : 물고기(魚)를 햇볕 열(日)에 구우려고 하니까 어리석고 둔한 일이라고 하여 '둔할 로'가 된다.
- 辨 : 서(立) 있는 열(十) 사람을 두 팀으로 칼(刂)로 자르듯이 분명하게 나눈다 하여 '나눌 변', '분별할 변'이다.
- 蒼 : 풀(艹)로 덮인 창고(倉)가 푸르게 보인다고 해서 '푸를 창'이다.
  ※ 倉 : 이는 '곳집 창'으로 창고 안에 물건을 쌓아 둔 모습으로 보면 된다. 소리글자여서 다른 글자와 결합해도 '창'으로 읽는다. 예) 創: 비롯할 창. 滄: 푸른 물결 창.

▶ 漢字로 숫자 알기

1 : 壹(一)   4 : 四   7 : 七   10 : 什(十)   만 : 萬(万)
2 : 貳(二)   5 : 伍(五)   8 : 八   백 : 百   억 : 億
3 : 參(三)   6 : 六   9 : 九   천 : 千(阡)   조 : 兆

養虎遺患(양호유환) : 호랑이를 길러서 근심을 남긴다라는 뜻으로 은혜를 베품이 도리어 해를 입게 됨을 이르는 말. ☞ 고사성어 p124
魚魯不辨(어로불변) : 魚字와 魯字를 분별하지 못한다는 뜻으로 매우 무식함을 이르는 말이다.
億兆蒼生(억조창생) : 수많은 일반 백성들을 이름.

與	世	推	移	餘	裕	綽	綽	鳶	飛	魚	躍
臼-7획	一-4획	手-8획	禾-6획	食-7획	衣-7획	糸-8획	糸-8획	鳥-3획	제부수	제부수	足-14획
줄 여	인간 세	밀 추	옮길 이	남을 여	넉넉할 유	늘어질 작	늘어질 작	솔개 연	날 비	고기 어	뛸 약
⺊⺊ᅣᅣ𦥑	一十卄	扌扌扩	千禾移	⺈亽食	衤衤袒	幺糸綽	幺糸綽	弋弌鳶	乁飞飛	⺈夕魚	𧾷𧾷躍
舁與與	卄世	抍推	移移	飠餘	袑裕	絢綽	絢綽	鳶鳶	飛飛飛	魚魚魚	躍躍

■ 학습 도우미

- 推 : ※ 쓰임
    ① 밀 추·퇴 - 推敲(퇴고) : 글을 지을 때 자·구를 다듬고 고치는 일.
    ② 천거할 추 - 推薦(추천) : 어떤 조건에 적합한 대상을 책임지고 소개함.
    ③ 옮길 추 - 推移(추이) : 일이나 형편이 차차 옮아가거나 변해감.
    ④ 헤아릴 추 - 推測(추측) : 미루어 생각하여 헤아림.
- 餘 : 음식을 나타내는 食(식)과 음을 나타내는 '나 여(余)'가 결합하여 음식이 나에게 남아 있다 하여 '남을 여'이다.
- 移 : 벼(禾)가 너무 많아서(多) 늦게까지 옮겨 이동한다 하여 '옮길 이'이다.
- 飛 : 새가 날갯짓을 하며 나는 모습을 본뜬 글자로 쓰는 순서를 반드시 보고 익혀 두어야 할 글자임.
- 躍 : 새(隹: 새 추)가 날갯짓(羽)을 하며 발(足)로 뛰어오른다 하여 '뛸 약'이다.

與世推移(여세추이) : 세상이 변화하는 대로 따라 가는 것.
餘裕綽綽(여유작작) : 모자라지 않고 넉넉한 모양.
鳶飛魚躍(연비어약) : 솔개는 하늘에서 날고, 물고기는 물에서 뛰논다라는 뜻으로 자연의 자연스런 조화를 이름.

煙	霞	日	輝	炎	凉	世	態	營	營	逐	逐
火-9획	雨-9획	제부수	車-8획	火-4획	冫-8획	一-4획	心-10획	火-13획	火-13획	辶-11획	辶-11획
연기 연	노을 하	날 일	빛날 휘	불꽃 염	서늘할 량	세상 세	모양 태	경영할 영	경영할 영	쫓을 축	쫓을 축
火 灯 炳	雨 需 霞	丨 冂 日	桓 輝	屮 米 炉	冫 广 凉	一 十 卅	宀 自 能	⺮ 炏 熒	⺮ 炏 熒	丂 豕 豕	丂 豕 豕
煙煙	霞霞		桓輝	炎	凉	卅世	能態	營營	營營	逐逐	逐逐

■ 학습 도우미

- 煙 : 불(火)을 때면 흙(土)으로 만든 서쪽(西) 굴뚝에서 연기가 난다 하여 '연기 연'이다. 일반적으로 집을 짓게 되면 남향으로 하고, 굴뚝은 북쪽이나 서쪽을 향하도록 배치한다.
- 輝 : 전쟁에 있어서 군대(軍)는 지휘관에 따라서 빛난다(光) 하여 '빛날 휘'이다.
- 炎 : 불꽃이 피어오르는 모습을 그리는 글자여서 '불꽃 염'이다.
- 營 : 약자로는 営을 쓴다.
- 逐 : 돼지(豕: 돼지 시)를 길로 달아나도록 쫓아낸다 하여 '쫓을 축'이다.

▶ 퀴즈로 익히기(정답은 105p에)

1. 잘라진 줄을 이어 내라고 떼를 쓰는 漢字는?
2. 산 밑에서 개가 짖는 漢字는?

煙霞日輝(연하일휘) : 안개와 노을과 빛나는 햇살.
炎凉世態(염량세태) : 권세가 있을 때는 아첨하여 좇고, 권세가 없어지면 외면하는 세상의 인심을 말함.
營營逐逐(영영축축) : 세리(勢利)를 얻기 위하여 분주히 왔다갔다함. =營營汲汲

禮	儀	凡	節	傲	慢	不	遜	五	風	十	雨
示-13획	人-13획	几-6획	竹-9획	人-11획	心-11획	一-3획	辶-10획	二-2획	제부수	제부수	제부수
예도 례	거동 의	무릇 범	마디 절	거만할 오	게으를 만	아닐 불	겸손할 손	다섯 오	바람 풍	열 십	비 우
亍示神	亻俨儀	丿几凡	⺮節節	亻伴伴傲	忄㣺㣺慢	一丆不	孑孫孫遜	一丆五	丿几凡	一十	一丆雨
神禮禮	儀儀		笮節	傍傲傲	慢慢	不	遜遜	五	凨風		雨

■ 학습 도우미

- 禮 : 귀신에게 풍성(豊: 풍성할 풍)하게 보이(示)는 것은 예의라고 생각한 글자 '예도 례' 이다.
- 儀 : 사람(人)의 거동은 의로워야(義) 한다고 보면 '거동 의'가 된다.
- 節 : 대나무(竹)는 곧(卽: 곧 즉) 마디가 절대 있으니까 '마디 절' 혹은 '절기 절', '예절 절' 로 익히면 된다.
- 傲 : 사람(人)들은 땅(土)을 얻기 위하여 사방(方)으로 정복하려(攵: 칠 복) 하니 오만하다는 글자로 '오만할 오'이다.

▶ 퀴즈로 답(104p 퀴즈의 답)
  1. 乃(이에 내)이다. 글자의 뜻과 음이 '이어 내'라고 하는 것처럼 음이 비슷하니까.
  2. 崩(무너질 붕)이다. 왜냐하면 산(山) 밑에 '월(月), 월(月)' 하니까. 월월은 개가 짖는 소리.

禮儀凡節(예의범절) : 일상생활의 모든 예의와 절차.
傲慢不遜(오만불손) : 태도가 거만하고 방자하여 겸손하지 못함.
五風十雨(오풍십우) : 오 일에 한 번씩 바람이 불고 십 일에 한 번씩 비가 온다는 뜻으로 세상사 가 순조롭게 되어감을 이르는 말.

玉	石	俱	焚	沃	野	千	里	蝸	角	之	爭
제부수	제부수	人-8획	火-8획	水-4획	里-4획	十-1획	제부수	虫-9획	제부수	ノ-3획	爪-4획
구슬 옥	돌 석	함께 구	불사를 분	기름질 옥	들 야	일천 천	마을/이수 리	달팽이 와	뿔 각	어조사 지	다툴 쟁
一 T 王	一 ア 石	亻 们 俱	十 木 林	氵 汙 汙	田 甲 里	一 二 千	口 日 甲	口 虫 蝸	勹 角 角	丶 ン 之	一 爫 爭
王玉	石石	俱俱	林焚	沃	野野野		甲里	蚰蝸蝸	角角	之	爭爭

■ 학습 도우미

- 焚 : 나무를 모아(林) 불(火)을 지피면 불이 잘 타니까 '불탈 분'이라 읽으면 된다.
- 里 : 밭(田)과 같은 토지(土)가 있는 곳은 사람들이 모여 마을이 된다 하여 '마을 리'라 읽으면 된다.

    ※ 쓰임
    ① 마을 리 – 里俗(이속) : 마을의 풍속.
    ② 이수 리 – 里數(리수) : 거리를 리(里) 단위로 센 수. 1리는 약 393m이다.
- 蝸 : 벌레를 의미하는 부분은 '虫'이, 음을 나타내는 부분은 '입삐뚤어질 와'(咼)가 결합하여 '달팽이 와'가 된다.
- 角 : 짐승의 뿔의 모양을 본뜬 글자이다.
- 爭 : 손톱을 들어 벌리고(爫: 손톱 조) 몽둥이(尹)를 들고 서로 다툰다 하여 '다툴 쟁'이다.

玉石俱焚(옥석구분) : 구슬과 돌이 함께 탄다는 뜻으로 좋은 것과 나쁜 것이 함께 버려지거나, 착한 사람과 악한 사람이 함께 재앙을 당함을 비유한 말. ☞ 고사성어 p125
沃野千里(옥야천리) : 끝없이 넓은 기름진 땅.
蝸角之爭(와각지쟁) : 달팽이의 뿔 위에서 하는 싸움이라는 뜻으로 사소한 일로 벌이는 다툼, 혹은 작은 나라들끼리 싸우는 일을 말한다. ☞ 고사성어 p126

堯	舜	時	節	寥	寥	無	聞	悠	悠	自	適
土-9획	舛-6획	日-6획	竹-9획	宀-11획	宀-11획	火-8획	耳-8획	心-7획	心-7획	제부수	辶-11획
요임금 요	순임금 순	때 시	절기 마디 절	쓸쓸할 료	쓸쓸할 료	없을 무	들을 문	멀 유	멀 유	스스로 자	갈 적
土 耂 垚	´ ⺤ 舜	丨 日 旷	𥫗 筁 筲	宀 宁 宓	宀 宁 宓	ㅗ 亠 無	⼍ ⼎ 門 門	亻 亻 攸	亻 亻 攸	´ 亻 冂	⼧ 啇 啇
垚 堯	夯 舜	時 時	笡 節	宓 寥	宓 寥	無 無	門 聞 聞	攸 攸 悠	攸 攸 悠	自 自	啇 適

■ 학습 도우미

- 堯 : 兀(우뚝할 올)은 위가 높고 평평한 모양을 본떠 만든 글자이다. 높고 평평한 것 위에 흙을 겹겹이 쌓았으니 아주 높은 모양을 이룬다. 따라서 이 글자는 '높을 요', 혹은 '요임금 요'자가 된다. ·堯堯: 아주 높은 모양.
- 節 : 대나무(竹)는 곧(卽: 곧 즉) 마디가 절대 있다 하여 '마디 절', 혹은 '절기 절'이 된다.
- 寥 : '쓸쓸할 료'. ·요료(寥寥): 적막한 모양. 텅 비어 있고 넓은 모양. 수가 적은 모양.
- 聞 : 문(門: 문 문)에 가까이 가서 귀(耳: 귀 이)를 대고 들으니 '들을 문'이 된다.

堯舜時節(요순시절) : 덕으로 천하를 다스리어 태평성대한 시대를 일컬음. =堯舜之節 =堯舜時代
=太平聖代 =康衢煙月

寥寥無聞(요요무문) : 명예나 명성이 드날리지 않음.

悠悠自適(유유자적) : 속세를 떠나 아무것에도 매이지 않고 자기가 하고 싶은 대로 하며 마음 편하게 삶.

龍	味	鳳	湯	愚	公	移	山	牛	溲	馬	勃
제부수	口-5획	鳥-3획	水-9획	心-9획	八-2획	禾-6획	제부수	제부수	水-10획	제부수	力-7획
용 룡	맛 미	봉황새 봉	끓을 탕	어리석을 우	귀인 공평할 공	옮길 이	뫼 산	소 우	오줌 수	말 마	우쩍 일어날 발

■ 학습 도우미

- 鳳 : 새 중에서 일반 새(鳥)보다 벼슬이 하나 더(一) 있고 거기에 깃털을 드레스처럼 두르고 있는 가상의 새(凡)는 '봉황새 봉'이다.
- 湯 : 물(水)이 햇볕을 받아(旦勿: 햇볕이 비추는 모양) 끓는다 하여 '끓을 탕'이 된다.
- 愚 : 원숭이 우(禺)자와 마음 심(心)이 어우러진 글자로 원숭이 '우'가 소리글자이다. 따라서 원숭이 정도의 마음을 가진 사람이므로 '어리석을 우'이다.
  ※ '원숭이 우(禺)'는 다른 글자와 만나도 변함없이 '우'로 소리난다.
  예) 遇: 만날 우. 寓:집 우.
- 移 : 벼(禾)가 너무 많아서(多) 늦게까지 옮겨 이동한다 하여 '옮길 이'이다.
- 溲 : 수(水)와 늙은이 수(叟)가 결합하여 '오줌 수'가 된 글자이다. 수(叟)가 소리글자여서 다른 글자와 만나도 역시 '수'로 읽는다.
  예) 搜: 찾을 수 – 搜査(수사): 찾아다니며 검사함.

龍味鳳湯(용미봉탕) : 맛이 좋고 매우 진귀한 음식을 이르는 말.
= 有志事成(유지사성) = 磨斧爲鍼(마부위침)
愚公移山(우공이산) : 우공(어리석은 사람)이 산을 옮겼다는 고사에서 온 말로 끊임없이 계속 노력을 하게 되면 마침내 성공하게 된다는 말. ☞ 고사성어 p126
牛溲馬勃(우수마발) : 소의 오줌과 말의 똥이란 뜻으로 곧 별로 가치 없는 것을 이르는 말.

迂	餘	曲	折	羽	化	登	仙	鬱	鬱	不	樂
辶-3획	食-7획	曰-2획	手-4획	제부수	匕-2획	癶-7획	人-3획	鬯-19획	鬯-19획	一-3획	木-11획
멀 우	남을 여	굽을 곡	꺾을 절	깃 우	될 화	오를 등	신선 선	답답할 울	답답할 울	아니 불	즐거울 락

■ 학습 도우미

- 迂 : 어조사 우(于)가 멀리 가니까(辶) '멀 우'가 된다.
- 餘 : 음식을 나타내는 食(식)과 음을 나타내는 '나 여(余)'가 결합하여 나에게 음식이 남아 있다로 보면 '남을 여'가 된다.
- 羽 : 새가 양 날개를 펼쳐 보이는 모습을 본뜬 글자이므로 '깃 우'이다.
- 登 : 덩굴지는 콩(豆: 나무로 된 제기를 본뜬 모양)나무가 자라 피어(癶: 필 발) 올라간다고 보아 '오를 등'이라고 익히면 도움이 된다.
- 樂 : 하얀 악기(白)를 중심으로 좌우 작은 모양의 악기(幺: 작을 요)를 나무(木)로 만든 틀 위에 매달아 두고 연주하는 악기의 모양을 그린 글자이다. 따라서 '풍류 악'이다. 약자는 楽이다.
  ※ '樂'의 쓰임 ① 풍류 악: 音樂. ② 즐길 락: 樂園. ③ 좋아할 요: 樂水.

▶ 퀴즈로 익히기
  산에서 살아가는 사람을 漢字로 무엇이라 할까요?
▶ 퀴즈로의 답 : '仙'이라고 한다. 사람이 산에 붙어 있으니까.

迂餘曲折(우여곡절) : 여러 가지로 뒤얽힌 복잡한 사정이나 변화.
羽化登仙(우화등선) : 도교(道敎) 사상에서 사람이 몸에 날개를 달고 신선이 되어 하늘로 올라감을 이르는 말. ☞ 고사성어 p127
鬱鬱不樂(울울불락) : 마음이 답답하고 즐겁지 않음.

鴛	鴦	之	契	遠	禍	召	福	衛	正	斥	邪
鳥-5획	鳥-5획	ノ-3획	大-6획	辶-10획	示-9획	口-2획	示-9획	行-12획	止-1획	斤-1획	阝-4획
원앙새 원	원앙새 앙	어조사 지	맺을 계	멀 원	재앙 화	부를 소	복 복	막을 위	바를 정	물리칠 척	간사할 사

■ 학습 도우미

- **遠** : 책받침(辶)과 '옷치렁치렁할 원'(袁)이 만나 이루어진 글자로 '멀 원'이다.
  ※ 원(袁)은 옷이 축 늘어져 살이 드러나 보이는 모습을 본뜬 글자로 다른 글자와 결합해도 언제나 소리를 간직하여 '원'으로 읽는다.
  예) 園: 동산 원

- **禍** : 입이 삐뚤어진 모습(咼: 입삐뚤어질 와)을 보게(示) 되니 이는 재앙이요, 화로다 하여 '재앙 화'가 된다.

- **衛** : 사방으로 다니는 길(行)을 가죽(韋: 가죽 위)으로 둘러 쳐 막았다 하여 '막을 위'가 된다.
  ※ 韋는 다른 글자와 결합하면 대부분 '위'로 읽는데, 諱(꺼릴 휘)는 예외 글자이다.

- **斥** : 도끼(斤)를 들고 온 적을 돌로(丶) 쳐 물리친다 하여 '물리칠 척'이다.

- **邪** : 牙는 '어금니 아'로 코끼리의 상아를 연상하면 된다. 고을(阝=邑)에서 상아처럼 이가 삐져 나온 사람은 간사한 사람이라 구설수에 오르내리게 되니 '간사할 사'이다.

鴛鴦之契(원앙지계) : 금슬이 좋은 부부 사이를 일컫는 말. ☞ 고사성어 p128
遠禍召福(원화소복) : 재앙을 멀리하고 복을 부름.
衛正斥邪(위정척사) : 바른 것을 지키고 간사한 것을 물리친다.

類	萬	不	同	唯	我	獨	尊	有	耶	無	耶
頁-10획	艹-9획	一-3획	口-3획	口-8획	戈-3획	犭-13획	寸-9획	月-2획	耳-3획	火-8획	耳-3획
무리 류	일만 만	아닐 부	같을 동	오직 유	나 아	홀로 독	높일 존	있을 유	어조사 야	없을 무	어조사 야
〃米類	艹苎萬	一丆不	丨冂同	口吖唯	一千我	犭犭獨	丷丷䒑	丿 ナ有	耳耶耶	𠂉 𠂉 無	耳耶耶
斷類類	莴萬	不	同同	唯	我我	獨	酋酋尊			無無	

■ 학습 도우미

- 類 : 88(八十八)마리 개(犬: 개 견)의 머리(頁: 머리 혈)가 비슷비슷하므로 '비슷할 류', '무리 류'이다.
- 萬 : 약자로는 万을 쓴다.
- 唯 : 새(隹: 새 추)가 입을 벌리고 말하는 글자여서 '대답할 유'가 된다. '오직'이라는 뜻으로 사용될 때는 '惟'자와 통용한다.
- 獨 : 속자는 '独'이다.
- 尊 : 酉(닭 유)는 본래 술병의 모양을 본뜬 글자이다. 尊(존)은 여기에다 뚜껑을 얹어(八) 덮고서 손으로(寸) 받들어 높여 신께 드리는 것을 나타내는 글자이다. 따라서 '높일 존'이다. 속자는 尊이다.
- 耶 : 고을(邑 = 阝)에서 들리는(耳: 귀 이) 소문이 그런거야(?)라고 보면 '그런가 야', '어조사 야'이다.

類萬不同(유만부동) : ① 분수에 맞지 않고 정도에 넘침.
② 많은 것들이 서로 같지 않고 다름.
唯我獨尊(유아독존) : 이 세상에서 자기가 제일 귀하다는 말.
有耶無耶(유야무야) : 있는 듯, 없는 듯, 흐지부지한 모양.

唯	唯	諾	諾	悠	悠	度	日	悠	悠	蒼	天
口-8획	口-8획	言-9획	言-9획	心-7획	心-7획	广-6획	제부수	心-7획	心-7획	艸-10획	大-1획
대답할 유	대답할 유	대답할 허락할 낙	대답할 허락할 낙	멀 유	멀 유	건널 법도 도	날 일	멀 유	멀 유	푸를 창	하늘 천

■ 학습 도우미

- 唯 : 새(隹: 새 추)가 입을 벌리고 말하는 글자여서 '대답할 유'이다. '오직'이라는 뜻으로 사용될 때에는 惟와 통용한다.
- 諾 : 말(言: 말씀 언)같이(若: 같을 약) 허락한다는 글자로 '허락할 낙'이다.
- 悠 : 悠久(유구) : 연대(年代)가 아득히 오래 됨.
  悠悠(유유) : ① 여유가 있고 태연한 모양. ② 썩 먼 모양.
- 度 : '법도 도', '헤아릴 도', '자 도', '건널 도'=渡
- 蒼 : 풀(艹)로 덮인 창고(倉)가 푸르게 보인다는 글자로 '푸를 창'이다.
  ※ 倉 : 이는 '곳집 창'으로 창고 안에 물건을 쌓아둔 모습으로 보면 된다. 소리글자여서 다른 글자와 결합해도 '창'으로 읽는다.

唯唯諾諾(유유낙낙) : 명령한 대로 언제나 공손히 승락함.
悠悠度日(유유도일) : 하는 일 없이 세월만 보냄.
悠悠蒼天(유유창천) : 한없이 높고 푸른 하늘.

有	志	事	成	六	尺	之	孤	殷	鑑	不	遠
月-2획	心-3획	亅-7획	戈-2획	八-2획	尸-1획	丿-3획	子-5획	殳-11획	金-14획	一-3획	辶-10획
있을 유	뜻 지	일 사	이룰 성	여섯 륙	자 척	어조사 지	외로울 고	은나라 은	거울 감	아닐 불	멀 원

■ 학습 도우미

- 尺 : '자 척', '짧을 척'으로 본래는 사람이 팔을 쭉 뻗는 모습을 본뜬 글자이다. 옛날에는 사람의 신체의 한 부분을 길이의 기준으로 삼았기 때문이다. 1척은 10촌을 말하며, 미터법으로 계산하면 약 30.3cm가 된다. 1척이 나이로는 두 살 반에 해당한다.

- 鑑 : 監(볼 감)은 본래 거울이 없던 시절에 그릇(皿: 그릇 명)에 물을 떠 가지고 신하(臣)가 구부려 들여다본 것을 표현한 글자여서 '볼 감'이 된 글자이다. 시대가 흘러 쇠로 만든 거울이 등장하자 '볼 감(監)'에 '쇠 금(金)'을 붙여서 '거울 감'을 만든 글자이다.

- 遠 : 책받침(辶)과 옷 치렁치렁할 원(袁)이 만나 이루어진 글자로 '멀 원'이다. 원(袁)은 옷이 축 늘어져 살이 드러나 보이는 모양으로 다른 글자와 결합해도 언제나 소리를 간직하여 '원'으로 읽는다.
  예) 園: 동산 원. 猿: 원숭이 원.

有志事成(유지사성) : 뜻을 두어 노력하면 그 일은 이루어진다. =愚公移山(우공이산)=磨斧爲鍼(마부위침)
六尺之孤(육척지고) : 14,5세의 고아, 또는 나이 어린 후계자.
殷鑑不遠(은감불원) : 은(殷)나라 사람들이 경계해야 할 선례(先例)는 먼 데 있지 않고 바로 전대(前代)인 하(夏)나라 걸왕(桀王)의 학정(虐政)에 있다는 뜻으로 거울 삼아야 할 훈계는 먼 데 있는 것이 아니라 바로 가까운 곳에 있음을 비유한 말이다.

淫	談	悖	說	泣	斬	馬	謖	意	氣	揚	揚
水-8획	言-8획	心-7획	言-7획	水-5획	斤-7획	제부수	言-10획	心-11획	气-6획	扌-9획	扌-9획
음탕할 음	말씀 담	거스릴 패	말씀 설	울 읍	벨 참	말 마	뛰어날 속	뜻 의	기운 기	날릴 양	날릴 양

■ 학습 도우미

- **淫** : 강가(水)에서 손(爫: 손톱 조)으로 임(壬: 아홉째 천간 임, 북쪽 임)을 어루만지고 있으니 음탕하다(?) 하여 '음탕할 음'으로 보면 된다.
- **談** : 말(言)을 불꽃(炎)처럼 담대하게 하니 '말씀 담'이다.
- **說** : 말(言)을 바꾸어(兌: 바꿀 태) 가며 설명하는 글자이므로 '말씀 설'이다.
- **泣** : 사람이 서서 눈물을 흘리고 있으니 울고 있는 것이므로 '울 읍'이다.
- **斬** : 수레(車)에 도끼(斤: 도끼 근)를 대어 베어 버리니 '벨 참'이 된다.
- **意** : 마음(心)에 날마다(日) 뜻을 세우는(立:설 립) 것은 의미 있는 일이므로 '뜻 의'이다.
- **氣** : 약자는 気이다.

淫談悖說(음담패설) : 음탕하고 상스러운 이야기.
泣斬馬謖(읍참마속) : 군율을 세우기 위해서는 사랑하는 사람도 아끼지 아니하고 버림을 이르는 말로 곧 공정한 일처리를 위해 사사로운 정을 버리는 것을 비유한 말.
☞ 고사성어 p128
意氣揚揚(의기양양) : 어떤 일이 바라던 대로 잘 되어 아주 자랑스럽게 행동하는 모양.

二	三	其	德	以	熱	治	熱	泥	田	鬪	狗
제부수	一-2획	八-6획	彳-12획	八-3획	火-11획	水-5획	火-11획	氵-5획	제부수	鬥-10획	犬-5획
둘 이	석 삼	그것 기	큰 덕	써 이	더울 열	다스릴 치	더울 열	진흙 니	밭 전	싸울 투	개 구
一二	一二三	一十卄甘其其	彳彳彳彳德德德	丨レ以以	坴坴埶熱	氵冫冶治	坴坴埶熱	氵汀沪泥	丨冂田	丨門門鬪鬪	丿犭犳狗狗

■ 학습 도우미

- 其 : 키의 모양을 본뜬 글자(丗)로 '키 기', '그것 기'이다.
  ※ 다른 글자와 결합하면 대부분 '기'로 읽는다.
    예) 基: 터 기. 期: 기약할 기.   예외) 斯: 이 사.
- 德 : 두 사람과(彳: 두사람 인) 14사람이(㥁) 하나(一) 같은 마음으로(心: 마음 심) 베푼 덕이므로 '은덕 덕', '은혜 덕', '큰 덕'이다.
- 熱 : 흙(土) 밑에 여덟 덩이의 흙(八土)을 넣어 둥글게 빚어(丸: 둥글 환) 불을 지피니(灬: 불 화) 더워 열이 난다는 글자 '더울 열'이다.
- 鬪 : 두 사람이 서로 서서(丨丨) 콩알만한 주먹(豆)과 한 마디밖에 되지 않은 팔(寸: 마디 촌)로 서로 싸우고 투쟁한다는 글자로 '싸울 투'이다.
- 狗 : 犭(개 견)은 뜻을, 句(구절 구)는 발음이 되어 '개 구'가 된 글자이다.

二三其德(이삼기덕) : 이랬다저랬다란 뜻.
以熱治熱(이열치열) : 열은 열로써 다스린다는 뜻으로 힘에는 힘으로, 강한 것에는 강한 것으로 상대함을 말함.
泥田鬪狗(이전투구) : 진흙탕 속에서 싸우는 개란 뜻으로 명분이 서로 맞지 않은 일로 몰골 사납게 싸우는 것을 이르는 말.

益	者	三	友	人	格	陶	冶	因	果	應	報
皿-5획	老-5획	一-2획	又-2획	제부수	木-6획	阝-8획	冫-5획	口-3획	木-4획	心-13획	土-9획
이로울 익	사람 자	석 삼	벗 우	사람 인	격식 격	질그릇 도	풀무 야	인할 인	맺힐 과	응할 응	갚을 보

■ 학습 도우미

- 益 : 빨리 빨면 이롭고 유익하다 하여 '이로울 익'이다.(빨=팔[八], 리=일[一], 빨=팔[八], 면=명[皿; 그릇명]) 원래의 글자는 그릇(皿: 그릇 명)에 물을 더하여 넘쳐흐르는 모습을 본 뜬 글자이다. 속자로는 益을 쓴다.
- 陶 : 언덕에서(阝) 흙을 떠다가 몸을 구부려(勹) 질그릇 도자기(缶: 장군 부)를 만드니까 '질그릇 도'가 된다.
  ※ 陶冶(도야): 질그릇을 굽고 풀무질을 한다는 뜻에서 훌륭한 인격이나 재능을 갖추려고 몸과 마음을 닦음을 이름.
- 因 : 저렇게 큰(大) 것이 상자(口) 안에 들어가다니 무슨 까닭이나 원인이 있었겠지 하여 '원인 인'이 된다.
- 果 : 나무에 열매가 맺힌 모습을 그린 글자로 '열매 과'이다.
- 應 : 집(广)에서 사람(人)이 기른 새(隹: 새 추)는 마음(心)까지 응당 통한다는 글자로 '응당 응'이다. 약자로는 応이다.
- 報 : 땅(土) 속에 못(辛)을 박고 깃발을 세워 잡고(又: 손으로 잡고 있는 모습) 상황을 알리는 漢字이므로 '알릴 보', '갚을 보'이다.

益者三友(익자삼우) : 사귀어서 유익한 세 종류의 벗, 곧 정직한 사람, 학식이 있는 사람, 신의가 있는 사람.
人格陶冶(인격도야) : 사람의 품격을 닦음.
因果應報(인과응보) : 결과는 원인에 따라 마땅히 보답되어진다는 뜻으로 원인에 따른 결과는 보응되어진다는 말이다.

人	面	獸	心	人	事	不	省	人	山	人	海
제부수	제부수	犬-15획	제부수	제부수	亅-7획	一-3획	目-4획	제부수	제부수	제부수	水-7획
사람 인	얼굴 면	길짐승 수	마음 심	사람 인	일 사	아닐 불	살필 성	사람 인	뫼 산	사람 인	바다 해
丿人	一丆而	⺾哭罒	丶心心	丿人	一二亐	一丆不	丨小	丿人	丨山山	丿人	氵汁汁
	面面	罒獸			亐亊事	不	少省省				海海

■ 학습 도우미

- 獸 : 짐승은 눈이 둘이요(吅), 코(田=鼻: 코 비) 아래 입(口)이 있고 개(犬) 같은 수준의 짐승을 말한 글자로 '짐승 수'이다.
- 省 : 눈(目)을 적게(少: 적을 소) 하여 자세히 살펴본다 해서 '살필 성' 혹은 '덜 생'으로 읽는 글자이다.
  ① 살필 성 - 昏定晨省(혼정신성) : 아침 저녁으로 어버이의 안부를 물어 살핀다.
  ② 덜 생 - 省略(생략) : 덜어서 줄임.
- 海 : 물(氵)과 매양 매(每)가 결합된 글자로 매양 늘상 물이 있는 곳을 나타낸 글자로 '바다 해'이다.

▶ 퀴즈로 익히기(정답은 118p에)
  임금이 귓속말을 하는 것을 한 글자의 *漢字*로 표현하면 어떻게 쓸까요?

人面獸心(인면수심) : 사람의 얼굴을 가졌으나 마음은 짐승과 다름이 없다는 뜻.
人事不省(인사불성) : 정신을 잃어 의식이 없음.
人山人海(인산인해) : 사람이 수를 헤아리지 못할 만큼 많은 무리.

仁	者	無	敵	仁	者	樂	山	人	之	常	情
人-2획	老-5획	火-8획	攵-11획	人-2획	老-5획	木-11획	제부수	제부수	ノ-3획	巾-8획	心-8획
어질 인	사람 자	없을 무	대적할 적	어질 인	사람 자	좋아할 요	뫼 산	사람 인	어조사 지	항상 상	뜻 정
亻亻仁	一十土耂	亻二無	亠音商	亻亻仁	一十土耂	白組樂	丨山山	ノ人	、一之	忄忄常常	忄忄情
	耂者者	無無	商敵		耂者者	樂樂樂			之	常	情情情

(연습용 빈 칸 반복)

■ 학습 도우미

- 敵 : 오래(古) 된 성(冂) 위에 서서(立) 쳐들어오는(攵: 칠 복) 적을 대적하는 글자이므로 '대적할 적', '원수 적'이다.

- 樂 : 하얀 악기(白)를 중심으로 좌우 작은 모양의 악기(幺: 작을 요)를 나무(木)로 만든 틀 위에 매달아 두고 연주하는 악기의 모양을 그린 글자이다. 따라서 '풍류 악'이다. 약자는 楽이다.

  ※ '樂'의 쓰임 ① 풍류 악: 音樂. ② 즐길 락: 樂園. ③ 좋아할 요: 樂水.

▶ 퀴즈로의 답(117p 퀴즈의 답)

聖(성인 성)을 쓰면 된다. 왕(王)이 귀(耳)에 대고 입(口)으로 말하고 있는 글자이므로.

▶ 퀴즈로 익히기(정답은 119p에)

'집안이 조용하다'를 漢字 한 글자로 나타내면?

仁者無敵(인자무적) : 어진 자에게는 적이 없다는 말.
仁者樂山(인자요산) : 어진 사람은 산을 좋아한다.
人之常情(인지상정) : 사람이 갖고 있는 보통의 인정.

一	網	打	盡	一	脈	相	通	一	目	瞭	然
제부수	糸-8획	手-2획	皿-9획	제부수	肉-6획	目-4획	辶-7획	제부수	제부수	目-12획	火-8획
하나 일	그물 망	칠 타	다할 진	하나 일	맥 맥	서로 상	통할 통	하나 일	눈 목	밝을 료	그럴 연
一	糸 紉 網 網 網	一 扌 扌 打	彐 聿 肀 聿 盡 盡	一	月 月 脈 脈 脈	十 木 相 相	勹 甬 甬 甬 通	一	丨 冂 月 目	日 眇 瞭 瞭	夕 夕 夕 然 然

■ 학습 도우미

- 網 : 그물(网: 그물 망) 속에 고기가 모두 도망가고 없다(亡: 없을 망)는 없을 망(罔)과 실사(糸)가 결합된 글자로, 糸에서 뜻을 취하고 罔에서 음을 취하여 된 '그물 망'이다.
- 盡 : 붓(⺕: 붓을 잡은 모습)을 잡아 화로(皿: 그릇 명) 불(灬)에 다 태워 소진시키는 모습이므로 '다할 진'이다.
- 相 : 나무(木)처럼 서서 서로 상대를 바라보는(目: 눈 목) 글자이므로 '서로 상'이다.
- 然 : 달밤(月)에 개(犬)를 잡아 불에 구워(灬) 먹으면 그렇게도 맛이 좋다(?)로 '그럴 연'이다. 然은 '그러하다, 옳다'라는 뜻의 글자이다. 접속사로 쓰일 경우는 '그리고, 그러나' 뜻으로 쓰인다. 또한 이는 상태를 나타내는 접미사로도 쓰이는데 다음과 같다.
  ※ 浩然: 넓고 큰 모양. 茫然: 아득한 모습.
  泰然: (태도나 기색이) 아무렇지도 않고 예사로움.

▶ 퀴즈로의 답(118퀴즈의 답)
  '子(자)'이다. 아들이 잠을 자니까. (사내아이를 키워 본 사람은 다 잘 알지요?)

一網打盡(일망타진) : 한 번 그물을 쳐서 물고기를 모조리 잡듯이, 죄인 등을 한꺼번에 검거하는 것을 이름.
一脈相通(일맥상통) : 솜씨, 성격 등이 서로 통함. 서로 비슷함.
一目瞭然(일목요연) : 한 번 보아 곧바로 환히 알 수 있음.

확인해 보세요.(2-4)

✻ 앞에서 학습한 한자어들에 대한 학습 결과를 점검하는 곳입니다. 답을 제대로 하지 못했다면 앞으로 돌아가 다시 학습하십시오.

※ 다음에 제시된 한자어들의 독음을 쓰시오.(1~10)

1. 啞然失色
2. 鳶飛魚躍
3. 煙霞日輝
4. 炎涼世態
5. 營營逐逐
6. 禮儀凡節
7. 堯舜時節
8. 龍尾鳳湯
9. 殷鑑不遠
10. 淫談悖說

※ 다음 문제에서 제시된 낱말들과 관련된 단어를 보기에서 골라 쓰시오.(11~12)

보기

梁上君子   愚公移山

11. 후한(後漢), 진식(陳寔), 흉년이 듬, 집에 도둑이 들어옴, 자녀들을 훈계하면서 생겨난 말, 대들보 위의 군자.

12. 중국에서 산을 옮기는 사람, 어리석다는 사람(愚公), 끊임없는 노력.

※ 다음 단어의 ( )에 공통으로 들어갈 한자를 쓰시오.(13~14)

13. (   )者無敵   (   )者樂山 ---------------- (   )

14. (   )網打盡   (   )目瞭然 ---------------- (   )

15. '魚魯不辨'과 같은 의미의 단어를 고르시오.

① 博學多識　　② 識字憂患　　③ 目不識丁　　④ 餘裕綽綽　　⑤ 鳶飛魚躍

※ 다음 단어의 (　)에 들어갈 한자를 보기에서 골라 쓰시오.(16~18)

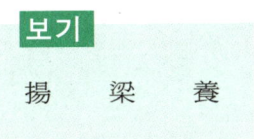

16. (　)上君子　　　**17.** (　)虎遺患　　　**18.** (　)揚自得

※ 다음 제시된 한자어의 뜻을 쓰시오.(19~31)

19. 阿鼻叫喚

20. 十匙一飯

21. 衛正斥邪

22. 唯我獨尊

23. 因果應報

24. 泥田鬪狗

25. 遠禍召福

26. 迂餘曲折

27. 寥寥無聞

28. 玉石俱焚

29. 傲慢不遜

30. 億兆蒼生

31. 與世推移

32. '뜻이 있는 곳에 길이 있다' 는 말과 서로 통하는 한자성어는?

① 六尺之孤　② 有志事成　③ 悠悠蒼天　④ 悠悠度日　⑤ 唯唯諾諾

※ 다음 문제에서 제시한 설명에 해당하는 한자가 들어 있는 한자어를 쓰시오.(33~35)

보기

一網打盡　　傲霜孤節　　類類相從　　泣斬馬謖

33. 눈물을 흘리고 서 있는 글자.

34. 그물 속에 고기가 모두 도망가고 아무것도 없다는 글자.

35. 다음 중 한자어의 의미가 나머지와 다른 것은?

① 琴瑟之樂　②夫婦和合　③ 夫唱婦隨　④ 鴛鴦之契　⑤ 養虎遺患

정답(2-4)

1. 아연실색
2. 연비어약
3. 연하일휘
4. 염량세태
5. 영영축축
6. 예의범절
7. 요순시절
8. 용미봉탕
9. 은감불원
10. 음담패설
11. 梁上君子
12. 愚公移山
13. 仁
14. 一
15. ①
16. 梁
17. 養
18. 揚
19. 극악한 죄를 저지른 자가 아비지옥에 떨어져서 혹독한 고통을 견디지 못하여 울부짖는다는 말에서 온 것으로 참혹한 고통 가운데서 살려달라고 울부짖는 상태를 이르는 말.
20. 열 사람이 밥 한 술씩 보태면 한 사람의 몫이 된다는 뜻으로 즉 여럿이 합하면 한 사람을 돕기 쉽다는 비유.
21. 바른 것을 지키고 간사한 것을 물리친다.
22. 이 세상에서 자기가 제일 귀하다는 말.
23. 결과는 원인에 따라 마땅히 보답되어진다.
24. 진흙탕 속에서 싸우는 개란 뜻으로 명분이 서로 맞지 않은 일로 몰골 사납게 싸움을 이르는 말.
25. 재앙을 멀리하고 복을 부름.
26. 여러 가지로 뒤얽힌 복잡한 사정이나 변화.
27. 명예나 명성이 드날리지 않음.
28. 구슬과 돌이 함께 탄다는 뜻으로 좋은 것과 나쁜 것이 함께 버려지거나, 착한 사람과 악한 사람이 함께 재앙을 당함을 비유한 말.
29. 태도가 거만하고 방자하여 겸손하지 못함.
30. 수많은 일반 백성들.
31. 세상이 변화하는 대로 따라 가는 것.
32. ②
33. 泣斬馬謖
34. 一網打盡
35. ⑤

梁上君子(양상군자)

〈후한서(後漢書)〉 '진식전(陳寔傳)'에 나오는 말이다.

후한(後漢) 말경의 일이다. 진식(陳寔)이라는 사람은 태구(太丘) 지역의 현령(縣令)이 되었는데 그는 학문을 좋아하여 어렸을 때부터 앉으나 서나 책읽기를 즐겨하는 것이 장관에게 인정되어 태학(太學)에서 공부를 한 사람이다. 후에 선비가 되었을 때에도 근면 성실 하였으며, 정사도 공정하고 사려 깊게 처리함으로써 백성들의 존경을 받았다.

어느 해 흉년이 들어 백성들이 모두 어려운 생활을 하고 있었다. 그러던 어느 날 밤 진식(陳寔)이 거처하는 곳으로 도둑이 몰래 들어와 대들보 위에 숨었다. 책을 보던 진식은 이를 알았으나 모르는 척하고 계속 책읽기를 하다가 아들과 손자들을 불러들여 앉혔다. 그리고는 이렇게 훈계했다.

"모름지기 사람은 항상 스스로 힘쓰고 반성해야 하느니라. 악한 사람도 원래부터 본성이 악해서 그런 것이 아니라 평소에 잘못된 습관이 성격이 되어 드디어 악을 행하게 되느니라. 처음 시작을 할 때에는 굶주리고 추운 것을 견뎌내지 못해 범죄를 저지르게 되지만, 그것이 계속되면 악한 성품으로 굳어버려 그야말로 나쁜 사람이 되고 마는 것이다. 이를테면 지금 저 대들보 위에 있는 군자(梁上君子)도 바로 그런 사람이니라."

그러자 이 말을 듣고 감동한 도둑이 대들보에서 내려와 눈물을 흘리며 진식(陳寔) 앞에 머리를 조아리고 엎드려 사죄했다.

"보아하니 그대는 악인이 아닌 것 같구나."

진식(陳寔)은 이렇게 말하고는 그에게 비단 두 필을 주어 보냈다고 한다. 이 소문이 퍼지자 덕을 칭송하는 소리가 온 나라 안에 자자했다고 한다.

양상군자(梁上君子)라는 말은 대들보 위의 군자, 곧 도둑을 일컫는 말이다. 쥐를 재미있게 표현하는 말로도 쓰인다.

養虎遺患(양호유환)

〈사기(史記)〉 '항우본기(項羽本記)'에 나오는 말이다.

진(秦)나라를 치던 날로부터 수년에 걸친 항우와 유방의 대결이 유방(劉邦)의 제의로 홍구(鴻溝: 하남성)를 경계로 화약(和約)을 맺고 토지를 분할하여 홍구(鴻溝)의 서쪽은 유방이, 동쪽은 항우가 각각 차지하여 서로 불가침 조약을 맺었다. 오랜 싸움으로 지친 항우는 충성스런 참모 범증마저 떠나보낸 후 인질로 잡아두었던 유방의 부모 처자를 돌려주고 동으로 철수하게 되었다.

이 때에 유방의 참모인 장량과 진평은 이 기회야말로 천하의 패권을 잡는 데 다시없는 호기(好期)라고 여겨 이렇게 유방을 설득했다.

"지금 한왕(劉邦)께서는 이미 천하의 태반을 차지하셨고, 제후들도 거의 우리편에 들어오고 있습니다. 그러나 초(楚)나라 병사(곧 항우의 병사)들은 지쳤고, 군량미마저 모자랍니다. 이는 바로 지금이 초(楚)를 멸망시키려고 하는 좋은 기회이니, 때를 놓치지 말고 초를 쳐야 합니다. 지금 치지 않으면 '호랑이를 길러 스스로 우환을 남기는 일(養虎遺患)'이 될 것입니다."

이들의 설득에 공감한 유방(劉邦)은 곧 철수하기 시작한 항우를 공격하기 시작했다. 초(楚)나라로 돌아가던 항우는 드디어 뒤쫓아온 유방의 군대에 겹겹이 포위되었고, 초군은 사면초가 속에서 완전히 포위되어 항복하게 된다. 그리고 항우는 스스로 오강(烏江)에서 자결하고 만다.

양호유환(養虎遺患)이라는 말은 호랑이를 길러 우환을 남긴다는 뜻으로 곧, 사정을 봐주다가는 훗날 되려 자신이 당할 수도 있음을 경고하는 말이다.

玉石俱焚 (옥석구분)

이 말은 서경(書經) 중 하서(夏書) 가운데 윤정편(胤征篇)에 나오는 말이다.

중국 하(夏)나라의 왕 중강(仲康) 때에 제후(諸侯)로 있던 희화(羲和)라는 사람이 있었는데 이는 천상사시(天象四時)를 다스리는 희중(羲仲), 희숙(羲叔)의 후손으로 천문(天文)을 관장하고 일월성신(日月星辰)의 움직임과 춘하추동(春夏秋冬)의 사계절(四季節)의 기후(氣候)의 이행(移行)을 연구하는 직분을 가진 제후(諸侯)였다. 그리하여 희화(羲和)는 이를 바탕으로 역서(曆書)를 만들어 백성들을 교도(教導)하는 중요한 직무를 관장(管掌)하였던 것이다. 그런데 희화(羲和)는 자기 직분(職分)을 폐(廢)하고 오직 술 마시고 노름하는 일에 열중하므로 백성들은 피폐하게 되고 농사는 시원찮아 원성이 자자했다. 중강(仲康)은 그 죄를 그냥 두고보지 못하여 육군(六軍)의 총대장(總大將) 윤후(胤侯)라는 사람을 시켜 희화(羲和)가 다스리는 제후국(諸侯國)을 치게 하였다.

이 때에 윤후(胤侯)가 희화(羲和)를 치러가기에 앞서 군대를 모아 두고 자기의 직분을 망각한 자를 토벌(討伐)하는 것은 하늘을 대신하여 벌을 주는 일이라 하여 침략에 대한 명분을 주어 강조한다. 비록 희화(羲和)는 부패(腐敗)하여 덕을 잃었으나 그 신하들 가운데는 어진 자가 있을지 모르니까 덕을 세우는 사람까지 멸해서는 안 되니 침략하는 일을 신중하게 처리해야 함을 당부한다. 그렇다고 부도덕한 희화(羲和)를 그냥 둘 수는 없으니 죄를 범한 자는 엄히 다스리고 상관(上官)에게 위협을 당하여 부득이 하게 잘못을 저지른 자는 관대(寬待)히 하라는 훈시(訓示) 가운데 나온 말이다. 그리고,

"곤산(崑山)이 불에 타면 옥(어진 자)과 돌(직분을 망각한 자)이 함께 다 타나니 직분을 망각한 자는 죽이고 부득불한 자는 용서하여 우리의 바른 의를 모아 공을 세우자."

라는 말로 훈시를 맺는다.

옥석구분(玉石俱焚)은 좋은 것과 나쁜 것이 함께 버려지거나, 착한 사람과 악인이 함께 재앙을 당함을 이르는 말이다.

고사성어 유래설명

蝸角之爭(와각지쟁), 蝸角相爭(와각상쟁)

장자 則陽篇(측양편)에 나오는 말로 魏(위)나라 혜왕(惠王)과 제(齊)나라 위왕(威王)은 서로 불가침(不可侵) 맹약(盟約)을 하였는데 제(齊)나라가 먼저 배신을 했다. 위(魏)나라 혜왕(惠王)은 자객(刺客)을 보내 제(齊)나라 위왕(威王)을 죽이려 하자 신하들의 의견이 서로 달랐다. 이 때에 대진인(戴晉人)이라는 사람이 위(魏)나라 혜왕(惠王)을 만나 예화(例話)를 하나 들어 말하기를,

"왕께서도 달팽이란 것을 알고 계십니까? 그 달팽이의 왼쪽 뿔에는 촉씨(觸氏)라 이름하고, 그리고 오른쪽 뿔에는 만씨(蠻氏)라 하는 사람이 나라를 세우고 있는데 이들은 서로 영토를 놓고 싸워 죽은 사람이 즐비하였으며 달아나는 적을 보름이나 추격한 끝에 돌아온 일이 있습니다."

라고 하자 왕이 말했다.

"이 무슨 터무니없는 소리인가?"

그러자 대진인(戴晉人)이 답했다.

"제가 증명(證明)하여 드리겠습니다. 전하께서는 위아래, 좌우로 살펴보아 우주 공간에 끝이 있다고 생각하십니까?"

"그야 끝이 없지."

"그러면 우주가 끝이 없다는 생각(넓은 마음)을 가지고 제한적인 실재의 나라(현존의 나라)들을 상대해 본다면 어떤 생각이 들겠습니까? 실재 현재의 나라는 있는 듯, 없는 듯 아무것도 아닌 존재이지 않겠습니까?"

왕이 "그렇다."고 하자 대진인(戴晉人)이 계속해서 말했다.

"현재의 아무것도 아닌 나라들 가운데 위(魏)나라가 있고, 그 위(魏)나라 가운데 작은 양(梁)이라는 도읍이 있고, 그 양(梁) 가운데 왕이 거처하시니 만씨(蠻氏)와 비교해서 무슨 차이가 있습니까? 곧 우주적인 넓은 시야로 보면 아무것도 아닌 것을 가지고 다투려 한다면 정말 우스운 일이 될 뿐입니다."

와각지쟁(蝸角之爭)은 여기서 유래한 말로 사소한 일로 벌이는 다툼을 이르는 말이다.

愚公移山(우공이산)

중국에 산을 옮기는 사람이 있었다. 이가 바로 우공(愚公)이라는 사람이다. 愚公은 태형산(太形山: 높이가 만 길이나 되고 사방이 백 리가 되는 큰 산)과 왕옥산(王屋山)의 사이에서 살았는데 이 산들이 북쪽길을 가로막고 있어 출입을 번거롭게 하였다. 그러자 우공(愚公)은 가족들을 모아놓고 상의했다.

"우리들의 출입을 가로막고 있는 산이 우리의 통행을 번거롭게 하니 우리가 힘을 모아 이 산들을 편편하게 하여 한수(漢水)의 남쪽까지 이르게 하고 싶은데 너희들은 어떻게 생각하느냐?"

가족 모두가 좋은 일이라고 찬성하여 일을 시작하려 하는데 우공(愚公)의 아내가 말했다.

"당신은 나이가 90이나 되고, 기운이 쇠잔하여 당신의 힘으로는 작은 언덕 하나 없앨 수가 없는데 태형산(太形山)이나 왕옥산(王屋山)은 지나치게 큰 산인데다 그 산에 있는 흙이며 큰 돌들은 어디에 어떻게 옮기시겠습니까?"

고사성어 유래설명

그러자 우공(愚公)이 대답했다.

"그것은 동해가 있는 발해의 구석이나 동북쪽에 있다는 은토(隱土)의 북쪽에 던져 버리지."

그리하여 우공은 아들과 손자를 데리고 산을 무너뜨리기 시작하였다. 삼태기에 흙을 파 싣고 돌을 깨뜨려 운반해 갔다. 이 작업은 옮기려는 거리가 멀어 더위와 추위가 바뀌어야, 곧 해가 바뀌어야 한 번 오고, 가는 먼 길이었다. 사람들이 그를 향하여 비웃자 우공(愚公)은 오히려

"당신과 같이 좁은 소견의 사람은 어쩔 수가 없소. 내가 죽는다 할지라도 아이들은 남아서 일할 수 있으며 그 아이들에게 손자가 생길 터이고, 손자는 또 손자를 낳아 자자손손(子子孫孫)이 끝나는 일이 없을 것이오. 그러다 보면 편편해질 것 아닙니까?"

라고 대답했다. 뱀을 가진 신이 이 말을 듣고 산을 무너뜨리는 일이 언제까지나 계속될 것을 두려워하여 천제(天帝)께 호소했다. 그러자 천제(天帝)는 우공(愚公)의 진심에 감동하여 과아씨(寡娥氏) 두 아들에게 명령하여 태형산(太形山)과 왕옥산(王屋山)의 두 산(山)을 업어다가 하나는 삭북(朔北)의 동쪽에 놓고, 하나는 옹주(雍州)의 남쪽으로 옮겼다. 이후로부터 기주(冀州)의 남쪽과 한수(漢水)의 남쪽에 걸쳐 있던 높은 산이 없어졌다는 데서 유래한 말이다.

우공이산(愚公移山)이라는 말은 끊임없이 계속 노력을 하게 되면 마침내 성공하게 된다는 말로 쓰인다.

羽化登仙 (우화등선)

이 말은 소동파(蘇東坡)의 글 전적벽부(前赤壁賦)에 실려 있는 말이다.

임술년(壬戌年) 가을 7월 16일에 소동파(蘇東坡)가 손님과 함께 강에 배를 띄우고 적벽강(赤壁江) 아래에서 노는데 맑은 바람이 불어와 물결을 잔잔하게 수놓으니 흥이 솟아 술을 들어 서로 권하고 명월(明月)의 시(詩)를 읊으며, 시경(詩經)에 있는 요조장(窈窕章)의 시(詩)로 노래를 부른다. 이제 막 달이 동산 위에 떠올라 남두성(南斗星)과 북두성(北斗星) 사이를 흘러가 달까지 분위기를 돋우더라. 한 조각 작은 배에 몸을 실어 배가 가는 대로 맡겨서 한없이 넓은 강물 위를 지나가다 보니 그 느낌이 마치 虛空을 依支하고 바람을 탄 듯하여 그 기세가 머무를 바를 모르는 것 같았더라. 그 밤에 느끼는 기분은 마치 두둥실 가볍게 떠올라 마치 世上을 잊고 홀로 서 있다가 **갑자기 날개가 돋치어 신선으로 되어 오르는 것 같더라.**(羽化登仙) 이에 술을 더하여 즐거움이 極에 달하여 뱃전을 두드리며 노래하니 가사에 이르기를 "계수나무 노와 목란 삿대로 맑은 물 속에 비추인 달 그림자를 저어가며 흐르는 물에 번쩍이는 구슬들을 거슬러 올라가도다." 이를 듣고 내가 고개 들어 멀리 바라보니 아름다운 사람이 하늘 저 편에 서 있는 것을 볼 수 있더라. 객 가운데 통소를 부는 사람이 있어 노래에 화답하니 그 소리의 구슬픔이 원망하는 듯, 사모하는 듯 혹은 하소연하는 듯 하였고, 그 여음 또한 가냘프게 길

고사성어 유래설명

게 이어져 끊이지 않는 것이 한없이 풀어지는 실과 같았더라.
-이하생략-

鴛鴦之契(원앙지계)

전국시대(戰國時代) 말기 송(宋)나라가 망하던 때인 강왕(康王) 때에 일이다. 강왕(康王)은 그의 시종(侍從) 한빙(韓憑)이라는 사람의 아내인 하씨(何氏)의 미모가 가장 뛰어난 사람이라 생각하여 하씨를 취하여 그의 첩으로 삼았다. 그래서 한빙(韓憑)은 왕이 하는 처사를 인하여 원한을 품었다. 한빙(韓憑)의 원한을 안 왕은 화가 나서 사실이 아닌 죄를 그에게 뒤집어 씌워 벌을 주었다. 곧 낮에는 변경의 수비를 보게 하고 밤에는 변경의 방비에 만리장성을 쌓는 인부로 근무하게 하는 무거운 형벌이었다. 이를 잘 알고 있던 아내는 몰래 남편과 편지를 주고받는다. 그러다가 하씨는 남편인 한빙(韓憑)이 자살했다는 소식을 듣자 하씨는 자기의 의복을 썩혀두고 강왕과 함께 성벽에 올라갔을 때 거기서 몸을 던진다. 측근자가 당황하여 옷소매를 잡았지만 옷소매만 남고 하씨는 떨어져 죽는다. 하씨의 띠에는 유서가 남겨져 있었는데 내용은 '내가 죽으면 내 시체는 남편과 함께 묻어 달라' 는 것이었다. 화가 난 강왕(康王)은 이 소원을 무시하고 처음에는 무덤을 마주 보게 했으나 나중에 두 무덤을 하나로 합쳐 묻어 주었다. 그러자 며칠이 안 되어 두 개의 무덤 끝에서 한 그루씩의 큰 가래나무가 나와 무성하게 되고 서로 줄기

를 굽혀 가까워지고 흙속에서 뿌리가 뒤엉키고 지상에서는 가지들이 서로 뒤엉키었다. 이때에 나루 위에 원앙새 한 쌍이 둥지를 틀고 그 곳을 떠나지 않고 서로 사랑을 하고 노래했다. 사람들은 이 두 사람의 일을 불쌍히 생각하여 그 나무를 상사수라 불렀다. 황하 남쪽 사람들은 '이 새가 한빙의 부부가 새로 태어난 것' 이라고 말하여졌다는 데서 생겨난 말이다. 따라서 원앙지계(鴛鴦之契)는 금슬이 좋은 부부 사이를 일컫는 말이다.

泣斬馬謖(읍참마속)

〈삼국지(三國志)〉 '촉지' 제갈량전에 나오는 말이다.

삼국시대 초, 촉(蜀)의 제갈량(諸葛亮)은 위(魏)나라를 치기 위해 대군을 이끌고 출병하였다.

그리하여 한중을 손에 넣고 장안(長安)을 치기 위해 기산(祁山)으로 나아가 위수(渭水)의 서쪽에 진을 치고 계속해서 위(魏)나라 군사를 무찔렀다. 이에 놀란 위(魏)는 명장 사마의를 급파하였다. 사마의 20만 대군은 기산(祁山) 기슭에 진을 치고 제갈량(諸葛亮)의 군사와 대치했다.

제갈량(諸葛亮)은 위군을 무찌를 계책을 세워 놓았지만, 군량 수송로인 가정(街亭) 지역을 방비할 일이 걱정이었다

이 때 마속(馬謖)이 그 중책을 자원했다.
마속(馬謖)은 제갈량(諸葛亮)과 절친한 친

구인 참모 마량의 동생으로서 제갈량의 총애를 받는 장수였다. 그러나 상대 장수가 워낙 지략이 뛰어난 사마의 인지라 제갈량은 망설이지 않을 수 없었다.

그의 의중을 안 마속은 이렇게 거듭 간청했다.

"제 기량으로 어찌 가정(街亭) 땅 하나 지켜 낼 수 없겠습니까? 만일 제가 패하면 저는 물론 제 일가까지 모두 처형하셔도 원망하지 않겠습니다."

제갈량은 숙고 끝에 마속에게 굳은 다짐을 받고 일을 맡겼다. 가정(街亭)에는 삼면이 절벽으로 된 산이 있었는데, 제갈량은 그 산기슭의 길을 사수하여 위군을 접근시키지 말라고 명령했다. 그런데 가정(街亭)에 도착한 마속(馬謖)은 지형을 살핀 후 적을 유인해서 역공을 펴면 좋겠다는 생각으로 산정에 진을 치고 적을 기다렸다.

그러나 위나라 군사는 산기슭을 포위한 채 위로 공격해오지 않았으므로 얼마 가지 않아 마속(馬謖)의 군대는 식수와 식량 보급이 끊기고 말았다.

마속은 포위망을 돌파하려 하다가 참패를 당하고 부득이 철수하고야 말았다.

마속이 돌아오자 제갈량은 마속을 옥에 가두고 군법에 의해 그를 사형에 처했다. 군법을 어긴 이상 마속을 처형하지 않을 수 없었던 것이다.

제갈량은 이 때에 마속의 재능을 아까워하면서도 군율을 유지하기 위해 눈물을 머금고 마속을 처형했던 것이다.

읍참마속(泣斬馬謖)이라는 말은 '울면서 마속(馬謖)을 벤다.'는 말로서 곧, 공정한 일의 처리를 위해 사사로운 정을 버리는 일을 비유할 때 쓴다.

一	舉	兩	得	一	罰	百	戒	一	絲	不	亂
제부수	手-14획	入-6획	彳-8획	제부수	罒-9획	白-1획	戈-2획	제부수	糸-6획	一-3획	乙-12획
하나 일	들 거	두 량	얻을 득	하나 일	벌받을 벌	일백 백	경계할 계	하나 일	실 사	아닐 불	어지러울 란
一	臼臼臼舉	一冂兩	彳得得	一	罒罒罰	一丆百	一二戒	一	纟糸絲	一ㄱ不	一亂
	與與舉	兩兩	得得		罰		戒		絲絲	不	亂亂

■ 학습 도우미

- **舉** : 절구(臼: 절구 모양을 본뜬 글자)를 손(手)으로 받쳐들어 올리는 글자이므로 '들 거'이다. 약자는 挙이다.
  ※ 쓰임 ① 들 거: 擧手(거수) – 손을 듦. ② 거동 거 – 擧止(거지): 일체의 행동.
  ③ 모두 거: 擧國(거국) – 온 나라.
- **罰** : 말(言)을 칼(刂)같이 하여 남을 괴롭힌 사람을 그물(罒)을 씌워 벌을 준다는 글자로 '벌 벌'이다.
- **戒** : 두 손으로(廾) 창(戈)을 받들고 경계를 선다 하여 '경계할 계'가 된다.
- **亂** : 약자는 乱이다.

▶ 퀴즈로 익히기(정답은 131p에)
  1. 옛날부터 계속 삐치기만 한 글자는?
  2. 입이 14개 달린 漢字는?
  3. 동쪽에 있는 문에 풀이 돋아난 모습을 한 글자의 漢字로 표현하면?

一擧兩得(일거양득) : 한 가지 일을 하여 두 가지 이득을 거둠. ☞ 고사성어 p154
　　　　　　　　　=一石二鳥 =一箭雙鳥
一罰百戒(일벌백계) : 한 사람을 본보기로 벌을 주어 여러 사람을 조심시키는 것.
一絲不亂(일사불란) : 질서나 체계가 정연하여 조금도 어지러운 데가 없음.

一	石	二	鳥	一	魚	濁	水	一	言	半	句
제부수 하나 일	제부수 돌 석	제부수 두 이	제부수 새 조	제부수 하나 일	제부수 물고기 어	水-13획 흐릴 탁	제부수 물 수	제부수 하나 일	제부수 말씀 언	十-5획 절반 반	口-5획 글귀 구
一	一ㄱ石	一二	⺈自鳥 鳥	一	⺈魚 魚	氵汩濁 濁	丨丬水 水	一	二言 言	⺌半	ノ勹句

■ 학습 도우미

- 鳥(새 조)와 烏(까마귀 오)를 구분하기
  새는 윗부분의 눈(白)이 잘 보이는데 까마귀는 온통 까만 관계로 눈이 어디 있는지 구분이 안 되므로(戶) 한 획(一)이 빠진 글자가 까마귀 오(烏)이다.
- 濁 : 흐린 물(水)에서 그물을 던져(罒: 그물 망) 벌레를 잡는다(虫) 하여 '흐릴 탁'이다.
- 半 : 반 반, 절반 반
  半信半疑(반신반의): 얼마쯤은 믿으면서도 한편으로는 의심하는 일.

▶ 앞쪽 퀴즈로의 답(130p 퀴즈의 답)
1. 舌(혀 설)이다. 왜냐하면 古(옛 고)와 ノ(삐침)으로 이루어진 글자이니까.
2. 圖(그림 도)이다. 왜냐하면 口(입 구)가 네 개인데다 가운데 十(열 십)이 있으니까.
3. 蘭(난초 란)이다. 왜냐하면 柬을 東으로 간주하면 동문 위에 풀(艹)이 났으니까.

一石二鳥(일석이조) : 한 가지의 일을 하여 두 가지의 이익을 거둠.
一魚濁水(일어탁수) : 한 마리의 고기가 물을 흐린다는 말로 한 사람의 잘못으로 여러 사람이 해를 입게 됨을 말함.
一言半句(일언반구) : 한 마디의 말과 반 구절의 말, 즉 몹시 짧은 말.

一	葉	片	舟	一	以	貫	之	日	就	月	將
제부수 하나 일	艸-9획 잎사귀 엽	제부수 조각 편	제부수 배 주	제부수 하나 일	人-3획 써 이	貝-4획 뚫을 관	ノ-3획 어조사 지	제부수 날 일	尢-9획 나아갈 취	제부수 달 월	寸-8획 나아갈 장
一	艹艹葉 葉	丿丨片	丿丨力 月舟	一	丿レ 以以	丨ㄴㅁ皿 冊冒貫	丶ㄴ之	丨冂日	亠京京 尌就	丿冂月 月	丨丬丬 丬丬將 將將將

■ 학습 도우미

- 葉 : 세상(世) 위아래에는 풀과 나무 같은 잎사귀로 둘러 있다 하여 '잎사귀 엽'으로 보면 된다.
- 片 : 나무토막을 세로로 자른 오른쪽 조각을 본뜬 글자로 '조각 편'이다.
- 舟 : 배의 모양을 본떠 만든 글자이므로 '배 주'이다.
- 貫 : 재물(貝: 조개 패)은 꿰지 말아야(毌: 말 무) 한다 하여 '꿸 관'으로 보면 된다.
- 就 : 서울(京: 서울 경)은 더욱(尤: 더욱 우) 나아가 취직하고 싶은 곳이라는 글자 '나아갈 취'이다.
- 將 : 장수(爿: 장수 장, 조각 장)는 달(月)같이 생긴 조그마한(寸: 마디 촌) 계급장을 붙인 사람을 말한다는 글자 '장수 장'이다. 속자는 将이다.

    ※ 쓰임 ① 나아갈 장: 日就月將(일취월장)
          ② 장수   장: 勇將(용장)
          ③ 장차   장: 將來(장래)

一葉片舟(일엽편주) : 한 조각의 조그마한 배.
一以貫之(일이관지) : 하나의 이치로써 모든 일을 꿰뚫음. ☞ 고사성어 p154
日就月將(일취월장) : 어떤 일이나 학문이 날로 날로 진보한다는 뜻.

一	敗	塗	地	一	片	丹	心	一	筆	揮	之
제부수	攵-7획	土-10획	土-3획	제부수	제부수	丶-3획	제부수	제부수	竹-6획	手-9획	丿-3획
하나 일	패할 패	진흙 도	땅 지	하나 일	조각 편	붉을 단	마음 심	하나 일	붓 필	휘두를 휘	어조사 지

■ 학습 도우미

- **敗** : 재물(貝)을 쳐부수니(攵: 칠 복) 패할 수밖에 없으므로 '패할 패'이다.
- **塗** : 쓰임
   ① 바를 도 : 塗料(도료) – 물건의 겉에 바르는 유동성 물질. 페인트 따위.
   ② 진흙 도 : 塗炭(도탄) – 진흙 물에 빠지고 숯불에 타는 괴로움이라는 말로 생활 형편이 몹시 곤란하고 괴로운 지경을 이르는 말.
   ③ 길 도 : 塗說(도설) – 길거리의 말(소문).
- **片** : 나무토막을 세로로 자른 오른쪽 조각을 본뜬 글자로 '조각 편'이다.
- **筆** : 대나무(竹)로 만든 붓(丨: 붓 모양)을 잡고(⺕) 있는 모습의 글자이므로 '붓 필'이다.
- **揮** : 손(手)으로 군대(軍)를 지휘한다 하여 '휘두를 휘'이다.

▶ 퀴즈로 익히기(정답은 134p에)
  모자를 벗고 보니 서양 사람임을 알았다를 漢字로 표현하면?

一敗塗地(일패도지) : 한 번 여지없이 패(敗)하여 다시 일어날 수 없게 됨. ☞ 고사성어 p155
一片丹心(일편단심) : 변치 않은 참된 마음을 이르는 말.
一筆揮之(일필휘지) : 글씨를 단숨에 힘차고 시원하게 쭉 써 내려감.

臨	戰	無	退	自	激	之	心	自	繩	自	縛
臣-11획	戈-12획	火-8획	辶-6획	제부수	水-13획	丿-3획	제부수	제부수	糸-13획	제부수	糸-10획
임할 림	싸움 전	없을 무	물러날 퇴	스스로 자	부딪칠 격	어조사 지	마음 심	스스로 자	노끈 승	스스로 자	묶을 박

■ 학습 도우미

- 臨 : 신하(臣)가 사람(人) 앞에 품위(品) 있게 임하였다 하여 '임할 림' 이다.
- 戰 : 한 사람씩(單: 홀 단) 창(戈: 창 과)을 들고 전쟁에 싸우러 간다 하여 '싸움 전' 이다. 약자로는 戦를 쓴다.
- 退 : 머물러(艮: 머무를 간) 있다가 물러난다 하여 '물러설 퇴' 이다.
- 激 : 물결(水)이 하얗게(白) 사방(方)에 부딪친다(攵: 칠 복) 하여 '물결칠 격' 이 된다.
- 繩 : 줄(糸)로 맹꽁이(黽: 맹꽁이 모양을 본뜬 글자로 맹꽁이 맹)를 꽁꽁 묶는다 하여 '노끈 승' 이다.
- 縛 : 줄(糸)로 큰(甫: 클 보) 물건을 묶어 아주 작게(寸: 마디 촌) 만들었다 하여 '묶을 박' 이다.

▶ 퀴즈로의 답(133p 퀴즈의 답)
　宿(잠잘 숙)이다. 왜냐하면 모자, 갓(宀)을 벗겨 보니까 백인(百: 일백 백, 人: 사람 인)이 있는 글자이므로.

臨戰無退(임전무퇴) : 신라 화랑도의 세속오계(世俗五戒) 중 하나로 싸움에 임하여서는 물러서지 아니함.
自激之心(자격지심) : 자기가 한 일에 대하여 자기 스스로 미흡하게 여기는 마음.
自繩自縛(자승자박) : 자기가 꼰 새끼로 스스로를 묶는다는 뜻으로 자기가 한 말이나 행동 때문에 자기 자신이 구속되어 괴로움을 당하게 됨을 이름.

自	暴	自	棄	殘	虐	無	道	張	三	李	四
제부수	日-11획	제부수	木-8획	歹-8획	虍-3획	火-8획	辶-9획	弓-5획	一-2획	木-2획	제부수
스스로 자	사나울 포	스스로 자	버릴 기	모질 잔 나머지 잔	사나울 학	없을 무	길 도	베풀 장	석 삼	오얏 리	넉 사
丶亻自	日旦異	丶亻自	亠亠吞	歹歺殘	广虍虐	丿亠無	丶亠丷	丨弓引	一二三	木李李	冂四四
自	暴暴	自	奋香棄	殘	虐虐虐	無無	首首道	張張張			

■ 학습 도우미

- 暴 : 쓰임
  ① 사나울 포·폭 – 暴棄(포기): 자포자기의 준말. 暴君(폭군): 포악한 임금.
  ② 갑자기 폭 – 暴騰(폭등): 물가(物價)나 주가(株價) 등이 갑자기 오름.
  ③ 드러낼 폭 – 暴露(폭로): 비밀을 드러냄.
- 殘 : 짐승을 죽일 때면(歹: 죽을 사) 창(戈: 창 과)을 거듭(戈) 찔러 잔악하게 죽이는 글자로 '죽일 잔', '모질 잔', '나머지 잔'이다. 약자는 残이다.
- 長 : 이는 다른 글자와 결합해도 발음은 '장'으로 소리난다.
  帳 : 장막 장 (巾[수건 건]이 붙었으니까)
  張 : 베풀 장, 벌릴 장 (弓[활 궁]을 길게 늘려 벌렸으니까)

自暴自棄(자포자기) : 자기 자신을 스스로 내버려두고 돌보지 않음. ☞ 고사성어 p155
殘虐無道(잔학무도) : 잔인하고 포악함이 인간의 도리를 벗어남.
張三李四(장삼이사) : 중국에서 가장 흔한 장 씨의 셋째와 이 씨의 넷째 아들이란 뜻으로 평범한 보통 사람을 말함.

長	袖	善	舞	莊	周	之	夢	積	善	餘	慶
제부수	衣-5획	口-9획	舛-8획	艸-7획	口-5획	丿-3획	夕-11획	禾-11획	口-9획	食-7획	心-11획
길 장	소매 수	착할 선	춤출 무	장엄할 장	두루 주	어조사 지	꿈 몽	쌓을 적	착할 선	남을 여	경사 경
丨 厂 E	衤 衤 初	羊 羊 盖	一 二 無	艹 芦 莊	丿 冂 月	丶 二 之	艹 艹 萝	二 禾 積	羊 羊 盖	人 今 솹	亠 广 庐
長 長	袖 袖 袖	善	舞 舞 舞	莊	周	之	夢	積 積	善	솹 솹 餘	庐 庐 慶

■ 학습 도우미

- 莊 : 풀 초(艹)와 씩씩할 장(壯)이 결합된 글자로 씩씩함에 월계관(艹)을 씌웠으니 장엄한 모습을 나타낸 글자이다. 따라서 '장엄할 장'이다. 장(壯)은 '장할 장, 씩씩할 장'으로 다른 글자와 결합해도 자신의 소리를 그대로 간직하여 '장'으로 소리난다.
  예) 莊: 별장 장, 장엄할 장. 裝: 꾸밀 장.
- 夢 : 저녁(夕: 저녁 석)에 이불을 덮고(冖: 덮을 멱) 잠을 자면 풀(艹) 속에서 괴물(罒)이 나타나는 꿈을 꾼다 하여 '꿈 몽'이 된다.
- 余 : '나 여'가 다른 글자와 결합하여 여러 가지로 쓰이는 글자
  餘(남을 여: 먹을 것이 나에게 많이 남아 있다.)
  徐(천천히 서: 두 사람(彳)과 余(나)가 천천히 걸어간다.)
  敍(펼 서). 途(길 도). 除(덜 제). 斜(기울 사)
- 慶 : 상서로운 사슴(鹿: 사슴 록의 줄임 글자) 한(一) 마리를 얻어서 마음(心)이 즐거워 북을 치고(攵: 칠 복) 경축한다는 글자 '경사스러울 경'이다.

長袖善舞(장수선무) : 소매가 길면 춤을 잘 출 수 있다는 뜻으로 재물이 넉넉하면 성공하기도 쉽다는 말. ☞ 고사성어 p156
莊周之夢(장주지몽) : 자신과 외계와의 구분을 잃어버린 경지. ☞ 고사성어 p156 =胡蝶夢(호접몽)
積善餘慶(적선여경) : 남에게 선을 쌓으면 많은 경사스러운 일이 있게 된다. ☞ 고사성어 p156

前	途	洋	洋	轉	轉	乞	食	前	程	萬	里
刀-7획	辶-7획	才-9획	才-9획	車-11획	車-11획	乙-2획	제부수	刀-7획	禾-7획	艹-9획	제부수
앞 전	길 도	넓을 양	넓을 양	구를 전	구를 전	빌 걸	먹을 식	앞 전	길 정	일만 만	마을 리
丷䒑首	人㑒余	氵江汫	氵江汫	車軒軡	車軒軡	丿乞	人㑒今	丷䒑首	禾和程	艹艹苩	口日甲
前前	余途途	泮洋	泮洋	轉轉轉	轉轉轉		食食	前前	程程	莒萬	甲里

■ 학습 도우미

- 前 : 丷은 앞을 뜻하여 전방을 나타내고, 月은 본래 배를 나타내는 舟(배 주)였던 것이 月로 바뀌었다. 옆에 칼 도(刂)는 배가 앞으로 나아갈 때 생기는 물결로 보면 된다. 따라서 배가 앞에 전방으로 나아간다고 하여 '앞 전'이 된 글자이다. '전'은 다른 글자와 결합하여도 소리는 언제나 '전'으로 소리난다. 예) 剪: 가위 전, 자를 전. 箭: 화살 전.
- 途 : 途上(도상): 길 위.
  途中(도중): 길을 가고 있는 동안. 塗(도)와 통용되는 글자.
- 轉 : 수레바퀴(車)는 오로지(專: 오로지 전) 구르기만 한다 하여 '구를 전'이다.
- 程 : 벼(禾)를 수확하여 입구(口)에서 부터 임(壬: 북방 임)에게 가져가는 길을 나타낸 글자이므로 '길 정'이다.
- 里 : 밭(田)과 같은 토지(土)가 있는 마을이어서 '마을 리'이다.
  ① 마을 리 – 里俗(이속): 마을의 풍속.
  ② 이수 리 – 里數(리수): 거리를 리(里)단위로 센 수. 1리는 약 393m이다.

前途洋洋(전도양양) : 장래의 발전성이 큰 모양.
轉轉乞食(전전걸식) : 정처 없이 여기저기 돌아다니면서 빌어먹음.
前程萬里(전정만리) : 앞길이 만 리나 된다는 뜻으로 젊어서 희망을 걸 만한 장래가 있다는 말.

絕	世	佳	人	切	齒	扼	腕	頂	門	一	鍼
糸-6획	一-4획	人-6획	제부수	刀-2획	제부수	扌-4획	月-8획	頁-2획	제부수	제부수	金-9획
끊을 절	세상 세	아름다울 가	사람 인	끊을 절	이빨 치	움켜쥘 액	팔 완	정수리 정	문 문	하나 일	침 침

■ 학습 도우미

- **佳** : 사람(人)이 좋은 옥(圭: 서옥 규)으로 장식하여 아름답게 보이므로 '아름다울 가'이다.
- **切** : 칼을 가지고 7(七)조각으로 끊는다 하여 '끊을 절'이다.
  ① 끊을 절 – 切斷(절단): 베거나 자르거나 하여 끊음.
  ② 모두 체 – 一切(일체): 모든 것. 온갖 것.
  ※ 一切(일체)라는 단어 뒤에 사물을 부인하거나 금하는 말이 올 때는 '일체'라고 읽지 않고 '일절'이라고 읽는다.
- **齒** : 구강 안에 윗니와 아랫니가 가지런히 정렬된 모습을 그린 글자여서 '이 치'이다.
- **丁** : '장정 정', '고무래(곡식을 긁어 담거나, 펼 때 쓰는 도구) 정'. 이 글자는 다른 글자와 결합하면 대부분 정으로 소리난다.
  예) 頂(정수리 정), 訂(고칠 정) 예외) 打(칠 타)
- **鍼** : 針와 같다.

絕世佳人(절세가인) : 당대에 견줄 만한 사람이 없는 미인.
切齒扼腕(절치액완) : 몹시 분하여 이를 갈고 팔을 걷어 올리며 벼르는 일. =切齒腐心(절치부심)
頂門一鍼(정문일침) : 정수리에 침을 놓는다는 뜻으로 따끔한 충고를 이르는 말.

諸	説	紛	紛	糟	糠	之	妻	朝	不	慮	夕
言-9획	言-7획	糸-4획	糸-4획	米-11획	米-11획	ノ-3획	女-5획	月-8획	一-3획	心-11획	제부수
모두 제	말씀 설	어지러울 분	어지러울 분	재강 조	겨 강	어조사 지	아내 처	아침 조	아닐 불	생각 려	저녁 석
言 討 諸	言 訁 説	乚 幺 糸	乚 幺 糸	丷 忄 米	米 料 糠	丶 亠 之	一 亖 妻	十 古 朝	一 ア 不	广 庐 慮	ノ ク 夕
諸	説説	紛紛	紛紛	粗糟糟	粐糠糠	之	妻	朝	不	盧慮	

■ 학습 도우미

- 紛 : 실(糸)이 나뉘어져(分) 흩어져 분산되었다는 글자로 '흩어질 분'이다.
- 糟 : 쌀 미(米)와 무리 조(曹)가 결합하여 만들어진 글자로 '재강 조'이다. 曹가 음을 지닌 소리글자여서 다른 글자를 만나도 언제나 '조'로 읽는다. 曹는 曺(성씨 조)와 같은 글자로 쓰인다.
  ※ '재강'이란 술을 걸러내고 남은 찌꺼기를 말한다.
- 糠 : 쌀 미(米)와 편안할 강(康)이 결합하여 만들어진 글자로 '겨 강'이 된다. '康'이 소리글자여서 다른 글자를 만나도 언제나 '강'으로 읽는다.
  ※ '겨'란 벼과의 곡식을 찧어서 벗겨 낸 껍질을 통틀어 이르는 말이다.

▶ 퀴즈로 익히기(정답은 140p에)
  1. 의처증 환자가 자주 범하는 죄를 漢字로 쓰면?
  2. 10월 10일을 한 글자의 漢字로 쓴다면?

諸説紛紛(제설분분) : 이러쿵저러쿵 말이 많은 것.
糟糠之妻(조강지처) : 술지게미와 겨를 먹고 살 때 함께 하던 아내란 뜻으로 빈곤할 때에 어려움을 함께 지낸 아내란 말. ☞ 고사성어 p157
朝不慮夕(조불려석) : 형세가 급하고 딱하여 아침에 저녁의 일을 헤아리지 못한다는 뜻으로 당장의 일을 걱정할 뿐, 장차 닥쳐올 앞일을 걱정할 겨를이 없음을 이르는 말.

鳥	足	之	血	造	化	神	功	縱	橫	無	盡
제부수	제부수	ノ-3획	제부수	辶-7획	匕-2획	示-6획	力-3획	糸-11획	木-12획	火-8획	皿-9획
새 조	발 족	어조사 지	피 혈	지을 조	될 화	귀신 신	공적 공	세로 종	가로 횡	없을 무	다할 진

■ 학습 도우미

- 神 : 귀신에게 보이기 위하여(示) 제물을 쭉 펴(申: 펼 신) 둔 모습의 글자로 '귀신 신'이다.
- 功 : 장인(工)이 힘들여(力) 이루어 낸 결과 공을 이루었다로 보아 '공적 공'이다.
- 縱 : 쓰임
    ① 세로 종: 縱列(종렬) – 세로로 나란히 선 줄.
    ② 자유로울 종: 縱覽(종람) – 마음대로 보고 구경함.
    ③ 방자할 종: 放縱(방종) – 아무 거리낌없이 함부로 행동함.
- 盡 : 붓(⺕: 붓을 잡은 모습)을 화로(皿: 그릇 명) 불(灬)에 다 태워 소진시킨 글자이므로 '다할 진'이다.

▶ 퀴즈로의 답(139p 퀴즈의 답)
1. '妻'이다. '아내 처' 글자여서 아내를 쳐 두들겨패니까.
2. '朝(아침 조)'이다. 글자의 구성이 十日과 十月로 구성되어 있으니까.

鳥足之血(조족지혈) : 새발의 피란 뜻으로 극히 적은 분량을 비유한 말.
造化神功(조화신공) : 조물주의 뛰어난 솜씨.(계절의 변화)
縱橫無盡(종횡무진) : 행동이 마음먹은 대로 자유자재임.

坐	不	安	席	左	衝	右	突	酒	池	肉	林
土-4획	一-3획	宀-3획	巾-7획	工-2획	行-9획	口-2획	穴-4획	酉-3획	水-3획	제부수	木-4획
앉을 좌	아닐 불	편안할 안	자리 석	왼 좌	찌를 충	오른 우	갑자기 부딪칠 돌	술 주	못 지	고기 육	수풀 림
人 丷 坐	一 ア 不	宀 灾 安	` 广 席	一 ナ 左	彳 徔 衝	ノ ナ 右	宀 灾 突	氵 汀 沔	氵 汀 池	丨 冂 肉	十 才 木
𠃋 坐	不	安	席	左 左	衝 衝	右 右	突 突	洒 酒	池	肉	村 林

■ 학습 도우미

- 坐 : 두 사람(人人)이 땅(土) 위에 앉아 있는 모습이므로 '앉을 좌'이다.
    - 坐視(좌시) : 참견하지 않고 앉아서 보고만 있음.
    - 坐禪(좌선) : 고요히 앉아서 불도(佛道)의 묘한 이치를 얻으려는 수업(修業).
- 座 : 이는 '자리 좌'로 본래는 '坐'와 같은 글자였으나 '坐'는 동사로 '座'는 명사로 사용되게 된 글자이다.
    - 座席(좌석) : 앉은 자리.
    - 座右銘(좌우명) : 늘 가까이 두고 일상의 경계를 삼는 말이나 글.
- 突 : 개(犬)가 갑자기 굴(穴)에서 돌진해 나왔다는 글자 '갑자기 돌', '부딪칠 돌'이다.
- 酒 : 뚜껑 달린 술병의 모양을 본떠 만든 글자(酉)와 물이 만나 이룬 글자로 술이 병에 가득함을 나타낸 글자이므로 '술 주'이다.

坐不安席(좌불안석) : 불안, 근심 등으로 한군데 오래 앉아 있지 못함.
左衝右突(좌충우돌) : 이리저리 마구 부딪치면서 치고 받음.
酒池肉林(주지육림) : 술이 연못을 이루고, 고기가 숲을 이루었다는 뜻으로 술과 고기가 푸짐하게 차려진 술잔치를 말함. ☞ 고사성어 p158

朱	欄	畫	閣	衆	寡	不	敵	衆	口	難	防
木-2획	木-17획	田-8획	門-6획	血-6획	宀-11획	一-3획	攵-11획	血-6획	제부수	隹-11획	阝-4획
붉을 주	난간 란	그림 화	다락집 각	무리 중	적을 과	아닐 부	대적할 적	무리 중	입 구	어려울 난	막을 방
ノ ト 牛 朱	木 朻 欄 欄 欄	二 中 晝 書 畫 畫	门 門 閁 閣	宀 宀 宜 寅 衆	宀 宀 宣 宴 寡	一 フ 不	宀 产 咅 商 敵	血 血 血 血 衆	丨 冂 口	廿 苔 莫 艱 難	阝 阝 阝 防

■ 학습 도우미

- **畫** : 약자로는 画이며, 속자로는 畵이다.
- **敵** : 오래(古) 된 성(冂) 위에 서서(立) 대적할 적을 친다(攵: 칠 복) 하여 '대적할 적'이다.
- **難** : 진흙(堇: 진흙 근) 속에 새(隹)가 빠져 어려움을 겪는다 하여 '어려울 난'이 된다.
- **方** : '방위 방'은 장수가 전쟁터에서 병사들에게 칼을 들어 방향을 가리키는 데서 유래한 글자로 방향을 나타낸다. 方은 다른 한 글자와 결합하면 소리는 그대로 '방'이다.(예: 房[방 방 – 戶+方], 訪[찾을 방 – 言+方]) 다른 두 글자와 결합하면 소리가 바뀐다.(예: 族[겨레 족 – 方+人+矢], 旗[깃발 기 – 方+人+其])
- **防** : 언덕(阝)이 방향(方)을 막고 있으니 '막을 방'이다.

▶ 퀴즈로 익히기 (정답은 144p에)
　키가 작은 사람을 漢字로는 어떻게 쓸까요?

朱欄畫閣(주란화각) : 단청을 곱게 하여 화려하게 꾸민 집.
衆寡不敵(중과부적) : 적은 수의 군대로는 많은 수의 적을 상대할 수 없다는 말.
衆口難防(중구난방) : 여러 사람의 말은 다 막기가 어려움.

仲	秋	佳	節	指	鹿	爲	馬	支	離	滅	裂
人-4획	禾-4획	人-6획	竹-9획	扌-6획	제부수	灬-8획	제부수	제부수	隹-11획	水-10획	衣-6획
버금 중	가을 추	아름다울 가	마디 절기 절	손가락 지	사슴 록	할 위	말 마	지탱할 지	떠날 리	멸망할 멸	찢을 렬
ノ 亻 仁	二 千 禾	亻 亻 仕	竹 竺 節	一 寸 扌	广 庐 庐	爫 尸 尹	丨 厂 爪	一 十 支	卤 离 离	氵 汩 派	歹 列 剡
仲 仲	秒 秋	仕 佳	筍 節	扗 指	鹿 鹿	爲 爲	馬 馬	支	离 離	滅 滅	裂 裂

■ 학습 도우미

- 秋 : 벼(禾)가 불타는(火) 계절이 가을이므로 '가을 추'로 읽는다.
- 佳 : 사람(人)이 좋은 옥(圭: 서옥 규)으로 장식하여 아름답게 보이므로 '아름다울 가'이다.
- 節 : 대나무(竹)는 곧(卽: 곧 즉) 마디가 절대 있다 하여 '마디 절' 혹은 '절기 절'이 된다.
- 支 : 나무가지(十)를 손(又)으로 잡고 있는 모습을 그린 글자이다. 나무를 잡고 지탱하고 있으므로 '지탱할 지'가 된다.
- 離 : 처마 밑에 둥지를 튼 새(禽: 날짐승 금)가 자라서 지붕을 벗고(人) 새(隹)가 되어 날아서 떠나간다는 글자로 '떠날 리'이다.
- 滅 : 적지에 들어가 개(戌: 개 술)까지 잡아 불(火)태우고 물(氵)을 뿌려 멸해버렸다는 글자로 '멸할 멸'이다.
- 裂 : 벌일 렬(列)과 옷 의(衣)가 결합된 글자로 옷이 벌려졌으니 찢어진 옷이다. 따라서 '찢어질 렬'이다.

仲秋佳節(중추가절) : 가을의 아름다운 계절.
指鹿爲馬(지록위마) : 사슴을 가리켜 말이라 한다는 뜻으로 아랫사람이 윗사람을 농락하여 마음대로 권세를 부림을 이르는 말. ☞ 고사성어 p158
支離滅裂(지리멸렬) : 갈가리 흩어지고 찢기어 갈피를 못 잡게 됨.

咫	尺	之	地	知	彼	知	己	直	木	先	伐
口-6획	尸-1획	ノ-3획	土-3획	矢-3획	彳-5획	矢-3획	제부수	目-3획	제부수	儿-4획	人-4획
짧을 지	자 척	어조사 지	땅 지	알 지	저 피	알 지	몸 기	곧을 직	나무 목	먼저 선	칠 벌

■ 학습 도우미

- **咫** : 자 척(尺)과 다만 지(只)의 결합 글자로 只가 소리를 나타내는 글자로 다른 글자와 결합을 해도 언제나 '지'로 읽는다.
- **尺** : '자 척', '짧을 척'으로 본래는 사람이 팔을 쭉 뻗는 모습을 본뜬 글자이다. 옛날에는 사람의 신체의 한 부분을 길이의 기준으로 삼았기 때문이다. 1척은 10촌을 말하며, 미터법으로 계산하면 약 30.3cm가 된다.
- **直** : 가로와 세로(十)가 곧으며 직각(L)을 이루는 부분이 곧은 각을 이루었나 눈(目)으로 살펴본 글자이므로 '곧을 직'이다.
- **伐** : 사람이 창(戈: 창 과)을 들고 정벌하기 위해 나서는 모양이므로 '칠 벌'이다.

▶ 퀴즈로의 답(142p 퀴즈의 답)

  '只(다만 지)'이다. 왜냐하면 입 밑에 바로 다리가 달려 있으니까.

▶ 퀴즈로 익히기(정답은 146p에)

  '只(다만 지)'보다 더 키가 작은 사람은 漢字로 어떻게 쓸까요?

咫尺之地(지척지지) : 매우 가까운 거리. =指呼之間
知彼知己(지피지기) : 상대를 알고, 나 자신을 앎.
直木先伐(직목선벌) : 곧은 나무가 먼저 베어지게 된다는 뜻으로 마음이 강직하고 곧은 사람은 먼저 다른 사람에게 해를 입게 된다는 말.

珍	羞	盛	饌	質	疑	應	答	戰	戰	兢	兢
玉-5획	羊-5획	皿-6획	食-12획	貝-8획	疋-9획	心-13획	竹-6획	戈-12획	戈-12획	儿-12획	儿-12획
보배 진	맛있는 음식 수	무성할 성	밥 찬	바탕 질	의심할 의	응할 응	대답할 답	싸움 전	싸움 전	조심할 긍	조심할 긍

■ 학습 도우미

- 珍 : 옥(玉) 같은 보배로 사람 몸(人)을 쭉(彡) 휘감은 모습의 글자로 '보배 진'이다.
- 羞 : 양(羊)의 꼬리(丿) 밑에 소(丑: 소 축)가 깔렸으니 부끄러운 일이므로 '부끄러울 수', '맛있는 음식 수'이다.
  - ※ 쓰임 ① 부끄러울 수 – 羞恥(수치), 羞惡之心(수오지심: 불의[不義]를 부끄러워하고 불선[不善]을 미워하는 마음)
    ② 맛있는 음식 수 – 珍羞盛饌(진수성찬)
- 應 : 집(广)에서 사람(人)이 기른 새(隹: 새 추)는 마음(心)까지 응당 통한다는 글자로 '응할 응'이다. 약자는 応이다.
- 戰 : 한 사람씩(單: 홑 단) 창(戈: 창 과)을 들고 전쟁에 싸우러 간다 하여 '싸움 전'이다. 약자로는 战을 쓴다.
- 兢 : 열(十) 사람(口)이 삐툴(丿) 빼툴(\) 섰으니까 넘어질까 조심해야 한다는 글자로 '조심할 긍'이다.

珍羞盛饌(진수성찬) : 맛이 좋은 음식을 많이 차림.
質疑應答(질의응답) : 의심나는 점을 물어보고 물음에 응하여 대답함.
戰戰兢兢(전전긍긍) : 매우 두려워하여 조심함.

責	善	之	道	千	客	萬	來	快	刀	亂	麻
貝-4획	口-9획	ノ-3획	辶-9획	十-1획	宀-3획	艸-9획	人-6획	心-4획	제부수	乙-12획	广-8획
꾸짖을 책	착할 선	어조사 지	길 도	일천 천	손 객	일만 만	올 래	쾌할 쾌	칼 도	어지러울 란	삼 마
十主青	羊羊善	丶亠之	丷丷	一二千	宀宀客	艹芍苩	一厷來	忄忄	刁刀	乌肾肾	丶亠广
責	善	之	片首道		客	萬萬	來來	忄快		亂	庐麻

■ 학습 도우미

- 道 : ① 길 도 : 道路(도로)

  ② 말할 도 : 道破(도파 - 끝까지 말함.)

  ③ 행정구역 도 : 全羅南道(전라남도)

- 客 : 손님을 집안(宀)의 각각(各: 각각 각)의 방에 잠을 재워야 하니까(?) '손님 객'이다.

- 萬 : 약자로는 万을 쓴다.

- 來 : 약자로는 来이다.

- 亂 : 약자로는 乱이다.

▶ 퀴즈로의 답(144p 퀴즈의 답)

'穴'(구멍 혈)이다. 왜냐하면 모자밑에 발이 붙었으니까.

責善之道(책선지도) : 친구 사이에 옳은 일을 하도록 서로 권하는 도리.
千客萬來(천객만래) : 많은 손님이 찾아오는 것.
快刀亂麻(쾌도난마) : 잘 드는 칼로 얽힌 삼실을 자르듯이 어지럽게 뒤얽힌 사물이나 말썽거리를 단번에 시원스럽게 처리함을 비유한 말.

千	變	萬	化	千	思	萬	慮	千	辛	萬	苦
十-1획	言-16획	艹-9획	匕-2획	十-1획	心-5획	艹-9획	心-11획	十-1획	제부수	艹-9획	艹-5획
일천 천	변할 변	일만 만	될 화	일천 천	생각 사	일만 만	생각 려	일천 천	매울 신	일만 만	괴로울 고
ノ 二 千	言 緣 繼	艹 艾 苗	ノ イ 化	ノ 二 千	口 田 田	艹 艾 苗	卜 虍 虑	ノ 二 千	一 亠 立	艹 艾 苗	艹 艹 苦
	變變	萬萬	化		罒思思	萬萬	慮慮		亠辛	萬萬	苦
千	變	萬	化	千	思	萬	慮	千	辛	萬	苦
千	變	萬	化	千	思	萬	慮	千	辛	萬	苦

■ **학습 도우미**

- 變 : 양쪽 실마리(糸)를 잡아서 말(言)을 하고 다그치니(攵: 칠 복) 변화했다 하여 '변할 변'이다.
- 辛 : 십자가(十) 위에 섰으니(立) 괴로운 일이므로 맵다 하여 '괴로울 신', '매울 신'이다.
- 苦 : 쓰임
  ① 괴로울 고
     苦惱(고뇌): 괴로워하고 번뇌함. 苦悶(고민): 마음 속으로 괴로워하고 애를 태움.
  ② 쓸 고
     苦味(고미): 쓴 맛. ↔ 甘味(감미)

▶ 퀴즈로 익히기(정답은 148p에)
  아무리 죽이려고 해도 죽지 않은 漢字는?

千變萬化(천변만화) : 변화가 무궁한 것.
千思萬慮(천사만려) : 수없이 여러 번 생각하는 것.
千辛萬苦(천신만고) : 천 가지의 신 것과 만 가지의 쓴 것이란 뜻으로 온갖 고통과 괴로움을 말함.

天	衣	無	縫	天	人	共	怒	千	紫	萬	紅
大-1획	제부수	火-8획	糸-11획	大-1획	제부수	八-4획	心-5획	十-1획	糸-5획	艸-9획	糸-3획
하늘 천	옷 의	없을 무	꿰맬 봉	하늘 천	사람 인	함께 공	성낼 노	일천 천	자주빛 자	일만 만	붉을 홍
一二子	一ナ衤	ノ ヒ 無	糸 糹 縫	一二子	ノ 人	一 卄 圤	ㄴ 女 奴	一二千	ト 止	艹 茁 苩	幺 糸 紅
天	衣	無	縫	天		共	怒		此紫紫	萬萬	紅

■ 학습 도우미

- 縫 : '봉'자의 기본 글자로 쓰이는 글자가 '夆'자이다. 이는 소리글자여서 다른 글자와 만나도 언제나 '봉'으로 읽는다. 縫은 실사(糸)와 만날 봉(逢)의 결합 글자로 실이 봉을 만났으니 바느질을 연상케 하므로 '꿰맬 봉'이라 보면 된다.
- 怒 : 종(奴: 종 노)이 마음(心)을 누르고 있으니까 성이 나므로 '성낼 노'이다.

▶ 퀴즈로의 답(147p퀴즈의 답)
  居(살 거)이다. 항상 살아있으니까.

▶ 퀴즈로 익히기(정답은 149p에)
  개 꼬리에 불붙은 漢字는?

天衣無縫(천의무봉) : 천사의 옷은 꿰맨 곳이 없다는 뜻으로 시나 문장이 자연스럽고 훌륭하여 흠잡을 만한 곳이 없음을 이르는 말. ☞ 고사성어 p159
天人共怒(천인공노) : 하늘과 사람이 함께 분노한다는 뜻으로 도저히 용서 못함을 이르는 말.
千紫萬紅(천자만홍) : 울긋불긋한 여러 가지 꽃의 빛깔.

千	差	萬	別	千	村	萬	落	千	篇	一	律
十-1획	工-7획	艸-9획	刀-5획	十-1획	木-3획	艸-9획	艸-9획	十-1획	竹-9획	제부수	彳-6획
일천 천	어긋날 차	일만 만	다를 별	일천 천	마을 촌	일만 만	떨어질 마을 락	일천 천	책 편	하나 일	법 률
ノ 二 千	ソ ソ 羊	艹 艹 苩	口 号 号	ノ 二 千	十 木 村	艹 艹 苩	艹 艹 茨	ノ 二 千	竹 竺 芦	一	彳 彳 彳
	羊 差	莒 萬	別 別		村	莒 萬	落 落		芦 筥 篇		律 律

■ 학습 도우미

- 差 : 양(羊)의 꼬리가 어긋나(ノ) 차이가 있어서 고치려면 공구(工)가 있어야 한다로 보아 '어긋날 차'가 된다.
- 落 : 풀(艹)들이 가을비(氵)에 각각(各) 떨어지는 글자이므로 '떨어질 락', '마을 락'이다.
- 篇 : 대나무(竹)로 집집(戶: 집호)마다 책(冊: 책 책)을 만들어 주었다는 글자로 '책 편'이다.
- 律 : 聿은 손으로 붓을 붙잡고 있는 모습을 그린 표현이므로 여기에 두 사람을 나타내는 彳이 있으므로 두 사람이 서로 가지려고 하니까 법으로 주인을 가려야 한다는 글자로 '법 률'이다.

▶ 퀴즈로의 답(148p 퀴즈의 답)

狄(오랑캐 적)이다. 왜냐하면 개(犬 = 犭) 꼬리에 불(火)이 붙었으니까.

千差萬別(천차만별) : 온갖 사물들이 모두 차이가 있고 구별이 있음.
千村萬落(천촌만락) : 수많은 촌락.
千篇一律(천편일률) : 여러 많은 책들이 하나의 법칙으로 이루어졌다는 뜻으로 사물이 다 비슷해 변화 없음을 이르는 말.

확인해 보세요.(2-5)

✳ 앞에서 학습한 한자어들에 대한 학습 결과를 점검하는 곳입니다. 답을 제대로 하지 못했다면 앞으로 돌아가 다시 학습하십시오.

※ 다음에 제시된 한자어들의 독음을 쓰시오.(1~6)

1. 戰戰兢兢
2. 質疑應答
3. 千紫萬紅
4. 咫尺之地
5. 臨戰無退
6. 殘虐無道

※ 다음 문제에서 제시된 낱말들과 관련된 한자어를 보기에서 골라 쓰시오.(7~9)

> 보기
>
> 指鹿爲馬   酒池肉林   糟糠之妻

7. 후한(後漢)의 광무제(光武帝), 송홍(宋弘), 호양공주(湖陽公主), 빈천한 때의 사귐을 잊지 말아야 함을 일깨우는 말, 어려움을 함께 하던 아내.

8. 하(夏)나라의 마지막 왕 걸왕(桀王), 말희(末姬)라는 요녀, 연못에 술을 채우게 함, 고기로 만든 안주, 연못의 미주로 즐김, 온갖 좋은 안주와 좋은 술.

9. 진(秦)나라 시황제(始皇帝)의 죽음, 시황제의 아들 부소(扶蘇), 왕의 조서(詔書)를 거짓으로 꾸밈, 조고(趙高), 이사(李斯), 사슴과 말(馬), 권세를 마음대로 부림.

10. 다음 단어의 ( )에 들어갈 숫자가 가장 큰 단어는?

① 張三李( )   ② ( )片丹心   ③ 一罰( )戒   ④ 頂門( )鍼   ⑤ 千客( )來

※ 다음 단어의 ( )에 들어갈 한자가 다른 것은?(11~13)

11.
① ( )差萬別   ② ( )村萬樂   ③ ( )人共怒   ④ ( )篇一律   ⑤ ( )辛萬苦

12.
① (　)魚濁水　② (　)言牛句　③ (　)絲不亂　④ (　)就月將　⑤ (　)以貫之

13.
① (　)激之心　② (　)繩自縛　③ (　)途揚揚　④ 自暴(　)棄　⑤ 登高(　)卑

14. '도랑 치고 가재 잡는다'는 속담과 거리가 먼 것은?

① 一擧兩得　② 一葉片舟　③ 一石二鳥　④ 一箭雙鳥

※ 다음 중 한자어의 의미가 나머지와 다른 하나는?(15~16)

15.
① 千紫萬紅　② 膏粱珍味　③ 珍羞盛饌　④ 龍味鳳湯　⑤ 山海珍味

16.
① 絕世佳人　② 明眸皓齒　③ 傾國之色　④ 朱欄畫閣　⑤ 丹脣皓齒

※ 다음 문제에서 제시한 설명에 해당하는 한자가 들어 있는 한자어를 찾아 쓰시오.(17~20)

보기

積善餘慶　前程萬里　切齒扼腕　支離滅裂

17. 상서로운 짐승을 얻어서 마음이 즐거워 북을 치고 경축한다는 글자.

18. 배가 앞 전방을 향하여 나아간다는 글자.

19. 구강 안에 윗니와 아랫니가 가지런히 정돈된 모습을 본뜬 글자.

20. 적지에 들어가 개까지 잡아 불태우고 물을 뿌려 멸했다는 글자.

※ 다음 제시된 한자어의 뜻을 쓰시오.(21~25)

21. 鳥足之血

22. 縱橫無盡

23. 衆口難防

24. 直木先伐

25. 天衣無縫

26. 다음 한자어에 나오는 '善'의 쓰임이 다른 하나는?

① 長袖善舞　② 積善餘慶　③ 善男善女　④ 積善之家　⑤ 積善之道

27. 다음 밑줄 친 부분과 유사한 상황을 나타내는 한자성어는?

지구의 실제 생산량(태양에서 얻는 실질적인 에너지의 양)의 약 40%를 인간이 독점하고 있기 때문이다. 지금처럼 세계의 인구가 41년마다 2배씩 계속 증가한다면, 인간의 생물학적인 성장이 한계에 이를 것은 뻔한 일이다. 인간은 자기 자신의 생존과 생활을 많은 종에 의지하며 살아가고 있는데, <u>그처럼 많은 종의 씨를 계속 말려 간다면 마침내 자신의 씨까지도 말리게 되는 위기를 맞게 될 것이다.</u>

① 自繩自縛　② 珍羞盛饌　③ 酒池肉林　④ 戰戰兢兢　⑤ 殘虐無道

정답(2-5)

1. 전전긍긍
2. 질의응답
3. 천자만홍
4. 지척지지
5. 임전무퇴
6. 잔학무도
7. 糟糠之妻
8. 酒池肉林
9. 指鹿爲馬
10. ⑤
11. ③
12. ④
13. ③
14. ②
15. ①
16. ④
17. 積善餘慶
18. 前程萬里
19. 切齒扼腕
20. 支離滅裂
21. 새발의 피란 뜻으로 극히 적은 분량을 비유한 말.
22. 자유자재하여 끝이 없는 상태.
23. 여러 사람의 말은 다 막기가 어려움.
24. 곧은 나무가 먼저 베어지게 된다는 뜻으로 마음이 강직하고 곧은 사람은 먼저 다른 사람의 해를 입게 된다는 말.
25. 천사의 옷은 꿰맨 곳이 없다는 뜻으로 시나 문장이 자연스럽고 훌륭하여 흠이 없음을 이르는 말.
26. ①
27. ①

고사성어 유래설명

一擧兩得 (일거양득)

이 말은 서진(西晉)의 무제(武帝) 때에 속석(束晳)에 의해 편찬된 진서(晉書) 속석전(束晳傳)에 전하는 말이다.

속석(束晳)의 상소문 중에 일부인데 내용은 하북(河北)의 돈구군(頓丘郡) 일대에 들어와 사는 사람들을 다시 서쪽의 개척민으로서 이주시킬 계획을 상소하는 글이다.

"그들에게 10년 동안 부역을 면제해 주어 두 번 이주시킴의 번거로움을 위로한다면 이는 한 번 면제 혜택을 줌으로 인하여 두 가지의 이득을 얻게 될 것입니다. 밖으로는 실질적이고 안으로는 너그러우며, 어려운 사람들에게 널리 일을 더하여 주게 되고, 서쪽 교외의 밭을 열어 주는 것이 되어 농사에도 큰 도움이 될 것입니다."

여기에서 유래된 말로, 곧 한 가지 일을 하여 두 가지의 이득을 얻을 때 쓰는 말이다. 같은 말로는 一石二鳥(일석이조), 一擧兩附(일거양부), 一箭雙鵰(일전쌍조) 등이다.

一箭雙鵰 (일전쌍조)

남북조 때 낙양 사람 장손성이라는 사람이 있었다. 그는 매우 영리하였을 뿐만 아니라 군사 학식과 재략이 남달리 뛰어났고 활 솜씨도 매우 훌륭했다.

후에 장손성은 많은 사람과 함께 부주왕의 명을 따라 사신으로 서북 지방에 있는 돌궐족을 방문하게 되었다. 돌궐에 있을 때 한번은 국왕 섭도와 같이 사냥을 나갔다가 섭도가 돌연히 하늘에서 독수리 한 마리가 바람같이 날면서 다른 독수리가 입에 문 고기를 빼앗으려는 광경을 보고 장손성에게 화살 두 개를 빨리 건네주며 그 두 마리를 쏘아 잡으라고 재촉했다. 장손성은 말머리를 돌려 독수리가 날고 있는 방향으로 쏜살같이 내달리면서 활을 들어 힘껏 쏘았다.

눈 깜짝할 사이에 화살 하나로 두 마리의 독수리가 함께 맞아 떨어졌다. 사람들이 이 일로 인하여 한 가지 일을 하여 두 가지 이득을 얻게될 때 이 말을 인용하여 사용하게 되었다.

一以貫之 (일이관지)

이 말은 논어(論語)의 이인편(里仁篇)에서 공자(孔子)가 증자(曾子)에게 언급한 말이다.

공자가 말씀하시기를 "參(삼: 공자의 애제자)아! 나의 도는 하나로써 관철되어 있다."라고 말씀하시자, 증자가 "네, 잘 알고 있습니다."라고 대답했다.

공자(孔子)가 나간 후 제자들이 무슨 뜻인가 묻자 증자는 설명하기를 "선생님의 도는 충(忠: 盡己之謂忠)과 서(恕: 推己之謂恕)일 뿐이니라."라고 말한 데서 유래된 말로 하나의 이치로써 모든 일을 꿰뚫음을 이르는 말이다.

一敗塗地(일패도지)

이 말은 사마천(司馬遷)의 〈사기(史記)〉의 고조본기(高祖本記)에 기록된 이야기이다.

진(秦)나라 시황제(始皇帝)가 죽고 2세인 황제(皇帝)가 즉위하자 진승(陳勝)이 반란을 일으켜 온 나라를 활보하며 여러 군현(郡縣)의 장관을 죽이자 온 나라가 어지럽게 되었다. 이에 패(沛)의 현령(縣令)도 이를 두려워하여 대책을 간구하던 중에 부하인 소하(蕭何)와 조삼(曹參)이 말했다.

"현령께서 이 난을 바로 대항하려 한다면 매우 어려우실 겁니다. 지금 현 밖으로 도망하여 있는 사람들을 불러 모은다면 큰 힘을 얻을 수 있어 좋은 대책이 될 것입니다."

이 말에 동감하고서 자기를 해하려는 무리를 피해 도망가 있던 유방을 초빙하게 되었다. 하지만 초빙한 유방을 맞으러 가다가 생각해 보니 유방과 같이 명성 있는 사람을 가까이에 두면 자기에게 해가 있을까 두려워하였다. 이에 생각을 바꿔 성문을 굳게 닫고 들어오지 못하게 하고 오히려 이 계책을 말한 소하(蕭何)와 조삼(曹參)을 죽이려 했다. 이 둘은 성을 도망쳐 나와 유방(劉邦)에게 이 사정을 말하자 유방은 패(沛)의 부로(父老)들에게 글을 써서 화살에 묶어 쏘게 하였다.

"천하가 혼란스럽고 많은 나라가 군대를 일으켜 싸우려 함에 머잖아 패(沛)는 함락될 것입니다. 그러므로 지금 당장 패(沛)의 백성들이 힘을 모아 현령(縣令)을 죽이고 젊은이들 중에서 쓸 만한 사람을 골라 통솔자로 삼아 제후에게 응한다면 집안이 편안할 것이나 그렇게 아니하면 부자(父子)가 함께 죽임을 당하게 될 것입니다."

이에 부로(父老)들이 자제들과 함께 힘을 모아 패(沛)의 현령(縣令)을 죽이고 유방(劉邦)을 현령(縣令)으로 삼고자 했다. 이에 유방은 이를 거절하며 말했다.

"온 천하에 이제 막 제후들이 서로 일어나 혼란스럽고 어지러우니 좋은 장수를 택하여 세우고, 잘하지 못한다면 패(沛)는 **하루 아침에 패(敗)하여 오장육부를 드러내는 비참함을 맞게 될 것이니**(一敗塗地) 이를 중요하게 여기고 원컨대 다른 훌륭한 사람을 뽑아 선택하여 장수로 삼음이 좋은 줄로 생각합니다."

하지만 부로(父老)들은 유방(劉邦)만한 장수(將帥)가 없다고 생각하여 재차 간청하여 드디어 유방이 패공(沛公)이 된 사건에서 유래한 말이다. 그래서 일패도지(一敗塗地)라는 말은 여지없이 패하여 다시는 일어설 수가 없게 됨을 이르는 말이다.

自暴自棄(자포자기)

이 말은 맹자(孟子)의 이루편(離婁篇) 상(上)에 나오는 말이다.

"스스로 자신을 해치는 사람과는 더불어 말할 것이 못 되고, 스스로 자신을 버리는 사람과는 같이 행동할 것이 못 된다. 말을 가지고 예(禮)를 훼방하는 것을 스스로 해친다 하고 자기 자신이 인(仁)을 행하거나 의(義)를 따

고사성어 유래설명

르지 못한 것은 스스로 버리는 것이다. 인(仁)은 사람이 편안히 살집이요, 의(義)는 사람이 올바르게 걸어가야 할 길이다. 사람들이 편안한 집을 비워 두고 살지 아니하며, 올바른 길을 버리고서 따르지 않으니 슬픈 일이로다."

자포자기는 여기에서 유래된 말로 곧 자기 자신을 스스로 내 버려두고 돌보지 않음을 이르는 말이다.

長袖善舞 (장수선무)

이 말은 한비자(韓非子) 오두편(五蠹篇)에 있는 말로 여기에서 한비자(韓非子)는 이렇게 말하고 있다.

자본이 많으면 일을 하기가 쉽다는 뜻으로 정치가 잘 되어 있는 나라와 재력이 있는 사람은 계획을 꾸미기가 쉽고, 자본이 약한 사람과 어지러운 나라는 계획을 꾸미기가 어렵다. 그러므로 진(秦)나라같이 부강한 나라에서 일하는 신하들은 열 번 계획을 변경해도 그로 인해 실패를 가져오는 일은 드물다. 반대로 연(燕)나라 같은 약소국(弱小國)에서 일하는 신하들은 한 번만 변경해도 성공을 거두기가 힘들다. 진(秦)나라에 쓰이는 신하가 반드시 지혜가 있는 사람이어서 그런 것도 아니고, 연(燕)나라에 쓰이는 사람이 반드시 어리석은 사람이라서 그런 것은 아니다. 결국 나라가 잘 다스려져 있느냐 어지러워 있느냐 하는 점이며, 자본이 얼마나 충분하느냐에 따라, 다르기 때문인 것이다. 그래서 장수선무(長袖善舞)는 재물이 넉넉하면 성공하기도 쉽다는 말이다.

莊周之夢 (장주지몽)

장자(莊周)의 제물론편에 나오는 이야기이다.

"옛날에 장주(莊周)가 꿈에 나비가 되어 나비가 된 것을 기뻐하였다. 스스로 즐겨서 뜻하는 대로 가고 있어, 자신임을 알지 못하였다. 갑자기 깨달으니 곧 장주(莊周)가 되어 있었다. 이해할 수 없는 일이었다. 장주(莊周)가 꿈에 나비가 된 것인지 아니면 나비가 꿈에 장주(莊周)가 된 것인지를 구분이 되지 않았다. 장주(莊周)와 나비는 분명 구분이 되거늘 어느 것이 맞는 일인지 헷갈리는 도다. 이를 일러 자연과 하나 됐다고 하는가 보다."

장주지몽(莊周之夢)은 자연과 내가 한 몸이 된 경지를 비유하여 말하기도 하고, 인생의 덧없음을 비유하여 이르는 말로도 사용된다.

積善餘慶 (적선여경)

이 말은 역경의 문언전에 나온 말의 조어이다.

"선을 쌓은 집에는 반드시 많은 경사스러움이 있고 불선을 쌓은 집에는 반드시 많은 재앙이 따른다. 신하가 그 임금을 죽이고 자식이 그 아비를 죽이는 것이 하루 아침 저녁에 이루어진 것이 아니요, 그 싹의 근원은 오래 된 것이다."

戰戰兢兢 (전전긍긍)

〈시경(詩經)〉 '소아(小雅)'편의 '소민(小旻)'이란 시구에 나오는 말이다.

여기에 제시된 시(詩)는 〈시경(詩經)〉 '소아(小雅)'편의 '소민(小旻)'이라는 6절로 이루어진 시의 마지막 구절이다.

맨손으로는 감히 범을 잡지 못하고
걸어서는 감히 강을 건너지 못하네.
사람들은 이 하나는 알면서도
그 다음은 알지 못한다네.
(세상에는 모르는 것 투성이어늘 그러므로 매사에)
두려워서 벌벌 떨며 삼가기를
마치 깊은 연못에 임하듯 하고,
마치 살얼음을 밟듯 조심조심해야 한다네.
(이를 어찌 모른다는 말인가?)
(不敢暴虎 不敢馮河 人知其一 莫知其他 戰戰兢兢 如臨深淵 如履薄氷)

이 시구를 인용한 책으로는 〈논어(論語)〉 '태백편'에 있다. 증자가 병이 중해지자 제자들을 불러서 말했다.
"내 발을 펴고, 내 손을 펴라. 〈시경(詩經)〉에 이르기를 '매우 두려운 듯이 조심하고, 깊은 연못에 임한 것같이 하고, 얇은 얼음을 밟는 것같이 하라.'고 했다. 지금 이후로는 나는 그것을 면함을 알겠구나, 제자들아"
(曾子有病 召門弟子曰 啓予手 詩云 戰戰兢兢, 如臨深淵, 如履薄- 而今而後 吾知免夫小子).

'전전(戰戰)'이란 몹시 두려워 떠는 모양을 말하고, '긍긍(兢兢)'이란 몸을 움츠리고 삼가는 모양을 뜻한다. 오늘날에는 무슨 잘못을 저지르고 나서 책임 추궁이나 적발이 두려워 쩔쩔매는 모습을 형용할 때 이 말이 쓰인다.

糟糠之妻 (조강지처)

후한(後漢)의 광무제(光武帝) 때 송홍(宋弘)이라는 사람이 있었다. 이는 정중하고 후덕하였으며 정직한 사람으로 많은 신하들의 귀감이 되었고 또한 광무제로부터도 신임을 받은 사람이었다.

당시에 광무제(光武帝)에게는 홀로된 누이 호양공주(湖陽公主)가 있었는데 광무제(光武帝)는 이 누이의 짝을 구해주려고 노력하였다. 그러기 위해 광무제(光武帝)는 누이가 누구에게 호의를 품고 있는가를 은근히 살폈다. 그러던 어느 날 호양공주가 "송공의 의연하고 덕을 갖춘 풍모는 여러 신하들이 따르지 못합니다."라고 한 말을 듣고 누이가 송공을 마음에 두고 있다고 생각한 광무제는 누이의 배필로 송홍을 생각하게 된다. 후에 송홍이 업무가 있어 광무제에게 들렀을 때 광무제는 좋은 기회가 왔다고 여기고 누이를 병풍 뒤에 앉혀

고사성어 유래설명

놓고 송홍과의 주고 받는 말을 누이로 하여금 은근히 듣게 했다.

"흔히들 사람이 귀해지게 되면 친구를 바꾸고, 부유해지면 아내를 바꾼다고 하는데 이는 사람의 본성이지 아니한가?"

그러자 송홍은 잘라서 말했다.

"아닙니다. 저는 빈천할 때의 사귐은 잊지 말아야 하고 조강지처는 집을 내보내어서는 아니 된다고 들었습니다. 이것이 진실이라고 생각합니다."

광무제는 송홍의 선비됨의 모습을 알고서 이러한 사실을 누이에게 알렸다고 전해진다. 여기에서 생겨난 말이 조강지처이다.

酒池肉林 (주지육림)

중국 하(夏)나라의 마지막 왕 걸왕(桀王)은 원래는 어진 사람이었으나 말희(末姬)라는 요녀(妖女)에게 빠져 나라를 망친 대표적인 폭군(暴君)이다. 걸왕(桀王)은 자신이 정복한 오랑캐 나라에서 바친 말희(末姬)라는 여자에게 반해서 보석과 상아로 장식한 궁전을 만들고, 옥으로 만든 침대에서 밤낮으로 먹고 마시며 쾌락에 젖어들었다. 말희(末姬)의 간청에 따라 전국에서 선발한 3000여 명의 아름다운 소녀들에게 오색 찬란한 옷을 입혀 날마다 무악(舞樂)을 겸한 주연(酒宴)을 베풀었다. 무악(舞樂)이 싫증난 말희는 또다른 이상한 일을 자꾸 요구했다. 궁정 한 모퉁이에다 큰 연못을 만든 다음 바닥에 새하얀 모래를 깔고, 향기로운 술로 가득 채우게 했다(酒池). 또한 연못 주위에는 고기로 동산을 만들고, 포육으로 숲을 이루게 했다(肉林). 걸왕(桀王)과 말희(末姬)는 그 연못에 호화스런 배를 띄우고는 못 둘레에서 춤을 추던 소녀들이 북을 울리면, 일제히 연못의 미주(美酒)를 마시고 숲 속의 고기들을 포식하는 광경을 바라보며 즐거워했다. 주지육림(酒池肉林)은 바로 이 고사에서 유래한 말로 술과 고기가 푸짐하게 차려진 잔치를 이르는 말이다.

指鹿爲馬 (지록위마)

진(秦)나라 시황제(始皇帝)는 사구(沙丘: 지금의 河北省 지방)를 순행(巡幸)하던 중에 병으로 죽게 된다. 이 때에 태자(太子)인 부소(扶蘇)는 북방 유목 민족인 흉노족(匈奴族)의 침입을 막기 위하여 북방에 머무른 때여서 부왕(父王)의 유서를 받지 못하였고, 작은아들 어린 호해(胡亥)만이 왕의 곁에 있었다. 이 때를 이용하여 승상 이사(李斯)와 환관(宦官) 조고(趙高) 두 사람이 서로 모의하여 큰아들 부소(扶蘇)에게 남긴 왕의 조서(詔書)를 압수하여 부왕(父王)의 뜻과는 다르게 거짓으로 작성하여 전했다. 그 거짓 내용은 곧 왕위의 계승은 둘째 아들 호해(胡亥)가 이어받고, 부소(扶蘇)와 함께 파견된 몽념(蒙恬: 秦나라 장수)은 사약(死藥)을 내려 자결케 하도록 한다는 것이었다. 잘못된 유서를 받아 든 부소(扶蘇)는 아버지의 뜻이 그런 줄 알고 몽념(蒙恬)이 애써 말림에도 불구하고 듣지 않고 자결을 한다. 이에 몽념(蒙恬)도 따라서 자결하고 만다. 시황제(始皇帝)의 뒤를 이은 이세(二世)는 나이가 어리고, 정치에 대한 경험이 없는지라 조고(趙高)가 조정하는 대로 움직였다. 그러자 조고(趙高)의 권세는 나날이 당당해져만 가 모든 정사는 조고(趙高)가 하는 것이나 다름이 없게 되었다. 그러한 조고(趙高)에게도 늘 두려운 존재가 있었다. 바로 함께 음모를 꾸민 이사(李斯)라는 사람이었다. 진(秦) 이세(二世)가 즉위한 2년에 조고(趙高)는 이사(李斯)라는 자가 제왕을 없앨 흉계를 꾸미고 있다고 모함을 하여 이세(二世)에게 전하니 이세(二世)는 이 말을 듣고 이사(李斯)를 형벌로 죽이고, 그의 가문 삼족(三族)을 멸하였다. 이렇게 마음대로 일이 진행되자 조고는 마침내 왕위까지 빼앗으려는 꿈을 가지게 되었다. 조고는 자신의 미천(微賤)한 출신성분과, 함부로 정사에 관여하는 자신에게 반감을 가질 조정 대신들을 두려워하여, 자신의 권세가 조정 대신들에게 어느 정도의 인정을 얻나 측정하기 위해 시험해 보고 싶었다. 어느 날 조고(趙高)는 등청(登廳)하면서 매화 사슴 한 마리를 끌고 와, 왕 이세(二世) 앞에 드리며 말하기를

"폐하 오늘 신(臣)이 좋은 말 한 필(匹)을 폐하께 올립니다. 이는 하루에 천 리를 달릴 수 있고, 밤에도 팔백 리를 달릴 수 있는 천하의 준마입니다."

라고 하자 왕이 말했다.

"참으로 우스운 일이구나. 내가 아무리 어리석고 둔하더라도 말(馬)과 사슴을 구별하지 못할까 보냐? 그것은 말(馬)이 아니라 사슴이네."

조고(趙高)가 눈을 부리고 대신들을 둘러보며 다시 말했다.

"아니옵니다. 폐하 이는 틀림없는 말(馬)이옵니다."

이세는 조고(趙高)가 농담을 하는 줄로 잘못 알고

"그러면 여기 모인 대신들에게 물어 봅시다."

라고 말하자 대신들은 망설이기 시작했다. 사슴이긴 사슴인데 사슴이라 하면 조고(趙高)에게 해를 당할 것 같고, 말이라 하면 왕을 속이는 일이 된 터라 묵묵 부답을 하고 시간을 끌자 조고는 눈을 부릅뜨고 주위를 쏘아보았다. 대신들은 조고(趙高)의 위압에 질려 몇몇은 말(馬)이라 대답을 하고 몇몇은 머뭇거리고 말았다. 이 후로는 조고는 대신들이 자기의 말에는 함부로 하지 못한다는 사실을 알고는, 더욱 자기 마음대로 정사에 관여하여 결국은 자기의 뜻대로 이세(二世)를 제거하기까지 하는 불의를 저지른다.

지록위마(指鹿爲馬)는 여기에서 유래된 말로 윗사람을 농락하여 권세를 마음대로 부린다는 뜻으로 쓰이는 말이다.

天衣無縫 (천의무봉)

〈영괴록(靈怪錄)〉, 〈태평광기(太平廣記)〉에 수록되어 있는 이야기에서 비롯되었다.

시문을 잘 짓고 세속을 초월해 사는 곽한이라는 사람이 있었다. 몹시 더운 어느 여름날, 밤이 되었어도 바람 한 점 없는 날씨라 뜰에

고사성어 유래설명

나와 잠을 청하고 있었는데 하늘 저 편에서 무엇인가가 가물가물 내려오고 있는 것이 보였다. 자세히 보니 점점 가까이 오는 그것은 다름아닌 눈이 부시도록 아름다운 한 여인이었다. 곽한은 정신없이 쳐다만 보다가 이렇게 물었다.

"당신은 누구이며, 어떻게 하늘에서 내려 오셨습니까?"

그 여인은 웃는 얼굴로 대답했다.

"저는 하늘나라에서 내려온 직녀(織女)입니다."

놀란 곽한이 좀더 가까이 살펴보니, 직녀는 얇고 가벼운 옷을 입고 있었는데, 그 빛깔이며 모양이 아름다울 뿐만 아니라 바늘로 꿰맨 자리가 한군데도 없는 신기한 것이었다.

곽한이 그 옷에 대해 물으니 직녀는 다시 웃으며 이렇게 대답했다.

"하늘나라의 옷은 본래 바늘이나 실을 쓰지 않는답니다."

그리고 그녀가 벗은 옷은 그녀가 돌아갈 때면 저절로 가서 그녀의 몸을 덮는 것이었다.

"저는 남편과 오래 떨어져 있어 울화병이 생겨서, 상제의 허락을 받고 요양차 내려왔습니다."

하면서 잠자리를 같이 하기를 요구하더니 매일 밤 찾아왔다.

칠월 칠석이 되자 며칠 안 오더니 나타나서, "남편과 재미는 좋았소?"라는 곽한의 물음에 "천상의 사랑은 지상의 사랑과 다릅니다. 마음으로 통하는 것이니 질투는 마십시오."라고 말했다.

1년쯤 되던 어느 날 밤 그녀는 곽한의 손을 잡고 상제가 허락한 기한이 오늘로 끝난다면서 흐느껴 울었다.

이 이야기에서 비롯되어 어떤 예술 작품이 기교를 부린 흔적이 없이 자연스럽고 훌륭히 완성된 모양을 가리켜 '천의무봉'이라고 하게 되었다. 또 타고난 것처럼 아름답고 깨끗하게 행동하는 사람을 일컬어 '천의무봉의 인물'이라고 한다.

徹	頭	徹	尾	鐵	中	錚	錚	焦	眉	之	急
彳-12획	頁-7획	彳-12획	尸-4획	金-13획	ㅣ-3획	金-8획	金-8획	心-8획	目-4획	ノ-3획	心-5획
뚫을 철	머리 두	뚫을 철	꼬리 미	쇠 철	가운데 중	쇳소리 쟁	쇳소리 쟁	그을릴 초	눈썹 미	어조사 지	급할 급
彳彳徝	口豆頭	彳彳徝	그尸尾	金釒鐵	丶口中	金釒錚	金釒錚	亻亻什	그尸尸	丶ユ之	ク乌急
徝徹	頭頭	徝徹	尾	鐵鐵		錚	錚	隹焦	眉	之	乌急

■ 학습 도우미

- 徹 : 두 사람(彳)이 기르기(育: 기를 육)를 권장, 재촉하니까(攵: 칠 복) 밝은 사람이 된다 하여 '밝을 철'이 된다.
- 頭 : 콩 두(豆)와 머리 혈(頁)이 결합하여 이루어진 글자로, 뜻은 '頁'에서 음은 '豆'에서 취하여 '머리 두'가 되었다.
  ※ 豆는 본래 제기(亘: 제사 때 쓰는 그릇)의 모양을 본뜬 글자이다. 하지만 글자 속에서 콩이라는 의미로 많이 사용되고 있으므로 익힐 때는 콩이 흙을 뚫고 나오는 모습으로 보면 훨씬 기억하기 쉽다. (ㅋ ㅎ 豆) 따라서 '콩 두'이다.
- 尾 : 꽁무늬를 나타내는 시(尸)와 털 모(毛)가 만났으니 꼬리털을 의미하여 '꼬리 미'이다.
- 鐵 : 금속(金)으로 만든 열(十) 개의 창(戈: 창 과)으로 입구(口)에서부터 임(壬: 아홉째 천간 인)을 철통같이 지키는 무기를 말하는 글자로 '무기 철', 쇠 철'이다.
- 焦 : 새(隹: 새 추) 밑에 불을 피워 두고(灬) 그을리니 '그을릴 초'이다.
- 眉 : 눈 위에 눈썹의 모양을 그린 글자로 '눈썹 미'이다.
- 急 : 칼(刀)을 잡은 손(⺕: 손으로 잡은 모습)이 마음(心)을 누르고 있으니 급한 상황이므로 '급할 급'이다.

徹頭徹尾(철두철미) : 처음부처 끝까지 철저함.
鐵中錚錚(철중쟁쟁) : 동류 가운데서 가장 나은 사람을 가리키는 말.
焦眉之急(초미지급) : 눈썹이 타면 급히 끄지 않을 수 없다란 뜻으로, 매우 다급한 일을 일컫는 말.

寸	鐵	殺	人	秋	風	落	葉	醉	生	夢	死
제부수	金-13획	殳-7획	제부수	禾-4획	제부수	艹-9획	艹-9획	酉-8획	제부수	夕-11획	歹-2획
마디 촌	쇠 철	죽일 살	사람 인	가을 추	바람 풍	떨어질 락	잎 엽	술취할 취	살 생	꿈 몽	죽을 사
一寸寸	金釒鐡 鐡鐵	𠁽𢆉𢇛 𢇛殺	丿人	二千禾 禾秋	丿几凡 凤風	艹氵茨 落	艹芝苎 苎葉	丙酉醉 醉	丿𠂉牛 牛生	艹苗苩 夢	一歹歹 歹死

■ 학습 도우미

- **鐵** : 금속(金)으로 만든 열(十) 개의 창(戈: 창 과)으로 입구(口)에서부터 임(壬: 아홉째 천간 인)을 철통같이 지키는 무기를 말하는 글자로 '무기 철', 쇠 철'이다.
- **殺** : 이 글자의 속자로 殺를 쓴다. 짐승(㐄)을 나무가지로 찌르고, 두들겨패서 죽인다 하여 '죽일 살'이다.
  ① 죽일 살 – 殺生(살생): 사람이나 짐승을 죽임.
  　　　　　　 殺身成仁(살신성인): 자기 몸을 희생하여 인을 이룸.
  ② 감할 쇄 – 減殺(감쇄): 덜어서 없앰.
  ③ 빠를 쇄 – 殺到(쇄도): 한꺼번에 세차게 몰려듦.
- **秋** : 벼(禾)가 불타는(火) 계절이 가을이므로 '가을 추'로 읽는다.
- **落** : 풀(艹)이 가을비(氵)에 각각(各: 각각 각) 떨어지므로 '떨어질 락'이다.
- **醉** : 酉는 '닭 유' 자로 본래는 뚜껑을 덮어둔 술병 모양을 본뜬 글자이다. 따라서 이 漢字는 주로 술과 관련된 글자에 붙는다. 예) 酒: 술 주. 酌: 술잔 작.
  醉에서 酉(닭 유) 옆에 있는 글자는 卒(마칠 졸)이다. 이 두 글자를 합하여 생각해 보면 술자리가 마칠 때까지 마셨으니 술에 취한다 하여 '술 취할 취'가 된다.

寸鐵殺人(촌철살인) : 조그마한 쇠붙이로 사람을 죽인다라는 뜻으로 간단한 말이나, 짧은 문장으로 어떤 일의 급소를 찔러 사람을 감동시킴을 비유한 말. ☞ 고사성어 p186
秋風落葉(추풍낙엽) : 가을 바람에 흩어져 떨어지는 낙엽.
醉生夢死(취생몽사) : 아무것도 이루지 못하고 헛되이 일생을 마치는 것.

逐	鹿	之	戰	惻	隱	之	心	七	寶	丹	粧
辶-7획	제부수	丿-3획	戈-12획	心-9획	阝-14획	丿-3획	제부수	一-1획	宀-17획	丶-3획	米-6획
쫓을 축	사슴 록	어조사 지	싸움 전	가엾을 측	숨을 은	어조사 지	마음 심	일곱 칠	보배 보	붉을 단	단장할 장
一丁豕	广庐庐	丶亠之	罒單戰	忄悄惻	阝阡隱	丶亠之	丶心心	一七	宀宀寶	月月丹	丷米粧
豕逐	鹿鹿	之	單戰戰	惻惻	隱隱	之			寶寶		粧粧

■ **학습 도우미**

- 鹿 : 사슴의 모양을 본떠서 만든 글자이다.
- 戰 : 한 사람씩(單:홑 단) 창(戈:창 과)을 들고 전쟁에 싸우러 간다하여 '싸움 전'이 된다.
  약자로는 戰을 쓴다.
- 隱 : 언덕(阝=阜) 밑에서 손(爫: 손톱 조)으로 공구(工)를 만들며 마음(心)을 붙잡고(彐) 은
  둔하며 숨어 살아가므로 '숨을 은'이 된다.
    隱居(은거): 사회적인 활동을 기피하고 숨어서 삶.
    隱忍自重(은인자중): 마음 속으로 참으며 행실을 삼가고 몸을 무겁게 가짐.
- 寶 : 집안에(宀) 구슬(王)이며, 장군(缶)이며, 패물(貝) 등으로 보배가 가득함을 나타낸 글자로
  '보배 보'이다. 속자로는 寶을 쓰며 약자로는 宝을 쓴다.

逐鹿之戰(축록지전) : 영웅들이 정권이나 지위를 놓고 서로 다투는 싸움.
惻隱之心(측은지심) : 불쌍하고 가엾게 여기는 마음.
七寶丹粧(칠보단장) : 여러 가지 패물로 몸을 장식함.

七	顚	八	倒	卓	上	空	論	坦	坦	大	路
一-1획	頁-10획	제부수	人-8획	十-6획	一-2획	穴-3획	言-8획	土-5획	土-5획	제부수	足-6획
일곱 칠	넘어질 전	여덟 팔	넘어질 도	높을 탁	윗 상	빌 공	논의할 론	평평할 탄	평평할 탄	큰 대	길 로
一七	冖 旨 眞 顚顚	丿八	亻 仵 倅 倒倒	亠 占 卓 点卓	①丨卜上 ②一卜上	宀宀宂 宂空	言 訃 訟 訟論論	土 坦坦 坦	土 坦坦 坦	一ナ大	口 무 跴 跴路

■ 학습 도우미

- 顚 : 진짜로(眞: 참 진) 머리(頁)가 섰다고 한 자는 넘어질까 조심하라는 글자 '넘어질 전'이다.
- 空 : 굴(穴)의 입구를 공구(工)로 막아두었으니 속이 텅 비었다로 보아 '빌 공'이다.
- 論 : 말하기(言)를 사람들이 하나(一)같이 책(冊: 책 책)을 논하는 글자이므로 '논할 론'이다.
- 坦 : 땅(土)이 해(旦)가 떠오르는 모습이 잘 보이도록 평탄하므로 '평탄할 탄'이 된다.
- 路 : 사람이 다닐 때는(足: 발 족) 각각(各: 각각 각) 자기가 잘 다니는 길로 다니니까 '길 로'로 보면 된다.

▶ 퀴즈로 익히기(정답은 166p에)

1. 하늘로 소를 몰고 가 웃음거리가 된 글자는?
2. 다리가 없는 새가 산 위에 올라간 모습의 漢字는?
3. 거지를 나타낸 漢字는?

七顚八倒(칠전팔도) : 일곱 번 구르고 여덟 번 거꾸러진다는 뜻으로 어려운 고비를 많이 겪음을 이르는 말.
卓上空論(탁상공론) : 책상 위에서 하는 헛된 이론이란 뜻으로 실천성이 없는 허황된 이론.
坦坦大路(탄탄대로) : 장래가 아무 어려움이나 괴로움 없이 수월함.

泰	山	北	斗	兎	死	狗	烹	波	瀾	萬	丈
水-5획	제부수	匕-3획	제부수	儿-6획	歹-2획	犬-5획	火-7획	水-5획	水-17획	艸-9획	一-2획
클 태	뫼 산	북녘 북	머리 두	토끼 토	죽을 사	개 구	삶을 팽	물결 파	큰물결 란	일만 만	어른 장
三声夫	丨山山	丨丨十	一十斗	⁷⁷日	一歹死	丿犭犭	亠古亨	氵汁汷	氵汩潤	艹艹苗	一ナ丈
泰泰		北北		兎兎	死死	犭狗狗	亨烹	沙波	瀾瀾	萬萬	

■ 학습 도우미

- 泰 : 세(三) 사람(人)이 힘을 합하여 물(水)을 막아내니 정말 태산같이 큰 힘이므로 '클 태'이다.
- 北 : 사람(人)이 언덕을(匕) 등지고 남쪽을 향하고 있는 모습이므로 '북녘 북'이다.
- 兎 : '토끼 토'로 토끼의 모양을 본뜬 글자이다. 약자는 '兔'이다.
- 狗 : 犭는 뜻(개 견)을, 句(구절 구)는 음이 되어 '개 구'이다.
- 烹 : 형통한(亨: 형통할 형) 것을 불(灬)로 삶아 버리니 머리 팽 돌아버릴 일이므로 '삶을 팽'이다.
- 波 : 잘 마른 가죽(皮: 가죽 피)에 물(氵)을 뿌리면 파도처럼 쭈글쭈글해지므로 '물결 파'이다.
- 丈 : 원래는 나무지팡이를 들고 있는 모습을 본뜬 글자로 지팡이를 뜻하는 글자로 사용되었다. 이것이 후대로 내려오면서 지팡이는 나무로 만들어 사용한 관계로 지팡이를 뜻하는 글자는 '木'을 붙여 杖을 사용하고 '丈'은 주로 '어른', '길이'를 나타내는 글자로 사용된다. 예) 丈母: 아내의 어머니. 丈夫: 다 자란 씩씩한 남자. 1丈: 10尺(척)=3.03m

泰山北斗(태산북두) : 태산과 북두칠성을 우러러보는 것처럼 세상 사람들로부터 가장 존경을 받는 사람.
兎死狗烹(토사구팽) : 토끼를 잡고 나면 토끼를 잡던 사냥개는 삶아진다는 말로 쓸모가 있을 때는 요긴하게 쓰다가 다 쓰여지고 나면 헌신짝처럼 버려지는 것을 비유하여 쓰는 말. = 得魚忘筌 ☞ 고사성어 p186
波瀾萬丈(파란만장) : 사건의 진행에 곡절이 많음을 이르는 말.

破	顔	大	笑	八	方	美	人	飽	食	暖	衣
石-5획	頁-9획	제부수	竹-4획	제부수	羊-3획	제부수	食-5획	제부수	日-9획	제부수
깨뜨릴 파	얼굴 안	큰 대	웃음 소	여덟 팔	모 방	아름다울 미	사람 인	배부를 포	먹을 식	따뜻할 난	옷 의
丆石矿	亠产彥	一ナ大	⺮笑竺	ノ八	丶亠亠	⺷⺷羊	ノ人	𠂉食釣	人人今	日㫙㫙	亠亠衣
砆破	顏顔		竽笑		方	美美		鉋飽	食食	㬉暖	𧘇衣

■ 학습 도우미

- 破 : 돌을 가죽(皮)에 던지면 찢어지고 파괴되므로 '찢어질 파', '깨뜨릴 파'이다.
- 顔 : 앞부분은 선비가 수염을 늘어뜨리고(彡) 서 있는 모습이고, 뒤는 머리를 나타내는 '머리 혈(頁)'을 붙여 얼굴을 나타내었다. 따라서 '얼굴 안'이다.
- 美 : 양(羊)이 크(大)니까 아름다우므로 '아름다울 미'이다.
- 暖 = 煖

▶ 퀴즈로의 답(164p 퀴즈의 답)

1. '笑(웃음 소)'이다. 왜냐하면 죽(竹)을 소를 몰 때 내는 소리 '죽~죽~'으로 보고, 夭(요)를 天으로 봐서 하늘로 소를 몰고 가서 웃음거리가 되었기 때문에.
2. 島(섬 도)이다. 鳥(새 조)에서 灬이 없이 山 위에 있으므로.
3. 問(물을 문)이다. 문 앞에서 입을 벌리고 구걸하는 모습이므로.

破顔大笑(파안대소) : 얼굴이 일그러질 만큼 크게 웃음.
八方美人(팔방미인) : 어느 모로 보아도 아름다운 미인이란 뜻으로 여러 방면의 일에 능통한 사람을 말함.
飽食暖衣(포식난의) : 배불리 먹고, 따뜻하게 입음. 즉 의식(衣食)이 넉넉함을 가리킴.

吐	哺	握	髮	患	難	相	救	風	飛	雹	散
口-3획	口-7획	手-6획	髟-5획	心-7획	隹-11획	目-4획	攵-7획	제부수	제부수	雨-5획	攵-8획
토할 토	먹일 포	잡을 악	머리털 발	근심 환	어려울 난	서로 상	구원할 구	바람 풍	날 비	우박 박	흩어질 산
ㅁㅁㅁ-	ㅁ ㅁ- 吶	扌扩握	長 髟髮	口吕串	一艹苢堇	一 木 相	十 才 求	几凡風	飞 飞 飛	雨雨雹	艹 苩 散
叶吐	哺哺	握握	髮髮	患	蓳 蕲 難		救救	風風	飛飛	雹雹	散散

■ 학습 도우미

- 吐 : 입(口) 안에 흙(土)이 들어오면 토해야 하므로 '토할 토'이다.
- 髮 : 긴(長) 털(彡: 터럭 삼)이 달릴 때(犮) 흩날린다 하여 '머리털 발'이다.
- 患 : 중심(中) 가운데 중심(中)인 마음(心)을 꿰뚫어 찔렀으니 근심스러워 환장할 일이므로 '근심 환'이다.
- 難 : 진흙(菫: 진흙 근) 속에 빠진 새(隹)가 어려워하며 곤란해한다는 글자로 '어려울 난'이다.
- 相 : 나무(木)처럼 서서 상대를 바라보는(目: 눈 목) 글자이므로 '서로 상'이다.
- 散 : 차곡차곡 쌓아둔(艹) 고기(月=肉)를 내치니(攵: 칠 복) 흩어져 산만해졌으므로 '흩어질 산'이다.

吐哺握髮(토포악발) : 식사 때에 손님이 찾아오면 입에 있던 것을 뱉어내고 맞이하고, 머리를 감을 때 손님이 찾아오면 머리를 감다 말고 머리를 잡고 손님을 맞이한다는 뜻으로 손님을 황급히 그리고 극진히 맞이함을 이름. ☞ 고사성어 p186
患難相救(환난상구) : 환란을 만났을 때 서로 구해 줌.
風飛雹散(풍비박산) : 바람에 날리고 우박처럼 흩어짐. 곧 사방으로 흩어짐을 말함.

風	前	燈	火	皮	骨	相	接	匹	夫	之	勇
제부수	刀-7획	火-12획	제부수	제부수	제부수	目-4획	扌-8획	口-2획	大-1획	丿-3획	力-7획
바람 풍	앞 전	등잔 등	불 화	가죽 피	뼈 골	서로 상	이을 접	짝 필	사내 부	어조사 지	날랠 용
几凡風 風風	亠гч 前前	火火炒炒 炒燈燈	丶ル火	一厂广 皮皮	冂门冎 骨骨	十木相 和相	扌扌扩 接接	一兀匹	一二夫 夫	丶亠之 之	予甬面 勇勇

■ 학습 도우미

- 燈 : 불빛(火)이 피어오르니(登: 오를 등) '등불 등'이다.
- 皮 : '가죽 피'. 벗긴 채의 털이 있는 가죽을 말함.
- 革 : '가죽 혁'. 무두질(모피의 털과 기름을 뽑고, 가죽을 부드럽게 만드는 일)한 가죽을 말함.
- 韋 : '가죽 위'. 다루어 만든 가죽. = 熟皮(숙피)
- 接 : 손(手)을 맞잡고 선(立) 여인(女)이 맞이한다는 글자 '맞이할 접, 대접할 접, 이을 접'이다.
- 匹 : 쓰임 ① 짝 필: 配匹(배필) - 부부로서의 짝.
  　　　　　② 단위 필: 동물 따위를 세는 단위로서의 필. 馬五匹(말 다섯 필).
- 夫人 : 남의 아내를 높여 이르는 말.
- 婦人 : 결혼한 여자.
- 勇 : 힘(力)을 사용하고도(用: 쓸 용) 남아서 위로 솟아 올라가니(マ: 가) 용감한 것이므로 '날랠 용'이다.

風前燈火(풍전등화) : 바람 앞의 등불이란 뜻으로 매우 위급한 상태에 있다는 말.
皮骨相接(피골상접) : 살가죽과 뼈가 맞붙을 정도로 몹시 마름.
匹夫之勇(필부지용) : 깊은 생각 없이 혈기만 믿고 날뛰는 소인의 용기. ☞ 고사성어 p187

匹	夫	匹	婦	汗	牛	充	棟	抱	腹	絕	倒
匚-2획	大-1획	匚-2획	女-8획	水-3획	제부수	儿-4획	木-8획	手-5획	月-9획	糸-6획	人-8획
짝 필	사내 부	짝 필	아내 부	땀 한	소 우	가득할 충	마룻대 동	안을 포	배 복	끊을 절	넘어질 도
一兀匹	一二夫夫	一兀匹	女妒婦婦婦	氵汁汗	一二牛	一云产充	木柯柿棟棟	扌扚抱抱	月扩脂腹腹	糸紅絡絕	亻倅倒

■ 학습 도우미

- 婦 : 여자(女)가 손으로(⺕) 청소 도구(帚)를 잡고서 집안 정리를 한다 하여 아내를 표현한 글자이므로 '아내 부'라고 보면 된다.
- 汗 : 방패(干: 방패 간)를 오래 들고 있으면 땀(水)이 한없이 난다 하여 '땀 한'이다.
- 抱 : 손 수(扌)와 쌀 포(包)가 결합된 글자로 손으로 감싸 안는다는 글자 '안을 포'이다.
- 腹 : 月(고기 육)과 复(되돌아올 복)이 결합된 글자로 앞부분은 뜻을 나타내고 뒤의 复은 음을 나타낸다. 따라서 '배 복'이 된다. 复은 소리글자여서 다른 글자와 결합하면 대부분 '복'의 소리를 지니고 있는 글자다. 예)複(겹칠 복). 復(회복할 복). 예외) 履(밟을 리).
- 絕 : 실(糸)을 색깔(色: 빛 색)에 따라 끊어 절단한 글자로 보면 '끊을 절'이다.

▶ 퀴즈로 익히기 (정답은 171p에)

1. 산이 서 있는 모습을 나타낸 漢字는?
2. 漢字 가운데서 자연보호와는 거리가 먼 글자는?

匹夫匹婦(필부필부) : 평범한 남녀를 일컬음.
汗牛充棟(한우충동) : 책이 많아서 소에 실리면 소가 땀을 흘리고, 방에 쌓으면 들보에까지 가득할 정도로 많은 책. ☞ 고사성어 p189
抱腹絕倒(포복절도) : 배를 안고 넘어진다는 뜻으로 '몹시 웃는 모습'을 형용하는 말.

解	語	之	花	行	動	舉	止	虛	心	坦	懷
角-6획	言-7획	ノ-3획	艸-4획	제부수	力-9획	手-14획	제부수	虍-6획	제부수	土-5획	心-16획
풀 해	말씀 어	어조사 지	꽃 화	갈 행	움직일 동	들 거	그칠 지	빌 허	마음 심	평평할 탄	품을 회

■ 학습 도우미

- 解 : 뿔(角)에 칼(刀)을 대어 소(牛)에서 풀어 해체하니 '풀 해'가 된다.
- 舉 : 절구(與: 절구 모양을 본뜬 글자)를 손(手)으로 받쳐들어 올리는 글자이므로 '들 거'이다.
  쓰임
  ① 들 거: 舉手(거수) – 손을 듦.
  ② 거동 거: 舉止(거지) – 일체의 행동.
  ③ 모두 거: 舉國(거국) – 온 나라.
- 虛 : 호랑이(虍)를 잡으려고 파둔 웅덩이(쁘)가 텅 비어 허전하다로 보면 '빌 허'이다.
- 動 : 무거운(重: 무거울 중) 것에 힘(力)을 가하니 움직인다 하여 '움직일 동'이 된다.
- 止 : 발이(止) 출발선(一)에 그쳐 있는 모습을 본뜬 글자이므로 '그칠 지'이다.
- 坦 : 땅(土)이 해(旦)가 떠오르는 모습이 잘 보이도록 평탄하므로 '평탄할 탄'이 된다.

解語之花(해어지화) : 말을 하는 꽃이란 뜻으로 미인을 말함.
行動擧止(행동거지) : 몸을 움직이는 모든 동작.
虛心坦懷(허심탄회) : 아무 거리낌이나 숨김이 없는 마음.

咸	興	差	使	獨	靑	獨	醒	虛	虛	實	實
口-6획	臼-9획	工-7획	人-6획	犬-13획	제부수	犬-13획	酉-9획	虍-6획	虍-6획	宀-11획	宀-11획
다 함	일어날 흥	어긋날 차	부릴 사	홀로 독	푸를 청	홀로 독	술깰 성	빌 허	빌 허	열매 실	열매 실

■ 학습 도우미

- **差** : 양(羊)의 꼬리가 어긋나(丿) 차이가 있어서 고치려면 공구(工)가 있어야 한다로 보아 '어긋날 차'가 된다.
- **獨** : 약자는 独이다.
- **靑** : 원래는 붉은 땅(丹: 붉을 단)에서 푸른 싹(生)이 돋아나는 모습을 본뜬 글자로 '푸를 청' 이다.
- **醒** : 술병을 본뜬 글자(酉)와 별 성(星)이 결합된 글자로 술을 먹고(酉) 해(日)가 떠오를(生) 때에야 술이 깼다는 글자 '술깰 성'이다.
- **實** : 어촌의 풍경 기억나시나요?

▶ **퀴즈로의 답**(169p 퀴즈의 답)
1. 端(실마리 단)이다. 산(山)이(而) 서(立:설 립) 있는 글자로 이루어져 있으므로.
2. 困(곤란한 곤)이다. 나무를 벽으로 둘러쌓아 괴롭히는 글자이니까.

咸興差使(함흥차사) : 한 번 간 사람이 돌아오지 않거나 소식이 없음을 일컫는 말.
獨靑獨醒(독청독성) : 혼탁(混濁)한 세상에서 혼자만이 깨끗하고 정신이 맑음.
虛虛實實(허허실실) : 적의 허(虛)를 찌르고 실(實)을 꾀하는 등 서로 계략을 다하여 싸우는 모습.

險	山	峻	嶺	懸	頭	刺	股	懸	河	之	辯
阝-8획	제부수	山-7획	山-14획	心-16획	頁-7획	刀-6획	月-4획	心-16획	水-5획	丿-3획	辛-16획
험할 험	뫼 산	높을 준	고개 령	매달 현	머리 두	찌를 자	다리 고	매달 현	물 하	어조사 지	말잘할 변

■ 학습 도우미

- 險 : 언덕(阝: 언덕 부)들이 모두 다(僉: 다 첨) 험하므로 '험할 험'이다.
- 嶺 : 명령할 령(令)에 머리 혈(頁)을 더하여 머리에서 명령을 내려 신체를 다스린다는 領(다스릴 령)을 만들고 여기에 뫼 산(山)을 더하여 '고개 령'을 만든다.
- 頭 : 머리라는 뜻은 '頁'(머리 혈)에서, 음은 '豆'(콩 두)에서 따와 '머리 두'가 된다.
- 辯 : 열 사람이 서서 마주 보고(辛辛) 말(言)을 하니 말이 많고 잘하는 글자이므로 '말잘할 변'이다.

▶ 퀴즈로 익히기 (정답은 174p에)

  1. 촌수가 11촌이 되는 漢字는?
  2. 팔왕녀가 되는 漢字는?

險山峻嶺(험산준령) : 험한 산과 가파른 고개.
懸頭刺股(현두자고) : 공부할 때에 잠을 쫓기 위하여 머리를 천정에 매달고 허벅지를 찔러 가면서 공부를 했다는 데서 유래된 말로 학업에 매우 힘씀을 말함.
懸河之辯(현하지변) : 거침없이 잘하는 말.

孑	遺	生	靈	螢	窓	雪	案	形	形	色	色
제부수	辶-12획	제부수	雨-16획	虫-10획	穴-6획	雨-3획	木-6획	彡-4획	彡-4획	제부수	제부수
외로울 혈	남길 유	살 생	신령 령	개똥벌레 형	창 창	눈 설	책상 안	형상 형	형상 형	빛 색	빛 색
一了孑	虫貴貴	ノ⺊牛	雨䨺霝	虫炏烞	宀穴窉	宀雨雪	宀安安	一二开	一二开	ク夕ク	ク夕ク
	貴遺	牛生	霝靈	營螢	窉窓	雪	案案	形	形	多色	多色

■ 학습 도우미

- 孑 : 이 '혈' 자는 아들 자(子)와 같은 부수이나 한쪽 팔이 없어서 외로움을 나타내는 글자가 된 것이다. 아들 자의 본래의 모습은 포대기에 감싸서 누워놓은 어린아이의 모습이나(우), 혈은 같은 '아들 자'의 모습인데 한쪽 팔이 없어진 모습을 본뜬 글자이다.(우)

- 靈 : 비(雨) 오는 날 입이 셋 달린(口口口) 무당(巫: 무당 무)이 혼을 부른다 하여 '혼 령'이다. '靈'의 약자는 '灵'이다.

- 窓 : 동굴(穴: 구멍 혈)에 사사로운(厶) 마음(心)으로 구멍을 내어 창문을 만들었다는 글자 '창문 창'이다.

- 螢 : 벌레(虫)의 꼬리에 불이 붙어 반짝반짝(火火)거리는 벌레이니 '개똥벌레 형'이다.
  ※ 쓰임: 螢光燈(형광등)

- 案 : 편안할 안(安)과 나무 목(木)이 결합한 글자로 책상 위에서 공부하면 편안하니까 '책상 안'으로 보자. 또다른 의미로는 '생각 안'이 있다.
  ※ 생각 안: 腹案(복안) - 마음 속에 품고 있는 생각.

孑遺生靈(혈유생령) : 고독하게 살아 남아 있는 목숨.
螢窓雪案(형창설안) : 어려운 가운데서도 학문에 힘씀을 이르는 말.
形形色色(형형색색) : 모양과 종류가 다른 가지가지.

互	角	之	勢	好	事	多	魔	狐	死	首	丘
二-2획	제부수	ノ-3획	力-11획	女-3획	亅-7획	夕-3획	鬼-11획	犬-5획	歹-2획	제부수	一-4획
서로 호	뿔 각	어조사 지	기세 세	좋을 호	일 사	많을 다	마귀 마	여우 호	죽을 사	머리 수	언덕 구
一丁互	⺈角角	丶亠之	圥坴埶	乆女好	一一事	ク夕多	广广麻	ノ犭犭	一歹死	丷⺍首	亻丘丘
互	角角	之	埶勢勢	好	亐亖事	多	麻魔	犭狐	歹死	首	丘

■ 학습 도우미

- 互 : 가마를 태우기 위해 두 사람이 손을 서로 마주 잡은 모습(互)을 본뜬 글자이다. 따라서 '서로 호'이다.
- 角 : 짐승 뿔의 모양을 본떠서 그린 글자.
- 勢 : 흙(土) 밑에 여덟 흙(八土)으로 눌러 둥글게(丸: 둥글 환) 만드느라 힘(力)을 쓰는 모습이 기세가 대단하게 보인 글자 '기세 세'이다.
- 好 : 남자와 여자가 서로 껴안고 있으니 좋아서(?) '호호호' 한다 하여 '좋을 호'이다.
- 魔 : 삼(麻: 삼 마) 속에는 마귀(鬼: 귀신 귀)가 들었다.(?) 따라서 마약이라서 정신을 흐리게 하므로 '마귀 마'이다.

▶ 퀴즈로 답(172p 퀴즈의 답)

1. 寺(절 사)이다. 왜냐하면 글자를 나누어 볼 때 십(十), 일(一), 촌(寸: 마디 촌)으로 이루어진 글자이므로.
2. 姜(성 이름 강)이다. 왜냐하면 팔(八), 왕(王), 여(女)로 이루어진 글자이므로.

互角之勢(호각지세) : 서로가 비슷비슷한 세력을 이르는 말.
好事多魔(호사다마) : 좋은 일에 마가 많다는 뜻으로 좋은 일에는 흔히 탈이 끼여들기 쉬움을 이르는 말.
狐死首丘(호사수구) : 여우가 죽을 때에 자기가 살던 언덕 쪽으로 머리를 둔다는 뜻으로 근본을 잊지 않음, 또는 고향을 그리워함을 비유하여 이르는 말. =首丘初心

豪	言	壯	談	縞	衣	玄	裳	胡	蝶	之	夢
豕-7획	제부수	士-4획	言-8획	糸-10획	제부수	제부수	衣-8획	肉-5획	虫-9획	ノ-3획	夕-11획
호걸 호	말씀 언	씩씩할 장	말씀 담	흰비단 호	옷 의	검을 현	치마 상	오랑캐 호	나비 접	어조사 지	꿈 몽

■ 학습 도우미

- **豪** : 고(高)가 다른 글자를 만나면 '고', 혹은 '호'로 음이 나는데 재빠른 돼지를 나타내는 豕(돼지 시)를 만나면 빠르기에 뛰어나므로 '호'로 읽는다. 그래서 '뛰어날 호', '호걸 호'이다.

  ※ 호걸(豪傑): 재주, 슬기가 뛰어나고 도량이 넓고 기계가 있는 사람을 이름.

- **壯** : '장할 장, 씩씩할 장'은 다른 글자와 결합해도 자신의 소리를 그대로 간직하여 '장'으로 소리난다.

  예) 莊: 별장 장, 장엄할 장. 裝: 꾸밀 장.

- **談** : 말(言)을 불꽃(炎)처럼 담대하게 하니 '말씀 담'이다.

- **裳** : '높일 상'(尙) 밑에 '옷 의'(衣)가 있으니 아랫도리 옷, 즉 치마를 나타내는 글자가 된다 따라서 을 말하여서 '치마 상'이다.

- **夢** : 풀밭(艹)에 갇힌(罒) 꿈은 이불을 덮고(冖) 저녁(夕)에 잘 때 꾼다 하여 '꿈 몽'이다.

豪言壯談(호언장담) : 호기 있고 자신만만하게 하는 말.
縞衣玄裳(호의현상) : ① 흰 저고리와 검은 치마. ② 학(鶴)의 외모가 흰 저고리와 검은 치마를 입은 것 같다 하여 학(鶴)의 깨끗하고 아름다움을 비유하여 이르는 말.
胡蝶之夢(호접지몽) : 중국의 장자가 꿈에 나비가 되어 놀았다는 고사에서 온 말로 자아(自我)와 외계(外界)와의 구별을 잊어버린 경지를 이르는 말. =莊周之夢=胡蝶夢

惑	世	誣	民	魂	飛	魄	散	和	氣	靄	靄
心-8획	一-4획	言-7획	氏-1획	鬼-4획	제부수	鬼-5획	攵-8획	口-4획	气-6획	雨-16획	雨-16획
미혹할 혹	세상 세	무고할 무	백성 민	넋 혼	날 비	혼 백	흩어질 산	화할 화	기운 기	이내 애	이내 애

■ 학습 도우미

- 誣 : 말(言)이 많은 무당(巫: 무당 무)은 속임수가 많은 무당이다(?)로 보면 '무당 무'이다.
- 散 : 차곡차곡 쌓아둔(甞) 고기(月=肉)를 내치니(攵: 칠 복) 흩어져 산만해졌다로 보아 '흩어질 산'이다.
- 和 : 쌀(禾) 앞에 식구(口)들이 모였으니 넉넉하고 화목하여 '화할 화'이다.
- 靄 : '이내 애'. ※ 이내: 해질 무렵에 멀리 보이는 푸르스름하고 흐릿한 기운.
  靄靄(애애): ① 화기가 가득 찬 모양. ② 이내나 안개가 낀 모양.

▶ 퀴즈로 익히기(정답은 177p에)
 1. 돼지가 갓을 쓰고 있는 漢字는?
 2. 여름에 제일 인기있는 漢字는?

惑世誣民(혹세무민) : 세상을 어지럽히고 백성을 속임.
魂飛魄散(혼비백산) : 혼이 빠질 정도로 몹시 놀라는 것.
和氣靄靄(화기애애) : 매우 화목한 분위기.

花	朝	月	夕	花	鳥	風	月	和	風	暖	陽
艹-4획	月-8획	제부수	제부수	艹-4획	제부수	제부수	제부수	口-4획	제부수	日-9획	阝-9획
꽃 화	아침 조	달 월	저녁 석	꽃 화	새 조	바람 풍	달 월	화할 화	바람 풍	따뜻할 난	별 양
艹艹艻	十古卓	丿月月	丿夕夕	艹艹艻	亻白鳥	丿几凡	丿月月	一千禾	丿几凡	日旿睅	一阝阝
花花	朝	月		花花	鳥	凨風	月	和	凨風	睅暖	阴陽

■ 학습 도우미

- 暖 : 햇볕(日)을 끌어당기니(爰: 당길 원) 따뜻할 수밖에 없으므로 '따뜻할 난'이다. 煖(난)과 혼용함.
- 陽 : 언덕(阝: 언덕 부)에 아침(旦: 아침 단) 일찍 햇볕을 내리쬐인 모습(勿: 햇빛 비끼는 모습)이니 '햇볕 양'이다.

▶ 앞쪽 퀴즈로 답(176p 퀴즈의 답)
  1. 家(집 가)이다. 왜냐하면 돼지(豕: 돼지 시)가 갓(宀)을 쓰고 있으므로.
  2. 茶(차 다)이다. 왜냐하면 여름에는 찬 것이 인기가 있는 것인데 이 글자는 늘 '차다'고 말하는 글자이므로.

▶ 퀴즈로 익히기
  10월 10일을 한 글자의 漢字로 어떻게 쓰는지 아시죠?

花朝月夕(화조월석) : 꽃 피는 아침과 달 뜨는 저녁. 곧 경치가 좋은 시절(봄과 가을)을 말함.
花鳥風月(화조풍월) : 꽃과 새와 바람과 달이라는 뜻으로 자연의 아름다운 경치를 이름.
和風暖陽(화풍난양) : 화창한 바람과 따뜻한 햇볕.

換	父	易	祖	換	腐	作	新	惶	恐	無	地
扌-9획	제부수	日-4획	示-5획	扌-9획	肉-8획	人-5획	斤-8획	心-9획	心-6획	火-8획	土-3획
바꿀 환	아비 부	바꿀 역	할아비 조	바꿀 환	썩을 부	지을 작	새 신	두려워할 황	두려워할 공	없을 무	땅 지

■ 학습 도우미

- 換 : 손 수(手)와 빛날 환(奐)이 결합된 글자로, 손으로 빛을 막아 분위기를 바꾸는 모양의 글자이므로 '바꿀 환'이다.
- 腐 : 줄 부(付)는 소리글자로 다른 글자와 결합하여도 언제나 '부'로 읽힌다. 창고의(广: 창고) 고기(肉)는 썩어 부패하기 쉬워서 '썩을 부'가 된다.
  예) 附: 붙일 부. 符: 부적 부.
- 惶 : 마음 심(心)과 임금 황(皇)으로 이루어진 글자이다. 임금 앞에 서면 두려운 마음이 생긴다로 보아 '두려울 황'이다.
- 恐 : 장인(工: 장인 공)은 평범한(凡) 물건을 가지고 잘 만들 수 있는 방법은 없을까 하고 항상 두려운 마음(心)을 가지고 있다고 해서 '두려울 공'이다.

▶퀴즈로 익히기
  발이 좋아하는 漢字 기억나시나요?

換父易祖(환부역조) : 지난날, 문벌이 낮은 사람이 문벌을 높이기 위한 수단으로 자손이 없는 양반의 가문을 이어 아버지와 할아버지 조상을 바꾸는 일.
換腐作新(환부작신) : 낡은 것을 바꾸어 새로운 것으로 만듦.
惶恐無地(황공무지) : 매우 죄송하여 몸둘 바를 모름.

厚	顔	無	恥	肺	腑	之	言	鷸	蚌	之	爭
厂-7획	頁-9획	火-8획	心-6획	肉-4획	肉-8획	丿-3획	제부수	鳥-12획	虫-4획	丿-3획	爫-4획
두터울 후	얼굴 안	없을 무	부끄러울 치	허파 폐	장부 부	어조사 지	말씀 언	도요새 휼	조개 방	어조사 지	다툴 쟁
厂厂厚	立产彦	ノ仁無	一丅耳	月肝肺	月肝腑	、ㄴ之	、ㄴ言	予裔鷸	口中虫	、ㄴ之	、ㄴ爭
厚	顔顔	無無	耳恥	肺	腑腑	之		鷸鷸	虻蚌	之	爭爭

■ 학습 도우미

- 顔 : 선비 언(彦: 수염[터럭 삼]을 길게 드리운 선비)이 머리(頁: 머리 혈)를 만나서 얼굴을 나타낸다. 따라서 '얼굴 안'이다.
- 恥 : 귀(耳)로 자기의 부끄러운 소리를 들으면 마음(心)으로 치욕감을 느낀다 하여 '부끄러울 치'가 된다. = 耻
- 輝 : 전쟁에 있어서 군대(軍)는 지휘관에 따라서 빛난다(光) 하여 '빛날 휘'이다.
- 蚌 : 벌레 충(虫)은 뜻을 丰(방)은 소리를 나타내어 '조개 방'이다.
- 爭 : 손톱(爫: 손톱 조)을 치켜세우고 몽둥이(尹)를 들고 서로 다툰다 하여 '다툴 쟁'이다.

厚顔無恥(후안무치) : 뻔뻔스러워 부끄러워 할줄을 모름.

肺腑之言(폐부지언) : 마음 속 깊은 곳에서 우러나온 진실된 말.

鷸蚌之爭(휼방지쟁) : 제삼자의 이득을 이르는 말. = 漁夫之利

欣	喜	雀	躍	興	亡	盛	衰	喜	怒	哀	樂
欠-4획	口-9획	隹-3획	足-14획	臼-9획	亠-1획	皿-9획	衣-4획	口-9획	心-5획	口-6획	木-11획
기뻐할 흔	기쁠 희	참새 작	뛸 약	일어날 흥	잃을 망	성할 성	쇠할 쇠	기쁠 희	성낼 노	슬플 애	즐거울 락
厂斤欣	士吉喜	小少少	口足躍	乍舁興	丶亠亡	丿厂成	亠亠亠	士吉喜	乙女奴	亠亠亠	白幼樂
欣	喜	雀	躍躍	興興	亡	成成盛	亠亠衰	喜	怒怒	亠亠哀	樂樂樂

■ 학습 도우미

- 欣 : '기뻐할 흔'
  ※ 쓰임 欣慕(흔모): 기쁜 마음으로 사모함.   欣快(흔쾌): 마음이 기쁘고 시원함.
- 雀 : 새(隹: 새 추) 가운데 대표적인 작은(少) 새는 참새라고 보는 글자 '참새 작' 이다.
- 興 : 절구(臼)를 여럿이서 한 마음으로(同) 받들어 들으니(八) 일어날 수 있어 흥분되므로 '일어날 흥'이라고 보면 된다.
- 亡 : 이는 '없을 망'으로 칼날이 부러져 망가진 모양을 본 뜬 글자이다.(🗡) '망'(亡)도 소리 글자여서 다른 글자와 결합해도 대부분 '망'으로 읽는다.
  예) 望: 바랄 망. 妄: 망령될 망. 예외) 盲: 장님 맹 (앞에 규칙에 따르면 '망' 자로 읽어야 하는데 눈이 없어서, '맹'으로 잘못(?) 읽는 글자)
- 衰 : 사람이 쇠하여져 팔을 벌리니(🧍: 사람이 팔을 벌리고 서 있는 모습) 옷이 흘러 내려 밑까지 닿도록 쇠한 글자 '쇠할 쇠' 이다.
- 怒 : 종(奴: 종 노)이 마음을 누르면 성이나 노하게 된다로 보아 '성낼 노' 가 된다.
- 樂 : 하얀 악기(白)를 중심으로 좌우의 작은(幺: 작을 요) 모양의 악기를 나무(木)로 만든 틀 위에 매달아 두고 연주하는 악기의 모양을 그린 글자이다. 따라서 '풍류 악' 이다. 약자는 楽 이다. ※ 쓰임 ① 풍류 악: 音樂. ② 즐길 락: 樂園. ③ 좋아할 요: 樂水.

欣喜雀躍(흔희작약) : 너무 좋아서 뛰며 기뻐함.

興亡盛衰(흥망성쇠) : 흥하고, 망하고, 성하고, 쇠함을 말함.

喜怒哀樂(희노애락) : 기쁨과 노함, 슬픔과 즐거움.

角	者	無	齒	江	湖	煙	波	孤	掌	難	鳴
제부수	老-5획	火-8획	제부수	水-3획	水-9획	火-9획	水-5획	子-5획	手-8획	隹-11획	鳥-3획
뿔 각	사람 자	없을 무	이 치	강 강	호수 호	연기 연	물결 파	외로울 고	손바닥 장	어려울 난	울 명
ノク⺈	土耂耂	⺀ㅗ無	⺊止	丶㇀氵	氵汁湖	火㷲炳	氵汀汀	孑孤孤	⺌⺌堂	廿莫艱	口叫咱
角角角	耂者者	無無	歯歯齒	氵汀江	洌湖湖	煙煙	泇波波	孤孤孤	堂掌	艱艱難	咱鳴鳴
角	者	無	齒	江	湖	煙	波	孤	掌	難	鳴
角	者	無	齒	江	湖	煙	波	孤	掌	難	鳴

■ 학습 도우미

- 角 : 짐승 뿔의 모양을 본떠서 만든 글자이므로 '뿔 각'이다.
- 齒 : 자라기가 그쳐(止: 그칠 지) 있는 윗니(𠘧)와 아랫니(𠘧)가 가지런하게 입 속에(凵) 있는 모습을 본뜬 글자이므로 '이 치'이다.
- 煙 : 불(火)을 때면 흙(土)으로 만든 서쪽(西) 굴뚝에서 연기가 난다는 글자 '연기 연'이다.
- 波 : 잘 마른 가죽(皮: 가죽 피)에 물(氵)을 뿌리면 파도처럼 쭈글쭈글해진다는 글자 '물결 파'이다.
- 難 : 진흙(菫: 진흙 근) 속에 새가(隹: 새 추) 빠져 어려움을 겪고 있다는 글자로 '어려울 난'이다.
- 鳴 : 새(鳥: 새 조)가 입(口)을 벌려 울고 있으니까 '울 명'이다.

角者無齒(각자무치) : 뿔이 있는 자는 이가 없다는 뜻으로 한 사람이 모든 재주나 복을 다 겸할 수 없음을 이르는 말.
江湖煙波(강호연파) : ① 강이나 호수 위에 안개처럼 보얗게 이는 기운, 또는 그 수면의 잔물결.
② 자연의 풍경.
孤掌難鳴(고장난명) : 한 손바닥으로는 울릴 수 없다는 뜻으로 혼자서는 이루지 못함, 또는 맞서는 사람이 없으면 싸움이 되지 않음을 이르는 말.

高	枕	安	眠	空	前	絕	後	凍	足	放	尿
제부수	木-4획	宀-3획	目-5획	穴-3획	刀-7획	糸-6획	彳-6획	冫-8획	제부수	攵-4획	尸-4획
높을 고	베개 침	편안할 안	잠잘 면	빌 공	앞 전	끊을 절	뒤 후	얼 동	발 족	놓을 방	오줌 뇨
亠亡高	十才木	宀宁安	町目盯	宀宍穴	丷艹前	幺系紉	彳彳後	冫冫冫	口口口	亠亠方	丆尸
高	朼杺枕	宍安安	眍眠眠	穴空	前前	絕絕絕	後後	河冲凍	足	放放放	尸尿尿

■ 학습 도우미

- 空 : 굴(穴: 구멍 혈)의 입구를 공구(工)로 막아두었으니 속이 텅 비었다는 글자 '빌 공'이다.
- 前 : 亠는 앞을 뜻하여 전방을 나타내고, 月은 본래는 배를 나타내는 舟(배 주)였던 것이 月로 바뀌었다. 옆에 칼 도(刂)는 배가 앞으로 나아갈 때 생기는 물결로 보면 된다. 따라서 배가 앞으로 나아간다는 글자 '앞 전'이다.
  ※ 前은 다른 글자와 결합하여도 소리는 언제나 '전'으로 난다.
  예) 剪: 가위 전, 자를 전. 箭: 화살 전
- 絕 : 실(糸)을 색깔(色: 빛 색) 따라 끊어 절단한 것으로 보아 '끊을 절'이다.
- 後 : 두 사람(彳: 두 사람 인)이 걸어가는 데 작은(幺: 작을 요) 사람이 뒷짐을 짚고 걸은 모습의 글자로 '뒤 후'이다.
- 尿 : 꽁무니 시(尸)와 물 수(水)가 결합된 글자로 꽁무니에서 나오는 물, 즉 소변을 나타내는 글자 '오줌 뇨'이다.

高枕安眠(고침안면) : 베게를 높이하여 편히 잔다는 뜻으로 편안히 누워 마음대로 즐기며 지냄을 이르는 말.

空前絕後(공전절후) : 전에도 없었고, 앞으로도 있을 수 없음. = 前無後無(전무후무)

凍足放尿(동족방뇨) : 언 발에 오줌누기라는 뜻으로 한때의 도움이 될 뿐 곧 효력이 떨어져 더 나쁘게 되는 일을 이르는 말.

확인해 보세요.(2-6)

✱ 앞에서 학습한 한자어들에 대한 학습 결과를 점검하는 곳입니다. 답을 제대로 하지 못했다면 앞으로 돌아가 다시 학습하십시오.

※ 다음에 제시된 한자어들의 독음을 쓰시오.(1~6)

1. 抱腹絶倒　　　　*2.* 虛張聲勢　　　　*3.* 虛心坦懷

4. 皮骨相接　　　　*5.* 風飛雹散　　　　*6.* 卓上空論

※ 다음 단어의 ( )에 들어갈 한자를 보기에서 찾아 쓰시오.(7~12)

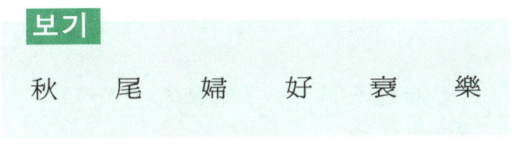

7. 徹頭徹(　)　　*8.* (　)風落葉　　*9.* 匹夫匹(　)

10. (　)事多魔　　*11.* 喜怒哀(　)　　*12.* 興亡盛(　)

※ 다음 중 한자어의 의미가 나머지와 다른 하나는?(13~23)

13.
① 懸河之辯　② 物我一如　③ 胡蝶之夢　④ 莊周之夢　⑤ 物我一體

14.
① 好學忘倦　② 螢窓雪案　③ 手不釋卷　④ 七寶丹粧　⑤ 懸頭刺股

15.
① 風前燈火　② 百尺竿頭　③ 飽食暖衣　④ 累卵之危　⑤ 風前燈燭

16.
① 解語之花　② 行動擧止　③ 明眸皓齒　④ 傾國之色　⑤ 丹脣皓齒

17.
  ① 波瀾萬丈　② 七顚八倒　③ 迂餘曲折　④ 四苦八苦　⑤ 七寶丹粧

18.
  ① 抱腹絶倒　② 欣喜雀躍　③ 拍掌大笑　④ 破顔大笑　⑤ 惻隱之心

19.
  ① 縞衣玄裳　② 子遺生靈　③ 子子單身　④ 四顧無親　⑤ 孤立無援

20.
  ① 險山峻嶺　② 九折羊腸　③ 奇巖絶壁　④ 高峯絶岸　⑤ 形形色色

21.
  ① 花朝月夕　② 和氣靄靄　③ 明鏡止水　④ 山紫水明　⑤ 花鳥風月

22.
  ① 互角之勢　② 莫上莫下　③ 難兄難弟　④ 虛虛實實　⑤ 伯仲之勢

23.
  ① 寸鐵殺人　② 飽食暖衣　③ 豪華好食　④ 錦衣玉食　⑤ 好衣好食

※ 다음 제시된 한자어와 같은 의미의 한자어를 고르시오.(24~26)

24. 狐死首丘
  ① 豪言壯談　② 首邱初心　③ 花朝月夕　④ 逐鹿之戰　⑤ 魂飛魄散

25. 蚌鷸之爭
  ① 欣喜雀躍　② 惶恐無地　③ 漁父之利　④ 和風暖陽　⑤ 惑世誣民

26. 兎死狗烹
  ① 泰山北斗　② 坦坦大路　③ 得魚忘筌　④ 八方美人　⑤ 吐哺握髮

※ 다음 제시된 한자어의 뜻을 쓰시오.(27~32)

27. 匹夫之勇

28. 汗牛充棟

29. 焦眉之急

30. 換父易祖

31. 換腐作新

32. 厚顔無恥

정답(2-6)

1. 포복절도	2. 허장성세	3. 허심탄회	4. 피골상접	5. 풍비박산
6. 탁상공론	7. 尾	8. 秋	9. 婦	10. 好
11. 樂	12. 衰	13. ①	14. ④	15. ③
16. ②	17. ⑤	18. ⑤	19. ①	20. ⑤
21. ②	22. ④	23. ①	24. ②	25. ③

26. ③
27. 깊은 생각 없이 혈기만 믿고 날뛰는 소인의 용기.
28. 책이 많아서 소에 실리면 소가 땀을 흘리고, 방에 쌓으면 들보에까지 가득할 정도로 많은 책.
29. 눈썹이 타면 급히 끄지 않을 수 없다란 뜻으로, 매우 다급한 일을 일컫는 말.
30. 문벌을 높이기 위하여 부정한 수단으로 폐지된 양반의 집을 이어 아버지, 할아버지를 바꾸는 불칙한 짓.
31. 낡은 것을 바꾸어서 새로운 것으로 만듦.
32. 뻔뻔스러워서 부끄러워할 줄을 모름.

고사성어 유래설명

寸鐵殺人 (촌철살인)

이 말은 남송(南宋)의 나대경(羅大經: 朱子의 제자 중 한 사람)이 지은 학림옥로(鶴林玉露)에 나오는 말이다.

학림옥로(鶴林玉露)는 나대경(羅大經)이 날마다 손님이 찾아오면 주고받은 청담(淸談)을 시동(侍童)에게 기록하게 한 것으로 천(天), 지(地), 인(人) 세 부분 18권으로 된 책이다.

여기에 보면 종고선사(北宋의 臨濟宗의 禪僧大慧禪師)가 선(禪)에 대해 말한 부분이 나오는데 다음과 같다.

"비유하건대 사람이 무기를 한 수레에 싣고 와서 한번 희롱하다가 마치면, 또다른 하나를 가져와 희롱하지만 이는 사람을 죽이는 방법이 아니다. 사람을 죽임에 있어서는 단지 촌철(寸鐵)만 있어도 문득 사람을 죽일 수 있다. 이 말은 선(禪)을 비유적으로 표현하는 말인데 어떤 외적이고 강압적인 것으로는 큰 깨달음에 도달할 수 없지만 작은 어떤 순간적인 작은 것을 통해서라도 큰 깨달음에 도달할 수 있다."

촌철살인(寸鐵殺人)이라는 말은 작은 도구로 살인한다는 뜻으로, 간단한 경구(警句)로 어떤 일에 급소를 찔러 사람을 감동시킴을 비유적으로 사용한 말이다.

兎死狗烹 (토사구팽)

토끼가 잡혀 죽고 나면 사냥개는 삶아 먹힌다는 말로 곧, 토끼 사냥이 다 끝나고 나면 그 사냥에 쓰였던 사냥개는 쓸모없게 되어 삶아 먹히고 만다는 말이다.

원말은 '교토사양구팽(狡兎死良狗烹: 교활한 토끼가 죽고 나면 좋은 개는 삶아진다)', 또는 '교토사주구팽(狡兎死走狗烹)'으로서, 쓸모가 있을 때는 긴요하게 쓰이다가 다 쓰여지고 나서 쓸모가 없어지면 헌신짝처럼 버려지는 것을 비유하여 쓰이는 말이다.

吐哺握發 (토포악발)

이 말은 〈한시외전(漢詩外傳)〉에 나오는 말이다.

은(殷)나라의 마지막 임금이며 포악하기로 유명한 주(紂) 임금을 물리치고 무왕(武王)은 주(周)왕조를 일으킨다. 하지만 얼마 못 가 무왕은 병으로 죽고, 태자 송(誦)이 제위에 올라 성왕(成王)이 되었다.

그런데 성왕은 아직 어렸고, 천하는 여전히 불안정한 상태였기 때문에 삼촌인 주공단(周公旦)이 섭정으로 국사를 보았다. 그러나 주공의 아우인 관숙(管叔)과 채숙(蔡叔)이 은(殷)나라 주왕(紂王)의 아들 무경(武庚)과 손잡고 반란을 일으켰다. 이들을 평정하고 나서 주공은 성왕의 친정(親政)을 선포하고 자기는 성왕의 신하요, 스승으로서 관제(官制)를 정하고 예악(禮樂)을 일으켜 주(周) 왕조의 기반을 굳혔다.

'토포악발(吐哺握發)'이라는 말은, 주공이 노(魯) 땅에 봉해져 떠나는 아들 백금(佰禽)을 훈계하는 말에서 나온 것이다.

"나는 한 번 씻을 때 세 번 머리를 쥐고, 한 번 먹을 때 세 번 음식을 뱉어내면서까지 천하의 현인을 놓치지 않으려고 했다.(一沐三握髮一飯三吐哺)"

손님이 찾아왔을 때, 머리를 감던 중이라면 물이 떨어지는 머리를 틀어쥐고라도 급히 마중을 하고, 밥을 먹던 중이라면 입 속의 음식을 뱉어내고서라도 급히 나왔다는 것이다. 이는 무릇 나라를 다스리려는 자는 이 같이 현인 얻기에 정성을 다해야 한다는 훈계였다.

토포악발(吐哺握發)이라는 말은 글자 그대로 '먹던 것을 뱉어내고 머리를 틀어쥔다로 곧, 머리를 한 번 감을 때 세 번이나 머리를 틀어쥐고 나와 손님을 맞았으며, 음식을 한 번 먹을 때 세 번이나 입 속에 든 것을 뱉어내고 나와 손님을 맞았다는 말에서 따온 것이다. 이는 군주가 현인(賢人)을 얻기에 전력하는 모습을 형용한 말이다. 오늘날에는 하던 일을 그만두고 급히 나와 다른 중요한 일을 보는 것을 비유하는 말로 쓰이기도 한다.

匹夫之勇 (필부지용)

〈맹자(孟子)〉'양혜왕(梁惠王)' 하편에서 나오는 말이다.

맹자가 제나라 선왕(宣王)과 마주하였을 때 이야기이다.

"이웃나라와 사귀는 데에 도(道)가 있습니까?"

선왕(宣王)이 묻자 맹자(孟子)가 이렇게 대답했다.

"있습니다. 오직 어진 사람이라야 큰 나라를 가지고 작은 나라를 섬길 수 있으니, 탕왕(湯王)이 갈(葛)나라를 섬기고, 문왕(文王)이 곤이(昆夷: 오랑캐)를 섬기신 일이 그것입니다. 또한 오직 지혜로운 자만이 작은 나라를 가지고 큰 나라를 섬길 수 있으니, 태왕(太王)이 훈육을 섬기시고 구천(句踐)이 오나라를 섬긴 것이 그것입니다. 대국을 가지고 소국을 섬기는 자는 천리(天理)를 즐거워하는 자요, 소국을 가지고 대국을 섬기는 자는 천리를 두려워하는 것이니, 천리를 즐거워하는 자는 온 천하를 보전하고, 천리를 두려워하는 자는 자기 나라를 보전합니다."

"선생의 말씀이 훌륭하긴 합니다만, 과인은 워낙 용(勇)을 좋아하는지라……."

이 말에 맹자는 용을 좋아하는 것이 모두 나쁜 것이 아니라, 보다 큰 일을 하는 데 쓰는 진정한 큰 용기라면 얼마든지 좋은 것이라는 대답을 한다.

"임금은 청컨대 소용(小勇)을 좋아하지 마십시오. 칼을 슬슬 만지고 상대방을 노려보며 네가 감히 나를 당하겠느냐 하는 것은 필부의 용기로서 고작 한 사람을 상대하는 것입니다. 임금은 청컨대 용기를 크게 가지십시오."

여기서 말하는 필부의 용기란 혈기에 차서 남을 제압해보려는 데서 나오는 용기를 말한다. 여기에서 비롯되어 부끄러운 용기, 제 몸

고사성어 유래설명

하나 과시하는 용기, 혈기를 의한 용기를 필부지용(匹夫之勇)이라고 한다.

이는 곧 보통 사내의 용기라는 뜻으로 큰 포부를 갖고 있는 대장부의 큰 용기(大勇)가 아닌, 보통 사람의 변변찮은 용기(小勇)를 뜻하는 말이다.

邯鄲之夢 (한단지몽)

중국 당(唐)나라 때 심기제(沈旣濟)가 쓴 침중기(枕中記)라는 전기소설(傳記小說)중에 나오는 이야기에서 유래한다.

당(唐)나라 현종(玄宗) 때에 여옹(呂翁)이라는 도사(道士)가 조(趙)나라의 수도 한단(邯鄲)으로 가는 도중에 한 여관 앞에서 쉬게 되었다.

이 때에 마침 망아지를 타고 허름한 옷을 입은 젊은 청년 노생(盧生)도 역시 그 여관 앞을 지나다가 거기에서 쉬게 되었다. 둘이 만나 이야기를 하다가 노생(盧生)이 말하기를 "사내로 태어나서 세상의 혜택을 누리지 못하고, 가난에 쪼들리며 사니 이 꼴이 원…" 이에 여옹(呂翁)이 답하기를 "보기에는 건장한데 신세를 한탄하다니 어쩐 일인가?" "예, 저는 그저 살아 있을 뿐 즐겁지 못합니다." "그러면 어떻게 하여야 즐겁겠는가?" 그러자 노생(盧生)은 "장군이 되고 재상이 되어 양명(揚名)하고, 부귀영화를 다하여 집안이 번영하는 일이지요." 한참 이야기를 하다 보니 노생(盧生)은 졸리기 시작했다.

이 때 여관 주인은 기장을 쪄서 식사 준비를 하고 있었다. 여옹(呂翁)이 가까이 있는 자루 속에서 베개를 꺼내어 노생(盧生)에게 주면서 말하기를 "이것을 베게나. 부귀와 영화를 마음대로 할 수 있을 테니."

베게를 베자 잠이 들었는데 노생은 자기도 모르는 사이에 어느 집에 도착을 했다. 그리고는 당대(唐代)에서 으뜸가는 부호(富豪)인 청하(淸河) 최씨의 딸에게 장가를 들고, 운이 트여 과거에도 합격하고 출세를 하였다. 노생은 하서도절도사(河西道節度使)에 임명을 받아 정벌에 나서서 눈부신 공을 세워 사람들이 현창비(顯彰碑)를 세울 정도로 활약이 대단했다. 그는 논공행상(論功行賞)에 따라 중앙정부의 요직에 나가 주요 부서를 두루 역임하면서 덕망을 모았다. 재상이 싫어서 잠시 쉬었으나 3년이 되지 않아 다시 시종직(侍從職)을 맡아 곧 재상(宰相)직에 나갔다.

천자에게도 인정을 받고, 사람들에게도 훌륭한 재상이라고 명성이 높았지만, 동료들에게 미움을 받아 참소(讒訴)되어 갑자기 포졸들에게 포위 당했다. 노생이 울면서 아내에게 말하기를 "나는 본래 산동 사람으로 내 고향에는 좋은 밭이 몇 이랑이 있어서 추위와 굶주림을 막음에는 족하다. 어찌 이처럼 괴로워하면서 녹을 구하겠는가. 다시 허름한 옷을 입고 망아지를 타고 한단(邯鄲)의 길 가운데로 가려고 생각하지만 가이 그럴 수가 없구나." 노생은 자결하려 했지만 아내가 말리는 바람에 죽지 못하고 연좌한 사람은 모두 사형에 처해졌지만 노생만 면해 주어서 겨우 목숨을 건지게 되었다.

몇 년이 지난 후 노생(盧生)에게 죄가 없다

는 것을 알고 다시 재상직에 나가게 되었다. 이리하여 50여 년 동안 남과 비교할 수 없을 만한 권세를 누리고, 온갖 부귀영화를 극진히 누리며 살았다.

말년에 노생은 재상의 자리를 거절했으나 놓지 못하다가 겨우 성은(聖恩)을 입어 재상의 자리를 그만둔 날 밤 노생은 깊은 잠에 빠졌다. 한참을 자고 기지개를 켜고 일어나 깨어나 보니 옆에는 여옹(呂翁)이 있었고, 여관집 주인은 아직도 기장을 찌고 있어 식사 준비도 채 안 된 상태였다. 주위의 모든 것이 원래 그대로였다. "이게 꿈이었단 말인가?" 여옹이 웃으면서 말하기를 "이 세상의 일도 또한 이와 같다네." 노생도 그렇다고 여기고 여옹의 가르침에 감사를 표하고 가버렸다는 이야기에서 유래되었다.

이 말은 결국 **세상의 부귀영화가 다 허황됨**을 이르는 말이다.

일취지몽(一炊之夢), 황량몽(黃粱夢)도 여기에서 유래되어 같은 뜻으로 사용된 말이다.

汗牛充棟 (한우충동)

당(唐)나라때 명문장가 유종원(柳宗元)의 육문통선생묘표(陸文通先生墓表)라는 글에 전하는 말이다.

"공자께서 춘추를 편찬한 이후로 1500여 년이 지난 이후로 춘추에 정통한 사람으로 이름을 날린 이는 다섯 정도인데, 지금은 그 중 셋 정도가 인정을 받고 있다. 그 동안 춘추를 보고 읽고서 어설프게 설명을 가한 자가 수천 인이라. 그 중에는 헐뜯고 못되며 글의 모습이 서로 공격하고, 배척하는 자들이 글을 쓰매 그것들을 쌓아두면 들보에 닿고 끌어내면 우마가 땀을 흘릴 정도로 많았더라. 혹 책들이 모아졌다가 감추어지고, 혹 사라졌다가 다시 나타나나니 훗날 배우는 사람들이 다 늙고 기운이 쇠잔하도록 좌우에 두고 보아도 그 근본을 이해할 수 없는 말들이라. 까닭에 오로지 배우는 바로써 그 다름을 비방하고, 썩은 대나무로 썩은 뼈들을 보호하려 하며, 부자(父子)가 서로 상하게 되며, 군신(君臣)이 서로 배반하는 일은 지난 세대에도 많이 있어졌다. 심하도다, 성인이 그렇게 기록한 뜻을 알기는 참으로 어려운 일이거늘."

한우충동(汗牛充棟)이라는 말은 지금은 장서(藏書)가 많은 것을 말한다.

螢雪之功 (형설지공)

진서(晋書)의 차윤전(車胤傳)과 당(唐)나라 때 이한(李瀚)이 쓴 몽구(夢求)등에 전하는 고사(故事)이다.

중국 동진(東晋)때의 사람 차윤(車胤)이라는 사람과 손강(孫康)이라는 사람이 젊어서 있었던 일화에 관한 이야기이다.

차윤(車胤)은 집이 가난하여 책을 읽을 때 사용할 등불에 기름을 얻을 수 없었다. 여름이 되면 얇은 비단으로 주머니를 만들어 수십 마리의 개똥벌레를 잡아 그 불빛에 책을 비쳐가며 밤낮으로 공부하는 일을 쉬지 않고 하여

고사성어 유래설명

뒷날 상서랑(尙書郞: 天子의 곁에서 詔書[조서]를 다루는 벼슬)이라는 벼슬을 하는 사람이 되었다고 한다.

한편 동시대(同時代)의 사람으로 손강(孫康)이라는 이가 있었는데, 그도 역시 집이 가난하여 책을 읽는데 사용할 기름을 얻을 수 없었다. 동절기가 되어 눈이 쌓일 때면 창문으로 들어오는 눈(雪)빛에 책을 비춰 책을 읽었다고 한다. 어렵게 공부한 보람으로 그는 뒷날 어사대부(御史大夫: 조선시대 대사헌 정도의 벼슬)를 하였다고 한다.

이는 어렵게 고생하면서 공부하여 마침내 성공함을 비유하는 말이다.

풀어서 배우는 한자성어 Ⅱ

[특별부록]

휴대용 한자성어카드

＊ 휴대용으로 만들어 사용할 수 있도록 구성하였으니 점선을 따라 오려서 사용하세요.

풀어서 배우는 한자성어 II

荒如 · 苔石 엮음

[특별부록]
휴대용 한자성어카드

풀어서 배우는 한자성어

街談巷說(가담항설) : 항간에 떠도는 말.
苛斂誅求(가렴주구) : 세금 등을 가혹하게 거두어 들임.
艱難辛苦(간난신고) : 어려움을 겪으며 고생을 함. 어려움과 괴로움.
肝膽相照(간담상조) : 서로 속마음을 터놓고 가까이 사귀는 친구의 사이.
感慨無量(감개무량) : 사물에 대한 느낌이 한이 없음.
康衢煙月(강구연월) : 태평한 시대에 큰 거리에서 보는 안온한 풍경.
＝太平聖代(태평성대) ＝堯舜時節(요순시절)
蓋世之才(개세지재) : 온 세상을 뒤덮을 만큼 뛰어난 재능 또는 그런 인물
擧世皆濁(거세개탁) : 온 세상이 모두 흐림.
擧案齊眉(거안제미) : 밥상을 눈썹 높이까지 들어올려 남편에게 바친다
는 뜻으로 남편을 극진히 공경함을 이름.

... 3 ...

풀어서 배우는 한자성어

管中窺天(관중규천) : 대롱으로 하늘을 보는다는 뜻으로 소견과 생각하는
범위가 좁음을 이르는 말.
＝坐井觀天(좌정관천) ＝井底之蛙(정저지와)
怪怪罔測(괴괴망측) : 말할 수 없이 이상야릇함.
皎皎月色(교교월색) : 매우 맑고 밝은 달빛.
膠漆之交(교칠지교) : 아주 친밀하여 떨어질수 없는 교제. 아교풀로 붙이
면 떨어지지 않고 옻칠을 하면 벗겨지지 않음과 같
이 친밀한 사이를 말함.
敎外別傳(교외별전) : 마음에서 마음으로 뜻을 전해줌.
＝拈華微笑(염화미소) ＝以心傳心(이심전심) ＝不立文字
狗尾續貂(구미속초) : 훌륭한 일 다음에는 보잘것없는 일이 이어짐을 말함.

... 7 ...

풀어서 배우는 한자성어

謙讓之德(겸양지덕) : 겸손하고 양보하는 미덕.
耕當問奴(경당문노) : 농사일은 마땅히 머슴에게 물어야 한다는 뜻으로 어
떤 일은 그 방면의 전문가에게 물어야 한다는 말.
鯨鬪鰕死(경전하사) : 고래 싸움에 새우등 터진다는 뜻으로 강자들의
싸움에 약자가 끼어 들어 피해를 입음을 말함.
呱呱之聲(고고지성) : 아이가 세상에 처음 나오면서 우는 소리.
股肱之臣(고굉지신) : 임금이 가장 신임하는 신하.
孤軍奮鬪(고군분투) : ① 적은 수의 군대로 많은 수의 군대를 대적함.
② 홀로 여럿을 상대로 힘껏 싸움.

... 5 ...

朱子 — 풀어서 배우는 한자성어

- 乾坤一擲(건곤일척) : 운명을 걸고 단판걸이로 승부를 겨룸.
- 隔靴搔癢(격화소양) : 신을 신고 발바닥을 긁는다는 뜻으로 어떤 일을 힘들여 하느라고 애는 쓰는데 정작 성에 차지 않고 결과가 만족할 만함.
- 牽強附會(견강부회) : 말을 억지로 끌어 붙여 자기 주장이나 의견에 맞게 함.
- 見蚊拔劍(견문발검) : 모기를 보고 칼을 빼든다는 뜻으로 대수롭지 않은 일에 크게 화내어 덤빔.
- 犬猿之間(견원지간) : 개와 원숭이 사이란 뜻으로 사이가 좋지 못한 관계를 이르는 말.
- 堅忍不拔(견인불발) : 굳게 참고 견디어 마음이 흔들리지 아니함.
- 犬兎之爭(견토지쟁) : 개와 토끼가 싸우다가 둘 다 죽어 농부가 주워

朱子

- 口蜜腹劍(구밀복검) : 입에는 꿀을 바르고 배에는 검을 품었다는 뜻으로 겉으로는 친절한 체하나 속으로는 해칠 생각을 함을 비유하여 이르는 말.
- 九死一生(구사일생) : 죽을 고비를 여러 번 겪고 겨우 살아남.
- 舊態依然(구태의연) : 변함 없이 옛 모습 그대로임.
- 群雄割據(군웅할거) : 많은 영웅들이 한 지역씩 차지하여 세력을 떨치며 서로 맞서는 일.
- 窮餘之策(궁여지책) : 궁박한 끝에 억지로 짜낸 계책.
- 捲土重來(권토중래) :
  ① 한 번 패하였던 흙을 돌이켜 쳐들어옴.
  ② 어떤 일에 실패하였다가 힘을 가다듬어 다시 시작함.

朱子 — 풀어서 배우는 한자성어

- 鼓腹擊壤(고복격양) : 배를 두드리면서 땅을 친다는 뜻으로 태평성대한 세월을 일컫는 말.
- 孤峰絶岸(고봉절안) : 외롭게 높이 솟은 봉우리와 같아지는 뜻한 인물.
- 曲學阿世(곡학아세) : 그릇된 학문으로 세상에 아부함.
- 空理空論(공리공론) : 실천이 없는 헛된 이론.
- 功虧一簣(공휴일궤) : 구인(九仞)이나 쌓으면 다 될 것 그만 둔다는 뜻도, 거의 성취한 일을 중지하여 적년(積年)의 수고가 아무 보람 없이 됨을 이름.
- 誇大妄想(과대망상) : 자신의 능력이나 권세 등을 지나치게 과장하여 그것을 사실인 양 믿는 생각.

풀이서 배우는 한자성어

囊中之錐(낭중지추): 주머니 속의 송곳은 뚫고 나오기 마련인 것처럼 재능이 있고 유능한 사람은 드러나기 마련이라는 말.

老當益壯(노당익장): 늙어도 의기(意氣)가 더욱 씩씩함.

路柳墻花(노류장화): 길가의 버드나무와 담장의 장미라는 뜻으로 창녀(娼女)를 말함.

僅僅得生(근근득생): 간신히 겨우 살아남.

爐邊談話(노변담화): 화롯가에서 개럽게 주고받는 이야기.

金科玉條(금과옥조): 금이나 옥처럼 소중하게 여기는 규정이나 법칙.

今昔之感(금석지감): 지금과 옛날을 비교해 볼 때 그 차가 심함을 보고 느끼는 감정.

弄瓦之慶(농와지경): 딸을 낳은 경사. (反는 계집아이들이 가지고 노는 실패를 말함.) =弄璋之慶

琴瑟之樂(금슬지락): 부부 사이의 다정하고 화목한 즐거움.

誇言酸行(농언사행): 군자는 말에 있어서는 어둔하고 행동에 있어서는 민첩해야 함을 이르는 말.

金枝玉葉(금지옥엽): 임금의 자손이나 귀한 집안의 자손을 말함.

急轉直下(급전직하): 형세가 급박하여 걱정을 걷잡을 수 없이 내리달림.

多岐亡羊(다기망양): 학문의 갈래가 너무 세분화되어 진리를 찾기가 어려움을 이르는 말. =亡羊之歎

奇奇妙妙(기기묘묘): 매우 기이하고 묘함.

··· 9 ···

··· 11 ···

풀이서 배우는 한자성어

大書特筆(대서특필): 뚜렷이 드러나게 큰 글자로 쓴다는 뜻으로 어떤 사실을 아주 큰 비중을 두어서 서술함을 이름.

登樓去梯(등루거제): 누상에 오르게 하고서 사다리를 치워 버린다는 뜻으로 처음에는 남을 종게 하다가 나중에는 괴롭힘을 비유함.

徒勞無功(도로무공): 대만 수고로울 뿐 공덕이 보람이 없음.

磨斧爲針(마부위침): 도끼를 갈아 바늘을 만드는 뜻으로 부단한 노력과 인내로 나아가면 반드시 이루게 된다는 말. =磨斧作針(마부작침)

道不拾遺(도불습유): 세상에 여유가 생기고 믿음이 차 있는 세상의 아름다운 풍속을 이르는 말.

道聽塗說(도청도설): 길거리의 뜬소문.

萬事亨通(만사형통): 모든 일이 막힘없이 잘 됨.

讀書亡羊(독서망양): 마음이 다른데 쏠려 옳은 길을 잃음을 이르는 말.

滿山紅葉(만산홍엽): 온 산에 가득한 붉은 나뭇잎을 이르는 말.

萬壽無疆(만수무강): 수명이 끝이 없음. 장수를 빌 때 쓰는 말.

讀書三到(독서삼도): 독서할 때에 세 가지 주도(周到)할 것. 곧 心到, 眼到, 口到.

滿身瘡痍(만신창이): 온 몸이 흠투성이가 됨.

讀書尙友(독서상우): 책을 읽음으로써 옛 현인(賢人)들과 벗할 수 있다는 말.

滿場一致(만장일치): 회의장에 모인 여러 사람의 뜻이 한결같음.

··· 13 ···

··· 15 ···

洙泗 — 풀어서 배우는 한자성어

多士濟濟(다사제제): 인재가 수없이 많음.

斷機之戒(단기지계): 학문은 중도에 그만둠이 없이 꾸준히 계속해야 한다는 가르침. = 孟母斷機

丹脣皓齒(단순호치): 붉은 입술과 하얀 이. 곧 아름다운 여자의 얼굴. 미인을 일컬음. = 朱脣玉齒 = 明眸皓齒 = 花容月態

簞食瓢飮(단사표음): 대그릇의 밥과 표주박의 물. 그리고 누추한 거리라는 뜻으로 소박한 시골 생활을 비유한 말.

淡水之交(담수지교): 맑은 물처럼 담박하고 변함이 없는 사귐이란 뜻으로 교양이 있는 군자 사이의 담담하고 깨끗한 교제를 이르는 말.

螳螂拒轍(당랑거철): 사마귀가 앞발을 들고 수레를 막는다는 뜻으로 자기의 분수도 모르고 강자에 대항함을 이름. = 螳螂之斧

...12...

洙泗 — 풀어서 배우는 한자성어

同工異曲(동공이곡): 재주는 같지만도 그것을 다루는 사람에 따라서 기교(技巧)에 따라서 내용에 차이가 생김을 이르는 말.

棟梁之材(동량지재): 기둥이나 대들보가 될만한 좋은 재목이라는 뜻으로 한 집안이나 한 나라의 기둥이 될만한 큰 인물.

凍氷寒雪(동빙한설): 얼음 얼고 눈보라가 치는 추위.

杜門不出(두문불출): 문을 닫아 걸고 나오지 않음.

得魚忘筌(득어망전): 고기가 잡히면 그 통발을 잊어버린다는 뜻으로 목적이 달성되면 쓰던 도구가 필요 없이 됨.

燈高自卑(등고자비): 높은 곳에 오르자면 낮은 곳에서부터 시작함.

...14...

洙泗 — 풀어서 배우는 한자성어

飯[기]復食(기복맥식): 군주인 사람은 먹을 것을 가리지 아니한다.

奇想天外(기상천외): 보통 사람이 예상할 수 없는 엉뚱한 생각.

奇巖絶壁(기암절벽): 기묘한 바위와 깎아지는 낭떠러지.

寄驥補驥(기역보비): 시원한 어떤 일의 대하여 공적을 함.

騎獸之勢(기호지세): 호랑이를 탄 사람의 기세라는 뜻으로 도중에서 그만두거나 물러설 수 없는 장세를 이르는 말.

拜求不崇(기화요초): 옥같이 아름다운 꽃과 풀.

落木寒天(낙목한천): 나뭇잎이 지는 추운 계절.

難攻不落(난공불락): 공격하기 어려워 쉽게 함락되지 않음.

男負女戴(남부여대): 남자는 등에 짐을 지고 다니고, 여자는 머리에 짐을 이고 다니는 가난한 사람들의 떠돌이 생활을 말함.

...10...

洙泗 — 풀어서 배우는 한자성어

晚秋佳景(만추가경): 늦가을의 아름다운 경치.

萬方之暢(만방지창): 따뜻한 봄볕에 만물이 피어나 자람.

亡國之音(망국지음): 나라를 망칠 음악이라는 뜻으로 저속하고 음란한 음악을 일컬음.

亡羊補牢(망양보뢰): 양을 잃고 우리를 보수한다는 뜻으로 이미 실패한 뒤에는 뉘우쳐도 미치지 못하다는 탄식.

茫然自失(망연자실): 정신을 잃고 어리둥절함.

梅林止渴(매림지갈): 매실은 생각만 해도 침이 돌아 목마른 것을 세상면물의 이치가 덩달아 이르는 말.

買占賣惜(매점매석): 물건값이 오를 것을 예상하여 이익을 얻으려고 물건을 사두거나, 매출을 꺼리는 행위.

...16...

풀어서 배우는 한자성어

孟母斷機(맹모단기) : 맹자가 학업을 도중에 그만두고 돌아왔을 때 그 어머니가 짜던 베를 칼로 잘라 학업의 중단을 훈계하였다는 고사에서 온 말.

盲玩丹靑(맹완단청) : 장님이 단청을 구경한다는 뜻으로 참모습을 모르고 일부분만 이해하는데 그침을 말.

盲者失杖(맹자실장) : 맹인이 지팡이를 잃었다는 뜻으로 의지하던 것을 잃고 어렵게 됨을 이름.

面從腹背(면종복배) : 면전에서는 복종한 듯하지만 뒤에서는 배반함.

滅私奉公(멸사봉공) : 사사로움을 버리고 국가나 사회를 위하여 힘써서 일함.

明眸皓齒(명모호치) : 눈동자가 맑고 이가 희다는 뜻으로 아름다운 미인.

... 17 ...

풀어서 배우는 한자성어

聞一知十(문일지십) : 하나를 들으면 열을 안다는 뜻으로 한 부분을 통해서 전체를 미루어 안다는 말.

門前成市(문전성시) : 찾아오는 손님으로 문 앞이 장터와 같이 북적하다는 뜻으로 방문객이 많음을 이르는 말.

微官末職(미관말직) : 지위가 아주 낮은 벼슬.

尾生之信(미생지신) : 미생이라는 사람이 여자와 약속한 대로 다리 밑에서 기다리다가 물에 휩쓸려 죽었다는 약속을 고지식하게 지키는 약속을 이르는 말.

博覽强記(박람강기) : 많은 책을 읽고 사물을 잘 기억함.

拍掌大笑(박장대소) : 손뼉을 치고 크게 웃음.

拔本塞源(발본색원) : 어떤 폐단의 근원을 뽑고 근원을 막아버림.

... 19 ...

풀어서 배우는 한자성어

飜役破斐(번역파비) : 뒤로 넘어져도 코가 깨진다는 말로, 일이 잘 되어 지지 않을 때에는 엉뚱한 일로 어려움을 맞게 됨을 이르는 말.

病入膏肓(병입고황) : 병이 몸 속 깊이 들어 고치기 어렵게 되었음을 이르는 말.

釜中生魚(부중생어) : 오랫동안 밥을 짓지 못하여 솥 안에 물고기가 생겼다는 뜻으로 매우 가난한 생활을 비유한 말.

附和雷同(부화뇌동) : 자기 주관이 없이 남이 하는 대로 따라 하는 행동.

北窓三友(북창삼우) : 백거이의 시(詩)에서 나온 말로 거문고와 술과 시를 이울러 말함.

粉骨碎身(분골쇄신) : 뼈가 가루가 되고 몸이 부서지도록 있는 힘을 다하여 노력함.

... 21 ...

풀어서 배우는 한자성어

不擇之筆(불택지필) : 명필가는 사용하는 붓을 따지지 않고도 잘 쓸 수 있다는 말.

不學無識(불학무식) : 배우지 못하여 아는 것이 없음을 뜻.

鵬程萬里(붕정만리) : 붕새가 나는 거리는 만리나 된다는 말로 머나먼 노정(路程).

非夢似夢(비몽사몽) : 꿈인지 생시인지 알 수 없이 어렴풋한 상태.

悲憤慷慨(비분강개) : 슬프고 분하여 마음이 북받침.

非一非再(비일비재) : 하나, 둘이 아니라 많음.

貧富貴賤(빈부귀천) : 가난함과 넉넉함, 지위의 높음과 낮음.

貧賤之交(빈천지교) : 가난하고 천할 때 사귄 친구.

四顧無親(사고무친) : 사방을 둘러보아도 친척 하나 없다는 말로 주변에 의지할 만한 내가 도무지 없음을 이르는 말.

... 23 ...

故事 풀어서 배우는 한자성어

傍若無人(방약무인) : 곁에 사람이 없는 것처럼 제멋대로 행동함을 이르는 말.

蚌鷸之爭(방휼지쟁) : 조개와 황새가 싸우다가 어부에게 붙잡혔다는 것으로 제삼자에게 이익을 빼앗김을 말함.

百年河淸(백년하청) : 중국의 황허 강이 맑기를 기다린다는 뜻으로 아무리 바라고 기다려도 무작정 실현될 가망이 없음을 이르는 말.

百年偕老(백년해로) : 부부가 오래도록 화락(和樂)하여 같이 늙음을 이르는 말.

白面書生(백면서생) : 글만 읽어서 세상일에 경험이 없는 사람을 이르는 말.

百花爛漫(백화난만) : 온갖 꽃이 활짝 피어남.

故事 풀어서 배우는 한자성어

四顧無人(사고무인) : 주위에 사람이 없어 쓸쓸함. 生存(생존)+愛別離(애별리)

事君以忠(사군이충) : 일의 옳음을 돼도 돼지 않음.

捨生取義(사생취의) : 목숨을 버리고 의를 취함.

私淑諸人(사숙제인) : 직접 가르침을 받지 않았으나 마음속으로 그 사람을 본받아서 도리나 학문을 배우거나 따름을 말함.

四通五達(사통오달) : 길이나 교통망 등이 사방으로 통함.

山紫水明(산자수명) : 산은 붉고 물은 맑다는 뜻으로 산수의 경치가 매우 아름다움을 이르는 말.

殺氣騰騰(살기등등) : 살벌한 기운이 얼굴에 잔뜩 올라 있음.

三顧草廬(삼고초려) : 훌륭한 인재를 맞이하기 위하여 여러 번 찾아서 예를 다하는 일을 말함.

故事 풀어서 배우는 한자성어

命在頃刻(명재경각) : 목숨이 곧 끊어질 지경에 이르렀다는 말.

沐浴齋戒(목욕재계) : 목욕을 하여 몸을 깨끗이 하고 마음을 가다듬어 부정을 피하는 일.

無不通知(무불통지) : 무엇이든지 통하여 모르는 것이 없음.

無所不能(무소불능) : 능통하지 아니한 것이 없음.

無我沒溺(무아몰닉) : 자기를 잊을 정도로 도취됨.

無依無托(무의무탁) : 의지하고 의탁할 만한 곳이 없음.

勿驚之聲(물경지성) : 깜짝 대답이 없음.

刎頸之交(문경지교) : 생사 대하도 마음이 변치 아니할 친한 교제, 또는 생사(生死)를 함께 하는 친한 사람을 말함.

故事 풀어서 배우는 한자성어

焚書坑儒(분서갱유) : 중국 진(秦)나라 시황제가 정권에 대한 비판을 금하려고 책을 불사르고 학자들을 산 채로 구덩이에 묻어 죽인 일.

不可思議(불가사의) : ① 상식으로는 생각할 수 없는 이상한 일.
② 말로는 나타낼 수 없고, 마음으로 헤아릴 수도 없는 오묘한 경지 또는 가르침.

不俱戴天(불구대천) : 한 하늘 아래에서는 도저히 같이 살 수 없는 원수란 뜻으로 아주 심한 원한을 이르는 말.

不問曲直(불문곡직) : 옳고 그름 전혀 묻지 아니함.

不撤晝夜(불철주야) : 밤낮을 가리지 아니함.

풀어서 배우는 한자성어 漢字

袖手傍觀(수수방관): 팔짱을 끼고 곁에서 보고 있다는 뜻으로 응당 하여야 할 일에 아무런 간여도 하지 않고 그대로 버려 둠을 이르는 말.

誰怨誰咎(수원수구): 누구를 원망하고 누구를 탓하겠는가?

守株待兔(수주대토): 융통성이 없고, 매우 어리석은 사람을 비유한 말.

壽則多辱(수즉다욕): 오래 살수록 장수(壽)하면 수욕(壽辱)이 되는 일이 많음을 이르는 말.

述而不作(술이부작): 있었던 것을 논술할 뿐 새로이 지어내고 있는 것은 아님.

… 27 …

풀어서 배우는 한자성어 漢字

煙霞日輝(연하일휘): 안개 노을과 빛나는 햇살.

炎凉世態(염량세태): 권세가 있을 때는 아첨하여 좇고, 권세가 없어지면 푸대하는 세상의 인심을 말함.

營營逐逐(영영축축): 세리(勢利)를 얻기 위하여 분주히 왔다 갔다함. = 營營汲汲

禮儀凡節(예의범절): 일상 생활의 모든 예의와 절차.

傲慢不遜(오만불손): 태도가 거만하고 방자하여 겸손하지 못함.

五日十雨(오일십우): 5일에 한 번씩 바람이 불고 10일에 한 번씩 비가 온다는 뜻으로 세상이 순조롭게 되어감을 이르는 말.

玉石俱焚(옥석구분): 구슬과 돌이 함께 탄다는 뜻으로 좋은 것과 나쁜 것이 함께 버려지거나, 착한 사람과 악한 사람이 함께 재앙을 당함을 비유한 말.

… 31 …

풀어서 배우는 한자성어 漢字

三旬九食(삼순구식): 30일간에 아홉 끼니밖에 먹지 못한다는 뜻으로 가세(家勢)가 지극히 가난함을 이르는 말.

三人成虎(삼인성호): 세 사람이 '호랑이가 나타났다'는 말을 하면 참말로 믿어지게 된다는 뜻으로 근거 없는 말이라도 여러 사람이 함께 하게 되면 이를 믿게 된다는 말.

三遷之敎(삼천지교): 맹자의 어머니가 자녀의 교육을 위하여 세 번이나 집을 옮겼다는 고사에서 온 말로 교육에 대한 열정과 교육환경의 중요성을 가르치는 말.

生而知之(생이지지): ①나면서부터 앎. ②배우지 않아도 스스로 깨달음.

庶政刷新(서정쇄신): 여러 정사를 깨끗이 한다는 뜻으로 여러 정사(政事)에 있어서 묵은 것을 버리고 다시 새롭게 순신함을 이르는 말.

… 25 …

풀어서 배우는 한자성어 漢字

實事求是(실사구시): 사실에 토대하여 진리를 탐구함.

心機一轉(심기일전): 어떤 동기에 의해 지금까지 먹었던 마음을 뒤집듯이 완전히 바꿈.

深深藏之(심심장지): 물건을 깊이 깊이 감추어 둠.

十匙一飯(십시일반): 열 사람이 밥 한 숟갈씩을 보태면 한 사람이 먹을 양이 된다는 뜻으로 여러 사람이 힘을 합하면 한 사람 돕기는 쉽다는 말.

阿鼻叫喚(아비규환): 극악한 죄를 지지른 자가 아비지옥에 떨어져서 혹독한 고통을 견디지 못하여 울부짖는다는 뜻으로 참혹한 고통 가운데에서 살려 달라고 울부짖는 상태를 이르는 말.

… 29 …

床子 풀어서 배우는 한자성어

- 說往說來(설왕설래) : 서로 변론을 주고받으며 옥신각신함.
- 纖纖玉手(섬섬옥수) : 여자의 가냘프고 고운 손을 이름.
- 歲歲年年(세세년년) : 매년.
- 歲寒松栢(세한송백) : 혹독한 겨울에도 푸르름을 잃지 않는 소나무와 잣나무라는 말로 지조가 굳은 사람을 비유한 말.
- 逍遙吟詠(소요음영) : 천천히 거닐면서 시를 읊음.
- 送舊迎新(송구영신) : 묵은 것을 보내고 새 것을 맞을 것임.
- 漱石枕流(수석침류) : 돌로 양치질하고 흐르는 물로 베개를 삼는다고 하여야 할 것을 잘못하여 물로 양치질하고 흐르는 돌로 베개를 삼는다고 말함이라.

... 26 ...

床子 풀어서 배우는 한자성어

- 沃野千里(옥야천리) : 기름진 땅이 끝없이 넓음을 이르는 말.
- 蝸角之爭(와각지쟁) : 달팽이의 뿔 위에서 싸움이라는 뜻으로 사소한 일로 벌이는 대수롭지 않은 다툼을 이르는 말. = 蠻觸之爭 = 蠻觸時代
- 堯舜時節(요순시절) : 덕으로 천하를 다스리어 태평성대한 시대를 일컬음.
- 悠悠自適(유유자적) : 속세를 떠나 아무것에도 매이지 않고 편안히 삶.
- 寥寥無聞(요요무문) : 명예나 명성이 드날리지 않음.
- 蓼蓼之節(요료지절) :
- 美辭麗句(미사여구) : 아름다운 말로 꾸며 듣기 좋게 한 말.
- 神出鬼沒(신출귀몰) : 귀신처럼 나타났다 사라졌다 함. 재빨리 나타났다 사라짐을 이르는 시란짐.

... 28 ...

床子 풀어서 배우는 한자성어

- 眼下無人(안하무인) : 눈밑의 녹만 업고 만나 얼굴빛을 엉클어버림을 말함.
- 梁上君子(양상군자) : 들보 위의 군자란 뜻으로 도둑을 이르는 말.
- 揚揚自得(양양자득) : 뜻을 이루어 몹시 우쭐거림.
- 養虎遺患(양호유환) : 호랑이를 길러서 근심을 남긴다는 뜻으로 은혜를 베풀어 도리어 큰 해를 입게 됨을 이르는 말이다.
- 魚魯不辨(어로불변) : 魚자와 魯자를 분별하지 못한다는 뜻으로 아주 무식함을 이른다.
- 與世推移(여세추이) : 세상이 변화하는 대로 따라 가는 것.
- 餘裕綽綽(여유작작) : 수많이 일일 맞게 남아도는 모양.
- 鳶飛魚躍(연비어약) : 솔개는 하늘에서 날고, 물고기는 물에서 뛰는 자연의 조화로운 조화를 이름.

... 30 ...

床子 풀어서 배우는 한자성어

- 是非曲直(시비곡직) : 옳고, 그르고, 굽음, 곧 잘잘못을 말함.
- 尸位素餐(시위소찬) : 직무를 다하지 못하면서 자리만 차지하고 녹만 받아먹는 일.
- 始終如一(시종여일) : 처음부터 끝까지 변함없이 한결같음.
- 時和年豊(시화연풍) : 나라 안이 태평하고 풍년이 듦.
- 信賞必罰(신상필벌) : 공로가 있는 자에게는 반드시 상을 주고, 죄과가 있는 자에게는 반드시 벌을 주는 일.
- 身言書判(신언서판) : 중국 당(唐)나라 때 관리를 뽑던 네 가지 표준. 곧 몸, 말씨, 글씨, 판단력.
- 神出鬼沒(신출귀몰) : 귀신처럼 나타났다 사라졌다 함. 재빨리 나타났다 사라짐을 이르는 시란짐.

... 32 ...

놀이서 배우는 한자성어

牛踏不遠(우이독경) : 소의 귀에다 대고 경을 읽는다는 뜻으로 둔한 사람은 아무리 가르쳐도 알아듣지 못함을 이르는 말.

迂餘曲折(우여곡절) : 여러 가지로 뒤얽힌 복잡한 사정이나 변화.

羽化登仙(우화등선) : 도교(道敎) 사상에서 사람이 몸에 날개를 달고 신선이 되어 하늘로 올라감을 이르는 말.

鬱鬱不樂(울울불락) : 마음이 답답하고 즐겁지 않음.

鴛鴦之契(원앙지계) : 금슬 좋은 부부 사이를 일컫는 말.

遠禍召福(원화소복) : 재앙을 멀리하고 복을 부름.

衛正斥邪(위정척사) : 바른 것을 지키고 간사한 것을 물리친다.

類萬不同(유만부동) : ① 분수에 맞지 않고 서로 걸맞지 아니함. ② 많은 것이 서로 같지 않고 다름.

... 33 ...

놀이서 배우는 한자성어

할 훈계는 먼 데 있는 것이 아니라 바로 가까운 곳에 있음을 비유한 말이다.

淫談悖說(음담패설) : 음탕하고 상스러운 이야기.

泣斬馬謖(읍참마속) : 군율을 세우기 위해서는 사랑하는 사람도 아끼지 아니하고 버림을 이르는 말로 큰 목적을 위해 사사로운 정을 버리는 것을 비유함.

意氣揚揚(의기양양) : 어떤 일이 바라던 대로 잘 되어 아주 자랑스럽게 행동하는 모양.

二其德(이심기덕) : 이랬다 저랬다란 뜻.

以熱治熱(이열치열) : 열을 열로써 다스린다는 뜻으로 힘은 힘으로, 강한 것에는 강한 것으로 상대함을 말함.

... 35 ...

놀이서 배우는 한자성어

仁者無敵(인자무적) : 어진 자에게는 적이 없다는 말.

仁者樂山(인자요산) : 어진 사람은 산을 좋아한다.

人之常情(인지상정) : 사람이 갖고 있는 보통의 인정.

一網打盡(일망타진) : 한 번 그물을 쳐서 물고기를 모조리 잡듯이, 죄인 등을 한꺼번에 검거하는 것을 이름.

一脈相通(일맥상통) : 솜씨, 성격 등이 서로 통함. 서로 비슷함.

一目瞭然(일목요연) : 한 번 보아 곧 환히 알 수 있음.

一擧兩得(일거양득) : 한 가지 일을 하여 두 가지 이득을 거둠. = 一石二鳥 = 一箭雙鳥

罰百戒(일벌백계) : 한 사람을 본보기로 벌을 주어 여러 사람을 조심시키는 것.

... 37 ...

놀이서 배우는 한자성어

臨戰無退(임전무퇴) : 신라 화랑도의 세속오계(世俗五戒) 중 하나로 싸움에 임하여서는 물러서지 아니함.

自激之心(자격지심) : 자기가 한 일에 대하여 자기 스스로 미흡하게 여기는 마음.

自繩自縛(자승자박) : 자기가 꼰 새끼를 스스로 묶는다는 뜻으로 자기가 한 말이나 행동 때문에 자기 자신이 구속되어 괴로움을 당하게 됨을 이름.

自暴自棄(자포자기) : 자기 자신을 스스로 내버려두고 돌보지 않음.

殘虐無道(잔학무도) : 잔인하고 포악함이 인간의 도리를 벗어남.

張三李四(장삼이사) : 중국에서 가장 흔한 장씨의 셋째와 이씨의 넷째 아들이란 뜻으로 평범한 보통 사람을 말함.

... 39 ...

漢字

...36...

泥田鬪狗(이전투구) : 진흙탕 속에서 싸우는 개란 뜻으로 명분이 서로 맞지 않는 일로 싸우는 사람들을 가리킬 이르는 말.

飮者三爵(음자삼작) : 술마셔서 유익한 세 종류의 벗 곧, 정직한 사람, 학식이 있는 사람, 신의가 있는 사람.

人格陶冶(인격도야) : 사람의 품격을 닦음.

因果應報(인과응보) : 결과는 원인에 따라 마땅히 보답되어진다는 뜻으로 원인에 따라 결과는 보응되어진다는 말이다.

人事不省(인사불성) : 정신을 잃어 의식이 없음.

人面獸心(인면수심) : 사람의 얼굴 가졌으나 마음은 짐승과 다름이 없음.

人山人海(인산인해) : 사람이 수를 헤아릴 수 없을 만큼 많은 무리를 이룸.

漢字

...34...

唯我獨尊(유아독존) : 이 세상에서 자기가 제일 귀하다는 말.

有口無言(유구무언) : 있는 듯, 없는 듯, 흔적지한 모양.

唯唯諾諾(유유낙낙) : 명령한 대로 언제나 공손히 승낙함.

悠悠度日(유유도일) : 하는 일 없이 세월만 보냄.

悠悠蒼天(유유창천) : 한없이 높고 푸른 하늘.

有志竟成(유지경성) : 뜻을 두어 노력하면 그 일은 이루어진다.

六尺之孤(육척지고) : 14,5세의 고아, 또는 나이 어린 후계자.

殷鑑不遠(은감불원) : 은나라가 바로 전대(前代)에 경계해야 할 선례가 있다는 뜻으로 거울이 될 만한 일이 자기 가까이에 있음을 이르는 말. ※일 책(一尺)은 내이로는 두 살 반에, 검왕(桀王)의 학정(虐政)에 있다는 뜻으로 거울삼아야 할 일이 있다.

풀어서 배우는 한자성어

...40...

長袖善舞(장수선무) : 소매가 길면 춤을 잘 출 수 있다는 뜻으로 재물이 넉넉하면 성공하기도 쉽다는 말.

在周之歲(재주지세) : 자신과 의견과의 구별을 없어버린 경지.

積善餘慶(적선여경) : 남에게 선을 쌓으면 경사스러운 일이 있게 되는 뜻.

轉轉反側(전전반측) : 걱정이 여기저기 돌아다니면서 못을 이룸.

前程萬里(전정만리) : 앞길이 만 리나 되는 뜻으로 젊어서 희망이 큼.

絶世佳人(절세가인) : 당대에 견줄 만한 사람이 없는 미인.

切齒腐心(절치부심) : 몹시 분하여 이를 갈고 별을 겯에 끓이며 벼르는 일.

풀어서 배우는 한자성어

...38...

紫衣不分(일사불문) : 질서나 체계가 정연하여 조금도 어지러운 대가 없음.

一石二鳥(일석이조) : 한 가지의 일을 하여 두 가지의 이익을 거둠.

魚獨水(일어탁수) : 한 마리의 고기가 물을 흐린다는 말로 한 사람의 잘못으로 여러 사람이 해를 입게 될 말.

一言半句(일언반구) : 한 마디의 말과 반 구절의 말, 곧 짧은 말.

一葉片舟(일엽편주) : 한 조각의 조그마한 배.

一以貫之(일이관지) : 하나의 이치로써 모든 일을 꿰뚫음.

日就月將(일취월장) : 여러 일이나 학문이 날로 달로 진보한다는 뜻.

一敗塗地(일패도지) : 한 번 싸움에 패하여 다시 일어날 수 없게 됨.

一片丹心(일편단심) : 변치 않는 충정 마음을 이르는 말.

一筆揮之(일필휘지) : 글씨를 단숨에 힘차고 시원하게 죽 써 내려감.

풀어서 배우는 한자성어

頂門一鍼(정문일침) : 정수리에 침을 놓는다는 뜻으로 따끔한 충고를 이르는 말.

諸說紛紛(제설분분) : 이러쿵저러쿵 말이 많은 것.

糟糠之妻(조강지처) : 술지게미와 쌀겨를 먹고 살며 함께 하던 아내라는 뜻으로 빈천할 때에 어려움을 함께 지낸 아내란 말.

朝不慮夕(조불려석) : 형세가 급하고 딱하여 아침에 저녁의 일을 헤아리지 못한다는 뜻으로 당장의 일을 걱정할 뿐, 장차 닥쳐올 앞일을 걱정할 겨를이 없음을 이르는 말.

鳥足之血(조족지혈) : 새발의 피란 뜻으로 극히 적은 분량을 비유한 말.

造化神功(조화신공) : 조물주의 뛰어난 솜씨.(계절의 변화)

縱橫無盡(종횡무진) : 행동이 마음먹은 대로 자유자재임.

... 41 ...

풀어서 배우는 한자성어

支離滅裂(지리멸렬) : 갈가리 흩어지고 찢기어 갈피를 못 잡게 됨.

咫尺之地(지척지지) : 매우 가까운 거리.

知彼知己(지피지기) : 상대를 알고, 나 자신을 앎.

直木先伐(직목선벌) : 곧은 나무가 먼저 베어지게 된다는 뜻으로 마음이 강직하고 곧은 사람은 먼저 다른 사람에게 해를 입게 된다는 말.

珍羞盛饌(진수성찬) : 맛이 좋은 음식을 많이 차림.

質疑應答(질의응답) : 의심나는 점을 묻고 보고 물음에 응하여 대답함.

戰戰兢兢(전전긍긍) : 매우 두려워하여 조심함.

責善之道(책선지도) : 친구 사이에 옳은 일을 하도록 서로 권하는 도리.

千客萬來(천객만래) : 많은 손님이 찾아오는 것.

... 43 ...

풀어서 배우는 한자성어

千紫萬紅(천자만홍) : 울긋불긋한 여러 가지 꽃의 빛깔.

千差萬別(천차만별) : 온갖 사물들이 모두 차이가 있고 구별이 있음.

千村萬落(천촌만락) : 수 많은 촌락.

千篇一律(천편일률) : 여러 많은 책들이 하나의 법칙으로 이루어졌다는 뜻으로 여러 사람이 다 비슷하여 변화가 없음을 이르는 말.

徹頭徹尾(철두철미) : 처음부터 끝까지 철저함.

鐵中錚錚(철중쟁쟁) : 동류 가운데서 가장 뛰어난 사람을 가리키는 말.

焦眉之急(초미지급) : 눈썹이 타면 급히 끄지 않을 수 없다는 뜻으로, 매우 다급한 일을 일컫는 말.

寸鐵殺人(촌철살인) : 조그마한 쇠붙이로 사람을 죽인다는 뜻으로 간단한 말이나, 짧은 문장으로 어떤 일의 핵심을 찔러 사람을 감동시킴을 비유한 말.

... 45 ...

풀어서 배우는 한자성어

兎死狗烹(토사구팽) : 토끼를 잡고 나면 토끼를 잡던 사냥개는 삶아진다는 말로 쓸모가 있을 때는 요긴하게 쓰다가 쓸모가 없어지면 헌신짝처럼 버려지는 것을 비유하여 쓰는 말. =得魚忘筌

波瀾萬丈(파란만장) : 사건의 진행에 곡절이 많음을 이르는 말.

破顔大笑(파안대소) : 얼굴이 일그러질 만큼 크게 웃음.

八方美人(팔방미인) : ① 어느 모로 보아도 아름다운 미인. ② 여러 방면의 일에 능통한 사람.

飽食暖衣(포식난의) : 배불리 먹고, 따뜻하게 입음. 즉 의식(衣食)이 넉넉함을 가리킴.

吐哺握髮(토포악발) : 식사 때에 손님이 찾아오면 입에 있던 것을 뱉어내고 맞이하고, 머리를 감을 때 손님이 찾아오면 머

... 47 ...

숙어 — 풀어서 배우는 한자성어

快刀亂麻(쾌도난마) : 사물이나 말썽거리를 단번에 시원스럽게 처리함을 비유한 말.

千變萬化(천변만화) : 변화가 무궁한 것.

千思萬慮(천사만려) : 수없이 여러 번 생각하는 것.

千辛萬苦(천신만고) : 천 가지의 매운 것과 만 가지의 쓴 것이란 뜻으로 온갖 고통과 괴로움을 말함.

天衣無縫(천의무봉) : 천사의 옷은 꿰맨 곳이 없다는 뜻으로 시나 문장이 자연스럽고 훌륭하여 흠잡을 만한 곳이 없음을 이르는 말.

天人共怒(천인공노) : 하늘과 사람이 함께 분노한다는 뜻으로 도저히 용서 못함을 이르는 말.

… 44 …

숙어 — 풀어서 배우는 한자성어

患難相救(환난상구) : 환난을 만났을 때 서로 구해 줌.

國開膺變(국개비신) : 비밀에 붙이고 우려에 어진 사람으로 들어 집을 말함.

國鼎鼎鐵(중정등화) : 바람 앞의 등불이란 뜻으로 매우 위급한 상태에 있다는 것.

皮骨相接(피골상접) : 살가죽과 뼈가 맞붙을 정도로 몹시 마름.

匹夫之勇(필부지용) : 깊은 생각 없이 혈기만 믿고 냅뛰는 소인의 용기.

匹夫匹婦(필부필부) : 평범한 남녀를 일컬음.

… 48 …

숙어 — 풀어서 배우는 한자성어

坐不安席(좌불안석) : 불안, 근심 등으로 한군데 오래 앉아 있지 못함.

左衝右突(좌충우돌) : 이리저리 마구 부딪치면서 치고 받음.

酒池肉林(주지육림) : 술이 연못 고기가 수풀처럼 차려진 술잔치를 이루는 뜻으로 호화스런 술잔치를 이룸.

朱欄畫閣(주란화각) : 단청을 곱게 하여 화려하게 꾸민 집.

衆寡不敵(중과부적) : 적은 수의 군대로는 많은 수의 군대를 당해 낼 수 없다는 말.

衆口難防(중구난방) : 여러 사람의 말은 다 막기가 어려움.

仲裁往來(중재왕래) : 가깝고 이름난 계절.

指鹿爲馬(지록위마) : 사슴을 가리켜 말이라 한다는 뜻으로 윗사람을 농락하여 마음대로 권세를 부림을 이르는 말.

… 42 …

숙어 — 풀어서 배우는 한자성어

秋風落葉(추풍낙엽) : 가을 바람에 흩어져 떨어지는 낙엽.

醉生夢死(취생몽사) : 아무것도 이루지 못하고 한평생을 마치는 것.

逐鹿之戰(축록지전) : 영웅들이 정권이나 지위를 놓고 서로 다투는 싸움.

惻隱之心(측은지심) : 불쌍하고 가엾게 여기는 마음.

七顚八起(칠전팔기) : 여러 가지 실패에도 굽히지 않고 분투함.

七顚八倒(칠전팔도) : 일곱 번 구르고 여덟 번 거꾸러진다는 뜻으로 어려운 고비를 많이 겪음을 이르는 말.

卓上空論(탁상공론) : 책상 위에서만 하는 헛된 이론이란 뜻으로 실현성 없는 허황된 이론.

坦坦大路(탄탄대로) : 장래가 아무 어려움이나 괴로움 없이 순탄함.

泰山北斗(태산북두) : 태산과 북두칠성을 우러러보는 것처럼 세상 사람들로부터 가장 존경을 받는 사람.

… 46 …

쫌어서 배우는 한자성어

狐死首丘(호사수구) : 여우가 죽을 때에 자기가 살던 언덕 쪽으로 머리를 둔다는 뜻으로 근본을 잊지 않음, 또는 고향을 그리워함을 비유하여 이르는 말. =首丘初心

豪言壯談(호언장담) : 호기 있고 자신만만하게 하는 말.

縞衣玄裳(호의현상) : ① 흰 저고리와 검은 치마. ② 학(鶴)의 외모가 흰 저고리와 검은 치마를 입은 것 같다 하여 학(鶴)의 깨끗하고 아름다움을 비유하여 이르는 말.

胡蝶之夢(호접지몽) : 중국의 장자가 꿈에 나비가 되어 놀았다는 고사에서 온 말로 자아(自我)와 외계(外界)와의 구별을 잊어 버린 경지를 이르는 말. =莊周之夢

... 51 ...

쫌어서 배우는 한자성어

汗牛充棟(한우충동) : 책이 많아서 수레에 실으면 소가 땀을 흘리고, 방에 쌓으면 들보에까지 가득 찰 정도로 많은 책을 말함.

抱腹絶倒(포복절도) : 배를 안고 넘어진다는 뜻으로 '몹시 웃는 모습'을 형용한 말.

解語之花(해어지화) : 말을 하는 꽃이란 뜻으로 미인을 함함.

行動擧止(행동거지) : 몸을 움직이는 모든 동작.

虛心坦懷(허심탄회) : 아무 거리낌이나 숨김이 없는 마음.

成興差使(함흥차사) : 한 번 간 사람이 돌아오지 않거나 소식이 없음을 일컫는 말.

獨醒獨醒(독성독성) : 혼탁한 세상에서 혼자만이 깨끗하고 정신이 맑음.

虛虛實實(허허실실) : 적의 허(虛)를 찌르고 실(實)을 피하는 등 서로 계략을 다하여 싸우는 모습.

... 49 ...

쫌어서 배우는 한자성어

換骨作新(환골작신) : 낡은 것을 바꾸어 새로운 것으로 만듦.

惶恐無地(황공무지) : 매우 죄송하여 몸둘 바를 모름.

厚顏無恥(후안무치) : 뻔뻔스러워서 부끄러워할 줄을 모름.

肺腑之言(폐부지언) : 마음 속 깊은 곳에서 우러나온 진심된 말.

鷸蚌之爭(휼방지쟁) : 제삼자의 이득을 이르는 말. =漁夫之利

欣喜雀躍(흔희작약) : 너무 좋아서 뛰며 기뻐함.

興亡盛衰(흥망성쇠) : 흥하고, 망하고, 성하고, 쇠함을 말함.

喜怒哀樂(희노애락) : 기쁨과 노함, 슬픔과 즐거움.

角者無齒(각자무치) : 뿔이 있는 자는 이가 없다는 뜻으로 한 사람이 모든 재주나 복을 다 겸할 수 없다는 말.

... 53 ...

좋아서 배우는 한자성어

惑世誣民(혹세무민) : 세상을 어지럽히고 백성을 속임.
魂飛魄散(혼비백산) : 혼이 빠질 정도로 몹시 놀라는 것.
和氣靄靄(화기애애) : 매우 화목한 분위기.
花朝月夕(화조월석) : 꽃 피는 이침과 달 뜨는 저녁. 곧 경치가 좋은 시절과 좋은 기일을 말함.
花鳥風月(화조풍월) : 꽃과 새와 바람과 달이라는 뜻으로 자연의 이름다운 경치를 이르는 말.
和風暖陽(화풍난양) : 화창한 바람과 따뜻한 햇볕.
換骨易胎(환골역조) : 지난달 모습이 달라진 사람이 문벌을 높이기 위하여 산 자손이 없는 양반의 가문을 이어 이버지 아들이나 조상을 바꾸는 일.

... 52 ...

좋아서 배우는 한자성어

險山峻嶺(험산준령) : 험한 산과 가파른 고개.
懸頭刺股(현두자고) : 공부할 때에 잠을 쫓기 위하여 머리를 천장에 매달고 허벅지를 찔러 가면서 공부를 했다는 데서 유래된 말로 학업에 매우 힘씀을 말함.
螢雪之功(형설지공) : 거침없이 전하는.
子道生露(혈도생로) : 고독하게 살아 남아 있는 목숨.
鑛姿蓋琰(형자영염) : 아리ㄷ 가문데시도 학문에 힘쓴을 이르는 말.
形形色色(형형색색) : 모양과 종류가 다른 가지가지.
互角之勢(호각지세) : 서로 비슷하여 세력을 이르는 말.
好事多魔(호사다마) : 좋은 일에 마가 끼는 듯으로 좋은 일에는 흔히 방해물이 따르기 쉬움을 이르는 말.

... 50 ...

좋아서 배우는 한자성어

江湖煙波(강호연파) : ① 강이나 호수 위의 안개처럼 보얗게 이는 기운, 또는 그 수면의 잔물결.
② 자연의 풍경.
孤掌難鳴(고장난명) : 한 손바닥으로는 물을 수 없다는 뜻으로, 어떤 일을 이룩할 수 없다. 또는 맞서는 사람이 없으면 싸움이 되지 않음을 이르는 말.
高枕安眠(고침안면) : 베개를 높이 하여 편히 자낸다는 뜻으로 편안히 누워 마음대로 즐기며 지별을 이르는 말.
空前絶後(공전절후) : 전에도 없었고 오주누구기에도 있을 수 없음. = 前無後無
凍足放尿(동족방뇨) : 언 발에 오줌누기리는 뜻으로 한때의 도움이 될 뿐 효력이 떨어져 더 나쁘게 되는 일을 말함.

... 54 ...

풀어서 배우는 한자성어 II

엮은이 莞如・苔石
편　저 마종필

중판 인쇄　2012년 2월 20일
중판 발행　2012년 2월 25일

주소　서울특별시 성북구 하월곡동 10-6호
전화　02)917-9900 (대표)
Fax　02)917-9907
E-mail　JJ1461@chollian.net
Homepage　www.jeongjinpub.co.kr
등록일　1989. 12. 20
등록번호　제 6-95 호
ISBN　89-85375-89-X

이 책의 내용을 무단으로 표절하거나 전재함을 금합니다.